中国特色社会主义政治经济学丛书编委会

主　任：蒋永穆
成　员（以姓氏笔画排序）：王国敏　王洪树　邓　翔
　　　　　　　　　　　　刘吕红　何洪兵　张红伟
　　　　　　　　　　　　张　衔　曹　萍　龚勤林
　　　　　　　　　　　　熊　兰

中国特色社会主义政治经济学丛书

改革开放与货币政策宏观调控变革

GAIGE KAIFANG YU HUOBI ZHENGCE
HONGGUAN TIAOKONG BIANGE

向宇　杨松　著

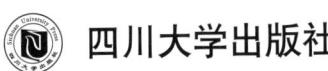
四川大学出版社

项目策划：邱小平　梁　平
责任编辑：傅　奕
责任校对：杨丽贤
封面设计：墨创文化
责任印制：王　炜

图书在版编目（CIP）数据

改革开放与货币政策宏观调控变革 / 向宇，杨松著.
— 成都：四川大学出版社，2018.12
（中国特色社会主义政治经济学丛书）
ISBN 978-7-5690-2642-9

Ⅰ.①改… Ⅱ.①向… ②杨… Ⅲ.①货币政策－金融宏观调控－研究－中国 Ⅳ.① F822.0

中国版本图书馆CIP数据核字（2018）第294225号

书名　改革开放与货币政策宏观调控变革

著　者	向　宇　杨　松
出　版	四川大学出版社
地　址	成都市一环路南一段24号（610065）
发　行	四川大学出版社
书　号	ISBN 978-7-5690-2642-9
印前制作	四川胜翔数码印务设计有限公司
印　刷	郫县犀浦印刷厂
成品尺寸	170mm×240mm
插　页	2
印　张	12.25
字　数	237千字
版　次	2019年12月第1版
印　次	2019年12月第1次印刷
定　价	58.00元

◆版权所有　◆侵权必究

◆ 读者邮购本书，请与本社发行科联系。
　电话：(028)85408408/(028)85401670/
　(028)86408023　邮政编码：610065
◆ 本社图书如有印装质量问题，请寄回出版社调换。
◆ 网址：http://press.scu.edu.cn

四川大学出版社
微信公众号

丛书序

党的十一届三中全会以来,我们党把马克思主义政治经济学基本原理同改革开放新的实践结合起来,不断丰富和发展马克思主义政治经济学,形成了适应中国国情和时代特点的当代中国马克思主义政治经济学——中国特色社会主义政治经济学。

中国特色社会主义政治经济学是马克思主义政治经济学基本原理与中国特色社会主义经济建设实践相结合的理论成果,是当代中国马克思主义政治经济学的集中体现,是指导中国特色社会主义经济建设的理论基础。它立足于中国改革发展的成功实践,诞生于中国,发展于中国,服务于世界,是指引当代中国不断解放和发展生产力的科学理论,是引领社会主义市场经济持续健康发展的指南。

党的十八大以来,以习近平同志为核心的党中央坚持理论创新引领实践创新,推动一系列重大经济理论创新,提出了一系列新思想新论断,形成了以新发展理念为主要内容的习近平新时代中国特色社会主义经济思想,揭示了新时代中国经济发展的客观规律,为中国和世界带来了新的经济发展理念和理论。

四川大学在长期的办学历程中,始终坚持以马克思主义政治经济学为指导,高举中国特色社会主义伟大旗帜,围绕国家和世界经济发展面临的重大问题,不断推进知识创新、理论创新、方法创新,致力于构建中国特色社会主义政治经济学的理论体系,在社会主义基本经济制度、社会主义基本分配制度、社会主义市场经济理论、社会主义经济运行理论、社会主义经济发展理论、社会主义城乡一体化理论以及社会主义经济全球化与对外开放理论等领域长期耕耘,并形成了自身的研究特色和优势。

为了进一步学习实践习近平新时代中国特色社会主义经济思想,更好地阐释经济建设实践中的重大理论和现实问题，巩固和深化现有研究成果，不断为道路自信、理论自信、制度自信、文化自信做出新的理论创造和理论贡献，我们以四川大学"双一流"超前部署学科"马克思主义理论与中国特色社会主义创新"为依托，研究设计了中国特色社会主义政治经济学丛书。

丛书的第一集共八本，以庆祝改革开放四十周年为主题，分别从"中国农村改革四十年：回顾与经验""改革开放与货币政策宏观调控变革""中国四十年价格改革研究""改革与增长：中国经济奇迹的政治经济学解释""改革开放四十年：我国经济周期波动及对外经济政策调整""改革开放四十年：创新驱动供给侧结构性改革""从城乡分割到城乡融合：成都的土地改革与乡村振兴"以及"中国经济改革与对外开放四十年：理论与实践探索"等方面对改革开放四十年的具体实践进行了深入分析。之后，我们还将从中国特色社会主义政治经济学的其他维度进行系统设计。

我们希望这套丛书的出版，有助于四川大学学术大师的不断涌现和学术流派的逐渐形成，有助于中国一流、川大风格的马克思主义理论与中国特色社会主义创新研究学科的逐渐形成。

学术永无止境。该丛书肯定会有不少需要改进之处，恳请各位同仁、读者为我们提出宝贵意见，让该丛书越办越好，在构建中国特色社会主义政治经济学理论体系中发挥积极作用。

目 录

0 绪　论 …………………………………………………………… (001)
　0.1　选题背景 ……………………………………………………… (001)
　0.2　文献综述 ……………………………………………………… (007)
　0.3　主要内容及预计的研究成果 ………………………………… (018)

1 改革开放与货币政策宏观调控变革总论 ………………………… (021)
　1.1　改革开放与货币政策宏观调控演变的理论分析 …………… (021)
　1.2　典型国家和地区经济转型与货币政策演变回顾 …………… (031)
　1.3　我国经济转型与货币政策演变的历程 ……………………… (044)
　1.4　小结 …………………………………………………………… (048)

2 货币政策宏观调控总框架的演变 ………………………………… (049)
　2.1　理论基础 ……………………………………………………… (049)
　2.2　货币政策宏观调控框架的内涵 ……………………………… (053)
　2.3　快速增长期货币政策调控框架的回顾 ……………………… (058)
　2.4　经济新常态下我国货币政策价格型调控框架设计 ………… (066)
　2.5　小结 …………………………………………………………… (077)

3 货币政策宏观调控目标的变化 …………………………………… (079)
　3.1　理论基础 ……………………………………………………… (079)
　3.2　货币政策最终目标的内涵 …………………………………… (085)
　3.3　快速增长期货币政策最终目标回顾与反思 ………………… (089)
　3.4　"新时代"货币政策宏观调控最终目标体系构建 ………… (102)
　3.5　小结 …………………………………………………………… (124)

4 货币政策宏观调控传导机制的变动 (125)
4.1 理论基础 (125)
4.2 快速增长期货币政策宏观调控传导机制 (128)
4.3 经济新常态下货币政策宏观调控传导机制模型 (139)

5 货币政策宏观调控工具的演进 (155)
5.1 传统的常规性货币政策工具概览 (155)
5.2 基础货币投放规律的变化及其工具选择 (160)
5.3 新常态下的货币政策工具创新 (168)

6 货币政策宏观调控进一步改革的风险及稳定措施 (175)
6.1 市场流动性风险及其稳定措施 (175)
6.2 系统性金融风险及其稳定措施 (177)
6.3 汇率和外资不稳定风险及其稳定措施 (179)
6.4 利益关系协调阻力风险及其稳定措施 (181)

7 结论与展望 (184)
7.1 基本结论 (184)
7.2 展望 (186)
7.3 政策建议 (189)

后 记 (191)

0

绪 论

0.1 选题背景

2018年,习近平总书记在博鳌论坛的讲话中指出,中国四十年改革开放给人们提供了许多弥足珍贵的启示,其中最重要的一条就是,一个国家、一个民族要振兴,就必须在历史前进的逻辑中前进、在时代发展的潮流中发展。[①]

1978年,中国共产党的第十一届三中全会胜利召开,掀开了我国改革开放的历史大幕。在这四十年改革开放的伟大实践中,我们的党和政府高举马克思列宁主义毛泽东思想的伟大旗帜,始终坚持马克思主义的中国化,创造性地开辟了中国特色社会主义道路,逐渐凝练出邓小平理论、"三个代表"重要思想、科学发展观及习近平新时代中国特色社会主义思想,形成了中国特色社会主义的理论体系。我们的党和政府在通过改革开放完善和发展中国特色社会主义的实践中遵循历史前进的逻辑,顺应时代发展的潮流,不断把握条件、研究问题以及总结经验,适时正确地把握住了我国主要矛盾变化而决定的改革开放的阶段性特征,审时度势地制定了正确的政策措施,取得了举世瞩目的发展成就。

在中国特色社会主义理论的指引下,改革开放政策成就了我国经济长足发展的"黄金四十年"。四十年中,我国经济以平均9%以上的速度增长,我国跃升为世界第二大经济体、第一大工业国、第一大货物贸易国、第一大外汇储

[①] 习近平在博鳌亚洲论坛2018年年会开幕式上的主旨演讲,载新华网,网址:http://www.xinhuanet.com/politics/2018-04-10/c_1122659873.htm。

备国。改革开放政策的实施创造了人类历史长河中耀眼的经济发展奇迹,创新了国家发展的路径,为经济理论研究与经济发展实践提供了新的历史样本。四十年来中国特色社会主义经济建设的辉煌成就证明了中国发展道路选择的正确性和发展模式创新的科学性。

中国特色社会主义经济发展的规律决定了其发展过程中存在的阶段性特征。四十年来,我国经历了从高速度增长向高质量发展的阶段转变。2014年12月5日,习近平总书记在中央政治局会议上明确提出我国经济发展进入"新常态"。经济的"新常态"表现为以下几个显著的特征:一是从高速增长转为中高速增长;二是经济结构不断优化升级;三是从要素驱动、投资驱动转向创新驱动。① 十九大报告指出,我国经济发展已经进入了"新时代"。从"新常态"到"新时代"阶段转变的正确判断,是马克思主义实践论的重要体现,也是中国特色社会主义建设、改革开放实践经验的科学总结。

经济发展的阶段转变对我国货币政策宏观调控提出了新的时代要求。货币政策在调控思路上要转换新思维;在调控方式上要运用新手段,要加大货币政策工具的创新力度,不断丰富货币政策工具篮子。只有创造性地推进我国货币政策宏观调控的改革,才能适应我国经济发展的变革与创新,提高我国货币政策宏观调控的效率,为新时代中国特色社会主义经济建设与发展保驾护航,实现新时代经济高质量发展的目标,为最终实现中华民族伟大复兴的"中国梦"提供坚实的制度保障。

0.1.1 经济思想转变,国际格局变化

自20世纪90年代开始,世界上很多国家在所谓"华盛顿共识"的影响下实践"新自由主义"。以英国首相撒切尔夫人和美国总统里根为代表推动的经济自由化改革在全球遍地开花。新自由主义成为国际经济主流的经济发展思想,世界经济格局的变化也被深深地打上了新自由主义的烙印。

然而,新自由主义经济思想并非挽救各国经济颓势的灵丹妙药。比如,20世纪90年代苏联解体后,新自由主义思想主导了转型的独联体国家的经济改革,全面的私有化却导致各国经济迅速的衰落。又如,20世纪90年代后期,东南亚国家在新自由主义思潮影响下启动了国家经济的全方位开放,特别是罔顾自身严重不足的金融监管能力的情况下,全面开放资本项下的货币自由兑

---

① 《习近平提出中国经济新常态的3个特点及带来的4个机遇》,载人民网,网址:http://world.people.com.cn/n/2014/1109/c1002-25999091.html。

换，结果造成了1997年的亚洲金融风暴，最终引起了经济的大萧条。

新自由主义经济思想不仅在转型经济体的实践中是失败的，在发达国家经济实践中也产生了严重的问题。2000年的美国股市崩盘、2008年的美国次贷危机以及2009年开始的欧洲主权债务危机均说明，不顾各国经济发展阶段、经济发展水平和经济发展环境的巨大差异的盲目的经济自由化，对经济发展未必是有益的，在一定条件下还可能引发严重的经济危机。

伴随着西方经济理论的困顿，西方国家的经济发展也陷入了持续的停滞状态。美国次贷危机以后，欧美经济出现持续的萧条。产出增长率、通货膨胀率和就业指标持续处于历史低点。政府财政问题逐渐显现，欧洲主权国家爆发了国家信用危机，美国政府也一度濒临"财政悬崖"。另一方面，发达国家产业空心化现象严重，缺乏实体的经济结构难以支撑发达国家未来经济的持续发展。

回过头来反观我国的经济发展。自改革开放以来，我们的党和政府始终坚持实事求是的原则，一方面，拒绝盲目照搬照抄西方经济理论指导我国的经济发展，而是借鉴吸收了西方经济理论中精华与合理的成分，完善具有中国特色的社会主义市场经济理论；另一方面，不断推进马克思主义的中国化，在改革实践经验总结的基础上，形成了中国特色社会主义的理论体系，特别是在如何搞好经济发展的问题上锐意改革、勇于创新。我们的党和政府始终坚持将试点与推广相结合，将历史与现实相结合，将理论探索与实践经验相结合，探索出了一条适合中国经济发展的道路。正是在中国特色社会主义思想的指导下，我国创造了举世瞩目的经济奇迹。

我们的党和政府在对内加大改革力度的同时，对外也不断加深开放的程度，致力于推进国际平衡发展，全力构建人类命运共同体。自改革开放以来，我国积极参与国际经济治理。2001年我国加入WTO以来，始终坚持国际贸易规则，推进经济全球化进程；同时，积极完成国际组织对我国提出的市场化改革任务，始终将改革开放作为我国经济工作的重中之重。2013年，我国提出"一带一路"倡议，帮助沿线不发达国家发展经济，努力实现互联互通、共赢共享。同时，我国积极参与G20峰会，推动世界经济多元化平衡发展。2016年，人民币成功加入了SDR货币篮子，推动我国进一步参与国际金融体系的改革。

欧美发达国家经济相对衰落、中国经济快速崛起以及其他新兴市场国家经济迅猛增长，国际政治经济格局正悄然变化，由此要求国际治理体系和国际贸易金融体系进一步的改革。

0.1.2 市场改革深化，体制机制成熟

我国四十年的经济体制改革历史实质上就是经济市场化改革的历史。改革开放就是在对传统计划经济体制低效率的反思中开始推动的。改革开放以来，我国不断提高市场在资源配置中的作用。

20世纪90年代以前，经济改革处于起步阶段，我们对于市场机制对资源配置作用的认识还不够深入；同时，计划体制下的存量经济占比依然较大，过快的推进市场化改革可能造成经济较大的震荡。这一时期，提出了"计划经济为主，市场配置为辅""有计划的市场经济"等不同模式。

20世纪90年代以后，我国商品市场的价格形成机制虽然基本成熟，但从计划配给向市场配置转轨过程中的经济乱象时有发生。1992年，邓小平同志发表了重要的南方谈话，加快了我国经济市场化改革的速度。同年，党的十四大正式确立了建立社会主义市场经济体制的目标，将市场化改革作为改革的重中之重，市场化改革进入了新的阶段。此后，2001年成功加入WTO，市场化改革逐渐与国际接轨。2005年，完成了商业银行股权分置改革，推进了资本市场的市场化改革；同年，实施了汇率体制改革，确立了有管理的浮动汇率制度。2007年，推出了短期利率体系中的Shibor指标，加速了我国利率市场化改革。

2013年，我国进入经济发展的"新常态"。面对新形势新条件，我们的党和政府加快了经济市场化改革的步伐。十八届三中全会报告指出，建设统一开放、竞争有序的市场体系，是使市场在资源配置中起决定性作用的基础。进一步明确了市场配置资源的决定性作用，指明了经济改革的方向。2013年以来，我国加快了利率市场化改革，并在2015年彻底放开了存款利率浮动的管制，在政策层面上完成了利率市场化改革。2015年8月11日，实施了新一轮汇率制度改革，以市场供求为基础，参考一篮子货币计算人民币多边汇率指数，维护人民币汇率在合理均衡水平上的基本稳定。"8·11"汇改进一步推动了我国汇率机制的形成，进一步深化了汇率市场化改革。综上所述，随着我国改革开放的日益深化，各项制度不断完善，经济体制趋于成熟，基于供求关系的市场机制逐渐在我国资源配置中发挥决定性的作用。

0.1.3 金融风险积聚，金融监管强化

系统性金融风险是各国经济发展中普遍面对的危险，但传统的西方经济理论几乎忽略了系统性金融风险以及由此带来的系统性金融危机等问题。经济理

论研究的忽视导致了各国在发展经济过程中政策措施实行的不到位，从而造成资源错配、经济扭曲，最终引发涉及范围极广、冲击力度极强、危害程度极大的金融危机、甚至经济危机。

2000年，美国网络科技泡沫破裂引发股灾，经济迅速陷入萧条。为了推动经济复苏，提高经济增长率和就业率，美国政府将房地产作为经济增长的源动力，推动美国房价一大波上涨。当时，格林斯潘主导的美联储过度关注实体经济的稳定，却忽视了系统性金融风险的积聚，货币政策将短期利率设定在极低的水平，导致大量的流动性资金进入房地产市场，推高了房价指数。与此同时，监管方放任金融衍生品市场的野蛮发展，进一步刺激了美国房地产市场的增长，并推高了金融市场的杠杆率。美国政府和美联储对资产价格泡沫的忽视，导致美国系统性金融风险的大量积聚。2008年，雷曼兄弟公司破产引爆了美国的次贷危机。此次金融危机如势不可挡的海啸迅速席卷全球，各个主要开放市场经济国家几乎无一例外遭受了不同程度的损失。美国五大投行纷纷破产或被兼并，失业率达到了历史高峰，大量的资本逃离美国。2009年，欧洲国家遭受美国次贷危机的巨大冲击，继而爆发了欧洲银行危机、欧洲主权债务危机，造成了巨大损失。

2008年的美国次贷危机也严重冲击了我国经济。我国政府施行了强刺激的政策，将下行的经济重新拉回到接近均衡的水平。然而，刺激政策注入经济体系的流动性很大部分流入了房地产市场，使得我国房地产市场出现泡沫化的趋势。

面对世界经济波诡云谲的复杂变化、国内经济从高速增长向中高速增长的阶段性转变、系统性金融风险在一定程度上有所积聚的情况，我们的党和政府适时推出了"三去一降一补"的供给侧结构性改革措施，将去杠杆列为我国经济运行的重要任务。党的十九大胜利召开以后，开启了三大攻坚战，其中，将防止发生系统性金融风险作为三大攻坚战之首。具体的措施是，一方面，明确"房子是用来住的，不是用来炒的"的重要原则，加强房地产市场的限购，控制房价过快上涨；另一方面，加大力度治理社会资金来源的影子银行体系，分别颁布了"三三四十""资管新规"等重要文件，治理理财资金流向过剩产业的金融乱象。在我国货币政策宏观调控改革的过程中，货币投放的虚拟化在一定程度上造成了系统性金融风险的积聚。十九大报告指出，要进一步完善货币政策与宏观审慎双支柱的制度框架，利用数量型的金融监管政策来保证价格型货币政策转型中的效率与稳定。我国已进入金融监管进一步加强的新时代。

0.1.4 金融全面开放,外部风险增大

经历四十年的改革开放后,我国基本实现了贸易领域的全面开放,而金融领域的开放则相对滞后。金融领域的开放关系到一国的金融安全甚至经济发展全局的稳健,在市场机制不甚完善、金融监管能力不足的条件下盲目开放金融市场会增大国内经济运行的风险,甚至引发金融经济危机,1997年爆发金融危机的东南亚就是前车之鉴。然而,随着我国改革开放的加速深化、经济体制机制的逐渐健全、金融行业竞争优势的不断增强、金融监管能力的逐渐提升,进一步加快金融领域的开放成为我国经济体制进一步改革的必然选择。

习近平总书记在十九大报告中强调,推动形成全面开放新格局。开放带来进步,封闭必然落后。中国开放的大门不会关闭,只会越开越大。2018年4月10日,习近平总书记在博鳌亚洲论坛2018年年会开幕式上再次强调,未来我国经济实现高质量发展必须在更加开放的条件下进行,并要求大幅度放宽市场准入。今年,我们将推出几项有标志意义的举措。在服务业特别是金融业方面,去年年底宣布的放宽银行、证券、保险行业外资股比限制的重大措施要确保落地,同时要加快保险行业开放进程,放宽外资金融机构设立限制,扩大外资金融机构在华业务范围,拓宽中外金融市场合作领域。中国人民银行行长易纲提出,推进金融业对外开放要遵循以下三条原则:一是准入前国民待遇和负面清单原则;二是金融业对外开放将与汇率形成机制改革和资本项目可兑换改革进程相互配合,共同推进;三是在开放的同时,要重视防范金融风险,使金融监管能力与开放程度相匹配。[①]

当然,也应该看到,在金融业启动全面开放模式的当下,我国经济发展所面临的外部风险正在增大。例如,中美之间近来较为激烈的贸易摩擦和冲突使得人民币汇率的波动加剧。又如,过去十余年,我国外汇储备一直保持稳定增长的趋势。但是,自2014年下半年起,外汇储备量则以10%的速度持续降低,从近4万亿美元降至3.2万亿美元左右。2016年1~8月,外汇储备规模基本围绕3.2万亿美元的水平上下波动,[②] 2017年1月,甚至跌落至3万亿美元以下,目前基本保持在3.1万亿美元的水平。[③] 外汇储备的降低影响着市场的信心,也是致使人民币汇率波动加剧的一个原因。由于人民币兑换主要货币

[①] 崔启斌:《易纲给出金融业开放准则遵循三大原则》,载人民网,网址:http://money.people.com.cn/BIG5/n1/2018/0412/c42877-29921271.html。

[②] 安澜:《外汇储备规模上下波动是正常现象》,《第一财经日报》,2016年9月30日,第A05版。

[③] 数据来源:国家外汇管理局。

的汇率波动增大,导致我国对外贸易受到国际金融市场不确定因素的负面影响也出现增大的趋势。人民币在国际化的过程中,其稳定性同样受国际金融市场波动的影响,使得中国人民银行对人民币币值稳定的调控能力受到一定的限制。在外部条件如此不利的条件下,易纲行长强调,金融开放进度要与金融监管实力相匹配;在金融开放过程中,不断提高国内金融监管的能力。只有这样,才能有效化解来自外部不确定性对我国金融体系乃至经济稳健、高质量发展的不利冲击。

0.2 文献综述

0.2.1 关于货币理论的文献综述

西方各个宏观经济学派有着不同的货币理论,包括古典学派货币理论、真实票据货币理论、凯恩斯学派货币理论、货币主义学派的货币理论和理性预期学派货币理论。

古典学派货币理论是由古典经济学家艾尔文·马歇尔和 A. C. 庇古等在 20 世纪初提出的。古典学派货币理论也称货币数量论,是一种探讨总收入的名义价值如何决定的理论,主要有两个代表性的理论,其最重要的特点是认为利率对货币需求没有影响。

欧文·费雪[①]提出的交易方程式。这个方程式揭示了名义收入与货币数量及货币流通速度之间的关系:货币数量乘以在给定年份中货币被使用的次数必定等于名义收入(即该年度花费在商品和劳务上的货币总量)。费雪方程的公式如下:

$$M \times V = P \times Y$$

其中:M 表示货币数量,V 表示货币流通速度,P 代表价格水平,Y 代表总产出。

欧文·费雪认为,货币流通速度是由经济中影响个人交易方式的制度决定的。因为经济中的制度和技术特征只在较长的时间里才会对货币流通速度产生轻微影响,所以在短期内货币流通速度相当稳定,货币需求数量由总收入决定。古典经济学家认为工资和价格是具有完全弹性的,所以他们相信在正常年份一个经济体的总产出总维持在充分就业情况下,在短期内也可以认为交易方

[①] 欧文·费雪:《利息理论》,商务印书馆,2013 年。

程式中 Y 不变,所以价格水平的变动 P 仅源于货币数量 M 的变动。

与费雪同时代的一批剑桥经济学家得到了与费雪类似的货币需求等式,即:

$$M^d = K \times PY$$

其中:K 为用比例表示的常量,类似于交易方程式中 $1/V$。其中不同的是,剑桥模型认为,个人因考虑货币具有的交易媒介和财富储藏属性,其持有货币数量有一定的弹性;另外,考虑到短期内 K 发生变动的可能性,没有排除利率的影响。

真实票据(real-bill)理论是由约翰·罗(John Law,1705)创立和发展的。当时学者们争论如何控制银行券的发行,逐渐发展出"回笼法则"。该理论认为,通过配合短期真实商业票据的交易,货币供给恰好满足商品交易的需求,从而确保货币发行可以与社会生产情况相适应,即让货币发行量被动地适应商品交易的合理需求。该理论把货币当作交易媒介,根据实际的商品和交易中产生和流通的短期商业票据来确定货币发行,从而避免货币超量发行引发的通货膨胀。具体来说,即是银行在实际操作中只通过贴现具备真实商品交易流通背景的短期商业票据来进行贷款发放,这样,货币供应量可以自发随着实际产出的变动而变动,货币供给可以与实际产出在现有价格上自动匹配。也就是说,当基于实际商品交易进行贷款发放时,就不可能出现引起通货膨胀的货币超量发行的情况。

要求交易媒介的供给量根据"合理交易需要"变动是真实票据学说的核心。这个思想最早起源于苏格兰商人威廉·佩特森(1658—1719年)提出的纸币发行计划。他主张除了发行具有黄金担保的纸币外,可以有限地发行以政府证券为担保的纸币。这个理念推动英格兰银行在 1694 年成立,佩特森是该银行的创办人之一。英格兰银行以向政府提供贷款的形式获得货币发行权。约翰·罗总结了这些思想和实践,发展出自己的理论,他将土地作为"良好的抵押品",论证发行纸币的土地基础的可行性。显然,罗的思想体系本源于真实票据理论。

凯恩斯的货币需求理论主要是在《就业、利息和货币通论》一书所提出的流动性偏好理论。[①] 他详细分析了人们持币的各种动机,相比于剑桥学派对货币需求的阐释,他对人们持币动机的把握更为精确。在该书中,凯恩斯将人们持有货币的动机分为交易动机、谨慎动机和投机动机;相应地,人们持有货币

---

① 约翰·梅纳德·凯恩斯:《就业、利息和货币通论(重译本)》,商务印书馆,1999年。

的需求包括交易需求、谨慎需求和投机需求。

货币具有交易媒介的功能，交易需求和收入正相关，而人们愿意持有的预防性货币余额的数量主要取决于其对未来交易水平的预期，因此，凯恩斯假设，出于谨慎动机的货币需求和收入成正比例。在投机需求方面，因为债券价格和利率负相关，所以利率上升会导致货币需求下降，因而货币需求同利率水平负相关。凯恩斯的货币需求理论可由下列公式表达：

$$\frac{M^d}{P}=F(i,Y)$$

凯恩斯强调 F 为真实的货币需求数量（区别于名义需求数量），这一数额与实际收入 Y 正相关和利率 i 负相关，通过变换凯恩斯需求公式求解货币流通速度可得：

$$V=\frac{PY}{M}=\frac{Y}{F(i,Y)}$$

可见，货币流通速度 V 会随着利率波动而剧烈波动，而不像费雪认为的是一个常量。这样，凯恩斯的流动性偏好理论对古典的货币数量理论提出的名义收入主要是由货币数量的变动决定的观点提出了质疑。进一步完善深化凯恩斯所提出的流动性偏好理论成为战后至20世纪70年代货币理论发展的主流。

货币主义学派创始人和主要观点提出者弗里德曼认为，货币需求函数是一个稳定的函数，其动向是可以预测的。[①] 他列出的个人财富持有者的货币需求函数为：

$$M/P=f(Y,W,r_m,r_b,r_e,dp/pdt,u)$$

其中：M 为个人财富持有者手中保存的货币量（名义货币量）；P 为一般物价水平；M/P 为个人财富持有者手中的货币所能支配的实物量（实际货币需求量）；Y 表示"恒久性收入"；W 表示非人力财富占总财富的比例；r_m 表示货币的名义报酬率；r_b 表示预期的固定收益的报酬率；r_e 表示预期的非固定收益的报酬率，如股票的收益率；dp/pdt 表示预期的商品价格变动率。

弗里德曼认为，货币流通速度函数 V 是收入 Y 对货币数量 M 之比，他指出"只要 Y 是永恒收入，Y 对 M 的比率就会不变"。所以货币流通速度无论在长期还是在短期内，都是一个稳定的函数。

货币主义学派认为，货币需求量是少数变量的函数，而货币供给量则可以在相当短的时期内发生急剧的变化，因此，供需不平衡主要发生在供给方面。

---

① 弗雷德里克·S. 米什金：《货币金融学》，9版，中国人民大学出版社，2011年。

据此,货币主义学派提出了以反对通货膨胀、稳定货币供应为主要内容的政策主张,即实行所谓的"单一规则",公开宣布应长期采用一个固定不变的货币供应增长率。[1] 弗里德曼认为,货币政策的首要目标是稳定货币、稳定经济,而不是维持某一失业率或其他什么目标;货币政策只能以货币供应量增长率为控制指标,而不能盯住利率、汇率、物价或其他经济变量;货币增长率一经正确订定,就应该长期固定,而不能因长期经济波动或其他因素作随意的调整。这不仅是中央银行控制货币供应量的最佳选择,也应该是中央银行货币政策操作的基本规则。[2]

理性预期经济学派是20世纪70年代在美国出现的一个经济学流派。[3][4] 以穆西为代表的理性预期经济学派认为,人们在经济活动中根据过去价格变化的资料,在进入市场之前就对价格做出预期,这样,他们的决策是有根据的。市场会发生一些偶然情况,成为干扰因素,但可以事先计算它的概率分布,因此可以选出最小风险的方案,以预防不利后果的侵害。例如在确定房租、债券利息、议定工资、规定供给价格时,都可把未来价格波动估计进去,定得高一些,以防止因通货膨胀而降低实际收入。因此,合理预期起了加速通货膨胀的作用。同时,因为政府对经济信息的反应不如公众那样灵活及时,所以政府的决策也不可能像个人决策那样灵活,因此,政府的任何一项稳定经济的措施,都会被公众的合理预期所抵消,成为无效措施,迫使政府放弃实行。由此,理性预期经济学派认为,国家干预经济的任何措施都是无效的;要保持经济稳定,就应该听任市场经济的自动调节,反对任何形式的国家干预。由此可见,理性预期经济学派倡导比货币主义学派更彻底的经济自由主义。

0.2.2 关于货币政策的相关文献

货币政策是促进一国经济发展的基本政策。对于货币政策的研究由来已久,研究成果可谓汗牛充栋。国外有关货币政策的相关研究起源较早,著述非常丰富,从理论及实证两个方面对货币政策展开了讨论。

---

[1] 本·S. 伯南克,托马斯·劳巴克,弗雷德里克·米什金,亚当·S. 波森:《通货膨胀目标制:国际经验》,东北财经大学出版社,2013年。
[2] 邓海清,陈曦:《再造中央银行4.0:新常态下的我国金融改革顶层设计》,社会科学文献出版社,2015年。
[3] 王广谦:《20世纪西方货币金融理论研究:进展与述评》,经济科学出版社,2010年。
[4] 布莱恩·斯诺登,霍华德·R. 文:《现代宏观经济学:起源、发展和现状》,江苏人民出版社,2009年。

绪 论

在理论研究方面，Friedman 和 Schwartz（1963）论述了货币数量对产出的影响。① Stock 和 Watson（1989）通过建立多变量 VAR 模型，得出的结论是，货币供应量能解释产出的变动，但产出对货币供应量没有显著影响。② Taylor（1993）③ 和 McCallum（2000）④ 研究并修正了基于利率调控的泰勒规则。Bernanke 和 Blinder（1992）认为，完善的金融市场上以利率为主的货币政策调控机制更为有效和灵敏。⑤ Goodfriend（2007）详细分析了中央银行通过控制短期利率向长期利率的传导情况，以及其对居民投资消费行为的影响。⑥ Bernanke 和 Blinder（1988）将资产区分为债券和银行信贷，从而将信贷市场的均衡纳入 IS－LM 模型中，创立了 CC－LM 模型。⑦ Campbell、Roger 提出，可利用市场业务的公开化提升货币的供应量，即通过扩大内需来引导新的货币政策在市场中逐步完善。⑧ Jacobsenr 则认为预留负债决定着一个国家中央银行的货币政策设定，这主要受限于利息的波动和变化。⑨

在实证研究方面，Boschen 和 Otrok（1994）通过加入虚拟变量，对美国、澳大利亚两个国家的货币供应量和 GDP 进行分析，得出货币政策并非完全是中性的结论。⑩ King 和 Watson（1997）运用协整的方法，得出多个国家的货币具有长期中性的结论。⑪ Westerlund 和 Costantimi（2008）运用面板协整的

---

① Friedman M, Schwartz A J. *A Monetary History of the United States*, Princeton University Press, 1971.

② Stock J H, Watson M W: "Interpreting the Evidence on Money–Income Causality", *Journal of Econometrics*, 1989.

③ Taylor J B: "Discretion Versus Policy Rules in Practice", *Carnegie－Rochester Conference Series on Public Policy*, 1993.

④ McCallum B T: "Alternative Monetary Policy Rules: A Comparison with Historical Settings for the United States, the United Kingdom and Japan", *Federal Reserve Bank of Richmond*, 2000.

⑤ Bernanke B S, Blinder A S: "The Federal Funds Rate and the Channels of Monetary Transmission", *The American Economist*, 1992.

⑥ Goodfriend M: "How the World Achieved Consensus on Monetary Policy", *Journal of Economic Perspectives*, 2007, 21 (4).

⑦ Bernanke B S, Blinder A S: "Credit, Money and Aggregate Demand", *American Economist*, 1988.

⑧ Harvey C R, Huang R D: "The Impact of the Federal Reserve Bank's Open Market Operations", *Financial Markets*, 2002.

⑨ Bhattacharyya I, sensarma R: "How Effective are Monetary Policy Signals in India", *Policy Modeling*, 2008.

⑩ Boschen J F, Otrok C M: "Long-run Neutrality and Super Neutrality in an ARIMA Framework: Comment", *American Economic Review*, 1994.

⑪ King R, Watson M W: "Testing Long-Run Neutralityer", *National Bureau of Economic Research*, 1997.

方法，得出的结论支持了货币中性的假说，证明了货币政策的有效性。①Goldberg 和 Knetter（1997）强调了价格对汇率波动不完全反应的事实，指出了不完全汇率传递这个问题的重要性。② Kydland 和 Prescott（1997）认为，货币当局应该提高自身的可信度，而且，货币当局操作的透明度将决定货币当局最终目标的实现。③ Mishkin（1998）探讨了货币政策目标的选择，认为多目标制存在通货膨胀与经济增长之间的冲突，因此，货币当局应该逐渐转入以物价稳定为主的单一货币政策目标。④ Frankel（2015）、⑤ Lucrezia（2014）⑥认为，通货膨胀目标制没有能够达到稳定金融系统的作用，因为它忽视了资产价格这个重要因素。Tuuli Koivu 认为，中国的货币政策中利率政策的占比超过了正常国家的比例，其对资金流向的影响使得中国的货币政策缺乏敏感的市场感应能力。⑦ Mehrotra 也认为，中国的政府干预影响了货币政策对宏观经济的调控作用，主观的干预使利率、汇率等货币政策的调控无法实现效用最大化。⑧

国内学者对于货币政策的相关研究起步较晚，较为集中的研究是从 20 世纪 90 年代后期兴起的。尤其是近些年来，随着我国改革开放逐渐进入深水区，经济发展取得举世瞩目的巨大成就，同时也遇到极大的困难与挑战，国内学者对于货币政策的理论研究、实践探索更加深入、更加细致，取得了丰硕的研究成果。

在货币政策效率研究方面，戴根有（2000）通过系统分析中国人民银行制定和推行货币政策的过程发现，我国货币政策在特定历史时期的有效性甚为显

---

① Westerlund J，Costantsni M："Panel cointegration and the Neutrality of money"，Pubished online：4 January 2008.

② Goldberg P，Knetter M："Goods prices and exchange rates：What have we learned?"，*Journal of Economic Literature*，1997.

③ Kydland F，Prescott E："Rules Rather than Discretion：The Inconsistency of Optimal Plan"，*Journal of Politics*，1997.

④ Mishkin F："International Experiences with Different Monetary Policy Regimes"，*Journal of Monetary Economics*，1998.

⑤ Frankel J："The euro crisis：where to from here?"，*Journal of Policy Modeling*，2015.

⑥ Lucrezia R："Monetary Policy and Banks in the Euro Area：the Tale of Two Crises"，*Journal of Macroeconomics*，2014.

⑦ Tuuli Koivu："Has the Chinese Economy Become More Sensitive to Interest Rates Studying Credit Demand in China"，*China Economic Review*，2009.

⑧ Mehrotra A N："Exchange and Interest Rate Channels during a Deflationary Era：Evidence from Japan，Hong Kong and China"，*Journal of Comparative Economics*，2007.

著。① 李斌（2001）应用数量统计模型对我国货币政策实践进行实证分析，结果证明我国独特的货币政策机制是有效的。② 万解秋和徐涛（2001）通过实证分析证实了我国 M_2 供给有较强的内生性，影响着我国货币政策的有效性。③ 周素彦（2005）评述了西方 20 世纪不同时期的货币政策理论发展，包含了对货币政策的研究和实施效果的评价。④ 易定红（2004）概述了美联储的货币政策的特点和不足。⑤ 彭俞超和方意（2016）基于改进的政策前沿曲线评判框架指出，非对称地实施结构性货币政策更能兼顾经济稳定和产业结构升级。⑥ 陈彦斌、郭豫媚和陈伟泽（2015）通过实证分析指出，2008 年金融危机之后我国货币数量论处于失效状态。⑦

在货币政策目标研究方面，宋小梅（2004）在分析美国第二次世界大战后货币政策变化的基础上发现，一国的经济和金融发展情况与货币政策中介目标的改变密切关联。⑧ 刘明志（2006）认为应加快利率市场化进程，为使用银行间利率作为货币政策中介目标创造条件。⑨ 马文涛、冯根福、李成和魏福成认为，宏观调控应将管理通货膨胀预期作为前提，并进一步明晰政府与市场的边界，破除对行政性干预的过度依赖。⑩ 王国刚（2012）认为，我国货币政策调控的中间目标数量正逐步向"新增贷款"等指标收敛并日趋成熟，最终目标也正处于逐步完善中。⑪ 侯成琪和龚六堂（2013）指出，根据福利损失贡献加权法计算的核心通货膨胀是最优的，货币政策盯住这个最优核心通货膨胀能够显著降低外生冲击导致的福利损失。⑫ 卞志村和高洁超（2014）通过动态数据模拟分析指出，灵活通货膨胀目标制和混合名义收入目标制均可成为我国最优货

---

① 戴根有：《关于我国货币政策的理论与实践问题》，《金融研究》，2000 年第九期。
② 李斌：《我国货币政策有效性的实证研究》，《金融研究》，2001 年第 7 期。
③ 万解秋，徐涛：《货币供给的内生性与货币政策的效率——兼评我国当前货币政策的有效性》，《经济研究》，2001 年第 3 期。
④ 周素彦：《20 世纪西方货币政策理论发展与评述》，《金融教学与研究》，2005 年第 2 期。
⑤ 易定红：《美联储制定和执行货币政策的历史演变》，《经济问题探索》，2003 年第 11 期。
⑥ 彭俞超，方意：《结构性货币政策、产业结构升级与经济稳定》，《经济研究》，2016 年第 7 期。
⑦ 陈彦斌，郭豫媚，陈伟泽：《2008 年金融危机后我国货币数量论失效研究》，《经济研究》，2015 年第 4 期。
⑧ 宋小梅：《二十世纪六十年代以来的美国货币政策》，《南方金融》，2004 年第 11 期。
⑨ 刘明志：《货币供应量和利率作为货币政策中介目标的适用性》，《金融研究》，2006 年第 1 期。
⑩ 马文涛，冯根福，李成，魏福成：《宏观政策转型、行政性干预调整与通货膨胀预期管理》，《经济研究》，2016 年第 4 期。
⑪ 王国刚：《我国货币政策目标的实现机理分析：2001—2010》，《经济研究》，2012 年第 12 期。
⑫ 侯成琪，龚六堂：《食品价格、核心通货膨胀与货币政策目标》，《经济研究》，2013 年第 11 期。

币政策的有效实现形式,可促进经济平稳协调发展。①

在货币政策工具的研究方面,张吟雪(2011)认为,长期奉行低利率政策不仅会危害社会稳定,还会阻碍经济发展,在接下来的宏观调控中应该更倾向于价格型工具的运用。② 胡新智(2011)指出,金融创新不仅使得存款准备金率的效果大打折扣,还造成了一定的负面影响,建议中央银行在日后逐步将以数量型的货币工具为主转向以价格型的货币工具为主。③ 李琼(2012)认为我国货币政策处于宽松期向稳健期的转换阶段,存款准备金率的威力大大减弱,利率工具是改变公众整体价格预期最理想的手段,要综合运用数量型货币政策工具和价格型货币政策工具,打好宏观经济调控工具组合牌。④ 此外,在货币政策工具创新方面,瞿凌云(2013)归纳了发达经济体非常规货币政策工具类型,并将其与新兴经济体进行对比分析,指出中央银行可以通过改变资产的规模和结构为金融市场注入流动性。⑤ 孙若宁(2014)提出,要继续优化差别存款准备金的动态机制,放开利率管制,加快利率市场化进程,综合运用多种创新型货币政策工具。⑥ 汪宁等人(2014)认为,在货币政策创新方面要提高中央银行的主动性,提升工具的灵活性,在利率市场化完成之后,要确保中央银行对货币市场基准利率的定价权。⑦ 胡岳峰(2015)对"常设借贷便利"进行了深入分析,指出创新并非是照搬西方模式,而是要理解创新的本质,打破货币政策调控旧框架,结合我国国情,构建符合自身实际的货币政策工具篮子。⑧

在货币政策传导渠道的研究上,盛朝晖(2006)通过实证分析的方法,证实高速增长期信贷和信用渠道在货币政策传导机制中发挥的主要作用。⑨ 姜再勇(2008)认为总部经济通过强有力的融资能力、资金集中管理能力以及较强的利率议价能力降低了对银行信贷的依赖,削弱了银行信贷渠道的传导效

---

① 卞志村、高洁超:《适应性学习、宏观经济预期与我国最优货币政策》,《经济研究》,2014年第4期。
② 张吟雪:《关于当前货币政策工具选择及其效应的思考》,《新金融》,2011年第5期。
③ 胡新智:《实现货币政策工具从数量型向价格型转变》,《中国金融》,2011年第19期。
④ 李琼:《当前我国货币政策工具选择的依据及运用》,《财经科学》,2012年第1期。
⑤ 瞿凌云:《发达与新兴经济体非常规货币政策工具对比分析及对我国的启示》,《金融纵横》,2013年第5期。
⑥ 孙若宁:《当前宏观经济形势下我国货币政策工具的优化分析》,《时代金融》,2014年第9期。
⑦ 汪宁、张靓:《对中央银行货币政策工具的几点思考》,《债券》,2014年第7期。
⑧ 胡岳峰:《关于我国新兴货币政策工具"常备借贷便利"的解析与国际比较》,《金融经济》,2015年第1期。
⑨ 盛朝晖:《我国货币政策传导渠道效应分析:1994—2004》,《金融研究》,2006年第7期。

率;① 金中夏、洪浩和李宏瑾（2013）指出，利率完全放开之后，我国货币政策的利率传导渠道将更加畅通，货币政策冲击对实体经济的影响将更加显著。② 马里、黄宪和代军勋（2013）指出，银行资本约束可以改变货币政策的传导路径，同时具有降低风险、限峰修复的功能。③

0.2.3 关于货币政策与宏观审慎政策"双支柱"的文献综述

2008年全球金融危机的爆发表明，单独实施货币政策难以有效防范系统性风险，无法维护金融稳定，因此，针对金融稳定的宏观审慎政策得到重视。关于货币政策与宏观审慎政策相互协调的问题引起学术界的关注。

学术界认为货币政策与宏观审慎政策既相互促进又相互制约。长期来看，货币政策与宏观审慎政策目标趋于一致，可以相互促进。Malovaná 和 Frait（2017）研究发现，货币政策和宏观审慎政策都通过信贷增长影响货币和信贷条件，因此两者不是独立的。④ Rubio等人（2014）运用包含住房和抵押约束的DSGE模型展开研究，发现货币政策与宏观审慎政策协调一致、相互作用，明确地增强了经济体系的稳定性。⑤ Unsal（2011）通过研究包含实际摩擦的开放经济体DSGE模型，得出宏观审慎政策能够有效补充货币政策的结论。⑥ 闫先东，张鹏辉（2017）将贷款价值比（LTV）动态化引入宏观审慎规则，结果表明，在信贷供给冲击下，宏观审慎与货币政策的相互配合更有利于实现货币政策目标。⑦ 货币政策与宏观审慎政策目标短期内可能存在冲突，导致两者相互制约。当经济处于衰退阶段时，扩张性的货币政策会与宏观审慎监管政策产生抵触，导致货币政策传导不畅；当经济处于过热时期，虽然货币当局收紧银根，但银行处于竞争压力会维持宽松的信贷审批标准，宏观审慎政策难于

---

① 姜再勇：《总部经济对我国货币政策传导渠道影响机制研究》，《金融研究》，2008年第7期。

② 金中夏，洪浩，李宏瑾：《利率市场化对货币政策有效性和经济结构调整的影响》，《金融研究》，2013年第4期。

③ 马里，黄宪，代军勋：《银行资本约束下的货币政策传导机制研究》，《金融研究》，2013年第5期。

④ Malovaná S, Frait J: "Monetary Policy and Macroprudential Policy: Rivals or Teammates?", *Journal of Financial Stability*, 2017.

⑤ Rubio M, Carrasco-Gallego J A: "Macroprudential and monetary policies: Implications for financial stability and welfare", *Journal of Banking & Finance*, 2014.

⑥ Unsal F D: "Capital Flows and Financial Stability: Monetary Policy and Macroprudential Responses", *International Monetary Fund*, 2011.

⑦ 闫先东，张鹏辉：《货币政策与宏观审慎政策的协调配合》，《金融论坛》，2017年第4期，第30—41页。

实施（李娟，沈沛龙，2017；① 王元涛，郭树华，2015②）。Kang（2017）认为，货币政策和宏观审慎政策是相互替代的，因为在非合作的情况下，各个政策制定的部门在其他政策放松时的最优的应对都是采取收紧措施。③ Alpanda 等人（2014）构建了小型开放型 DSGE 模型，其研究表明，货币政策与宏观审慎政策相互影响且存在一定的冲突，所以两者配合是十分必要的。④ 郭子睿、张明（2017）研究发现，货币政策与宏观审慎政策的协调程度取决于经济周期和金融周期一致性的程度和冲击类型。若经济周期与金融周期是同步的，货币政策和宏观审慎政策则相互补充；若经济周期与金融周期不同步，则两种政策实施效果相反，会互相抵消，这样就需要两者的平衡协调。⑤ 岑磊、谷慎（2016）认为，宏观审慎政策和货币政策在供给冲击下存在潜在冲突，在需求冲击下相辅相成。⑥ 方意、赵胜民、谢晓闻（2012）的分析表明，宏观审慎政策与货币政策是替代还是互补关系，既取决于银行资本充足率，又依赖于实际经济的运行情况。⑦

货币政策与宏观审慎政策关系紧密，两者协调有利于金融稳定，减少宏观经济波动，增进社会福利（Rabanal 等人，2014；⑧ Suh，2012；⑨ 程璐，2015⑩）。货币政策与宏观审慎政策协调使用时，共同目标和政策工具的选择至关重要。Beau 等人（2013）运用 DSGE 模型，分析美国和欧元区 1985—

---

① 李娟，沈沛龙：《基于供给侧结构性改革的货币政策与宏观审慎协调》，《经济问题》，2017 年第 1 期，第 21—26 页。

② 王元涛，郭树华：《宏观审慎管理与货币政策协调配合研究》，《技术经济与管理研究》，2015 年第 6 期，第 91—95 页。

③ Kang J K："The Relationship between Monetary and Macroprudential Policies", *Social Science Electronic Publishing*, 2017.

④ Alpanda S, Cateau G, Meh C："A Policy Model to Analyze Macroprudential Regulations and Monetary Policy", *BIS Working Papers*, 2014.

⑤ 郭子睿，张明：《货币政策与宏观审慎政策的协调使用》，《经济学家》，2017 年第 5 期，第 68—75 页。

⑥ 岑磊，谷慎：《宏观审慎政策效应及其与货币政策的配合》，《财政研究》，2016 年第 4 期，第 26—38 页。

⑦ 方意，赵胜民，谢晓闻：《货币政策的银行风险承担分析——兼论货币政策与宏观审慎政策协调问题》，《管理世界》，2012 年第 11 期，第 9—19 页。

⑧ Rabanal P, Quint D："Monetary and Macroprudential Policy in an Estimated DSGE Model of the Euro Area", *Social Science Electronic Publishing*, 2013.

⑨ Suh H："Macroprudential Policy：Its Effects and Relationship to Monetary Policy", *SSRN Electronic Journal*, 2012.

⑩ 程璐：《货币政策与宏观审慎政策的效用结果研究——基于新凯恩斯 DSGE 模型》，《当代经济科学》，2015 年第 6 期，第 34—41 页。

2010 年的数据表明，维护金融稳定的最优政策配合是货币政策以物价稳定为目标，宏观审慎监管以信贷周期性波动为目标，两者严格独立。① 李娟、沈沛龙（2017）建议将利率、资产价格重点纳入货币政策的中介目标，共同协调实现充分就业、经济合理增长、金融稳定。程方楠，孟卫东（2017）构建了包含房价波动的 DSGE 模型，结果表明两种政策均青睐标准的泰勒规则，而不是其他更为复杂的多目标规则。② 目前，有关货币政策与宏观审慎政策工具的使用的主流观点认为，应建立一种基于规则的基准政策在正常状态下使用，并根据金融环境的变化相机抉择（李娟，沈沛龙，2017）。Mester（2017）认为，宏观审慎政策是抵御金融风险的第一道防线，如果证明不能将风险控制在金融稳定范围内，货币政策就应该被视为有效的防御手段。③ Apergis（2017）运用全球 127 个经济体数据分析，认为利率不仅可以稳定物价和产出，还可以维护金融稳定。④

进一步完善货币政策与宏观审慎政策的协调配合，需要考虑财政政策与汇率政策当局的协调，完善信息沟通与大数据信息共享以及开放经济下与国外各国政策的协调（卜林，郝毅，李政，2016；⑤ 王爱俭，王璟怡，2014；⑥ 岑磊，谷慎，2016）。此外，为了避免出现"政策冲突"和"政策叠加"问题，实践中应注意协调"方向"和"力度"的选择（马勇，陈雨露，2013）。⑦

0.2.4 文献述评

从上文的梳理来看，国内外关于货币政策及货币政策宏观调控的著述颇为丰富，涉及了利率、汇率、国际环境到国内经济结构等多种角度的研究。关于

---

① Beau D, Clerc L, Mojon B: "Macro-Prudential Policy and the Conduct of Monetary Policy", *Social Science Electronic Publishing*, 2013.

② 程方楠，孟卫东：《宏观审慎政策与货币政策的协调搭配——基于贝叶斯估计的 DSGE 模型》，《中国管理科学》，2017 年第 25 卷第 1 期，第 11—20 页。

③ Mester L J: "The Nexus of Macroprudential Supervision, Monetary Policy, and Financial Stability", *Speech*, 2017.

④ Apergis N: "Monetary Policy and Macroprudential Policy: New Evidence from a World Panel of Countries", *Oxford Bulletin of Economics & Statistics*, 2017.

⑤ 卜林，郝毅，李政：《财政扩张背景下我国货币政策与宏观审慎政策协同研究》，《南开经济研究》，2016 年第 5 期，第 55—73 页。

⑥ 王爱俭，王璟怡：《宏观审慎政策效应及其与货币政策关系研究》，《经济研究》，2014 年第 4 期，第 17—31 页。

⑦ 马勇，陈雨露：《宏观审慎政策的协调与搭配：基于中国的模拟分析》，《金融研究》，2013 年第 8 期，第 57—69 页。

货币政策与宏观审慎政策"双支柱"的研究，主要包含两者关系，共同的目标、工具选择，与财政政策、汇率政策的协调等多方面的问题。现有成果首先是从理论上对货币政策展开研究，其次是运用各个国家（包括我国）不同时期的历史数据加以实证分析。①~⑥其中，有关我国的货币政策理论及宏观调控实践的研究多集中在针对我国经济的高速增长期，较少对我国经济进入新时期、面临新形势下的货币政策进一步改革创新的总体框架、货币政策转型的动态路径做出相应的设计。另外，针对我国复杂的经济金融环境，利用结构性货币政策工具进行定向调控的相关研究也不多见。⑦~⑩鉴于此，接下来此文的研究将先对我国改革开放后货币政策的制定和执行进行全面的总结，并在此基础上提出适合我国经济发展新形势的货币政策调控体制的整体框架思路，然后对我国货币政策进一步改革、转型的动态路径及其风险控制提出相应方案，力求在系统总结改革开放以来货币政策宏观调控促进我国经济飞跃的成功经验基础之上，面对变化了的国内外经济金融形势，探索下一步货币政策调控的改革，为新时代中国特色社会主义市场经济的高质量发展保驾护航。

0.3 主要内容及预计的研究成果

在改革开放四十周年这个具有重大历史意义的节点上，本书将系统地深入研究改革开放推动的货币政策变革及其与宏观经济发展的相互关系，内容包含以下几个部分。

绪论部分先梳理研究背景和文献基础，介绍本书研究的主要内容和预计的研究结论。接下来的七章将对改革开放下我国货币政策变革的各个层面逐步展开，研究的逻辑路线如图0—1。

---

① 邹新，程实：《解析美联储降息的原因、背景和影响》，《金融论坛》，2007年第11期。
② 文善恩：《美联储退出经济刺激政策的时机、路径和工具选择》，《南方金融》，2010年第1期。
③ 李新新：《美联储何时退出零利率政策？》，《金融与经济》，2010年第4期。
④ 比约恩·费舍尔，米歇勒·兰萨，休·皮尔，卢克雷齐亚·莱希林，陶东，陈敏强：《货币与货币政策：1999~2006年欧洲中央银行经验回顾》，《中国金融》，2007年第5期。
⑤ 让·克洛德·特里谢，康以同：《全球化、通货膨胀与欧洲中央银行的货币政策》，《中国金融》，2008年第10期。
⑥ 邓凤姣：《欧洲中央银行货币政策战略问题浅析》，《武汉金融》，2009年第8期。
⑦ 卫功琦：《论健全我国中央银行体系》，《中央财政金融学院学报》，1994年第9期。
⑧ 汤小青：《论我国中央银行货币政策和金融监管的制度选择》，《金融研究》，2001年第10期。
⑨ 盛朝晖：《西方国家中央银行货币政策框架比较及借鉴》，《南方金融》，2006年第4期。
⑩ 杨艳，徐丽君：《我国中央银行资产负债规模扩张及影响》，《经济问题》，2014年第5期。

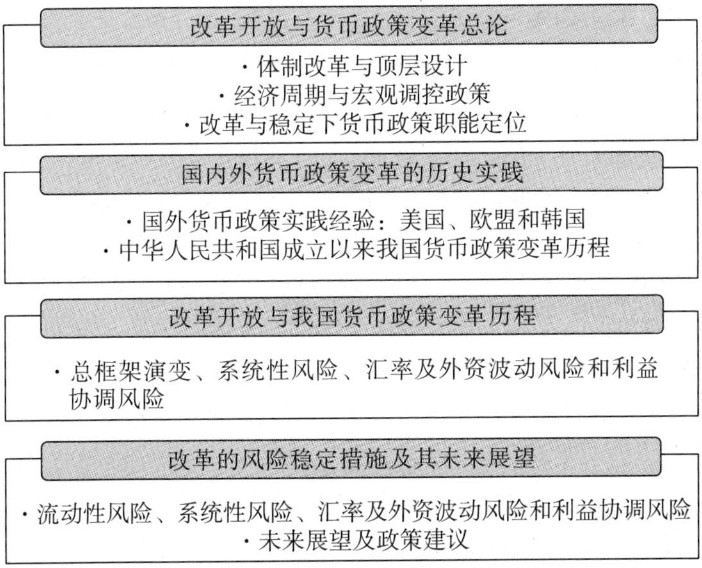

```
┌─────────────────────────────────────────┐
│      改革开放与货币政策变革总论          │
└─────────────────────────────────────────┘
         ·体制改革与顶层设计
         ·经济周期与宏观调控政策
         ·改革与稳定下货币政策职能定位

┌─────────────────────────────────────────┐
│      国内外货币政策变革的历史实践        │
└─────────────────────────────────────────┘
    ·国外货币政策实践经验：美国、欧盟和韩国
    ·中华人民共和国成立以来我国货币政策变革历程

┌─────────────────────────────────────────┐
│      改革开放与我国货币政策变革历程      │
└─────────────────────────────────────────┘
  ·总框架演变、系统性风险、汇率及外资波动风险和利益
   协调风险

┌─────────────────────────────────────────┐
│      改革的风险稳定措施及其未来展望      │
└─────────────────────────────────────────┘
  ·流动性风险、系统性风险、汇率及外资波动风险和利益协调风险
  ·未来展望及政策建议
```

图 0—1　改革开放与货币政策变革的研究路线图

第一章是改革开放与货币政策宏观调控变革总论，重点讨论改革开放与货币政策变革的基本内涵与相互关系。我国经济体制转型的双重特征决定了货币政策演变轨迹中存在的双主线特征，即长期内坚持改革的主线和短期内保证稳定的主线。双重主线的特征决定了在四十年的体制改革进程中，中国人民银行既要坚持长期市场化改革的基本方向，又要坚持促进短期经济稳定的基本原则，最终推动货币政策宏观调控改革朝着一个"合力方向"前进。该章将梳理国内外货币政策宏观调控演变的相关历史。通过价格型货币政策调控经济是发达国家的主流选择；同时，当欠发达国家向发达国家转型时，以韩国为代表的国家均由采用数量型货币政策转向了采用价格型货币政策。

第二章为货币政策宏观调控总框架的演变。本章首先梳理相关金融理论，论证金融深化对转型经济体的重要作用、数量型与价格型货币政策的基本特征。随后，界定货币政策制定和实施的主体及政策实施框架，研究货币职能与中央银行诞生之间的关系、数量型与价格型货币政策框架之间的相似性和差异性等问题。随着金融改革深化，货币政策宏观调控的价格型政策比数量型政策具有更高的效率。接下来，运用我国在经济快速增长期的数据加以实证检验。最后，在我国经济进入新常态的背景下，对完善利率走廊机制进行数量建模分析，检验中国人民银行运用利率区间模式是否可以有效降低市场利率波动频率和程度、稳定市场流动性的社会预期。

第三章为货币政策宏观调控目标变化。首先梳理各流派的货币政策目标理论,逐渐摸清该理论在整个经济理论体系中的发展脉络。同时,研究货币政策目标的内涵;决定货币政策目标的因素很多,应根据基本的国情、科学的方法和经济的规律,来综合研究不同时代的货币政策目标组合。接着,分析快速增长时期我国货币政策的目标结构以及各个目标之间的矛盾性,并通过建立马尔科夫区制转移模型论证传统目标组合的主要缺陷。从研究中可以发现,通货膨胀会严重削弱我国货币政策达成目标的效率,传统的通货膨胀目标制难以保证宏观经济金融的稳定发展。此章从理论上分析资本虚拟化、资产价格泡沫以及影子银行是如何影响中国人民银行实现货币政策最终目标的过程,进而论证"双支柱"框架对我国传统货币政策传导机制的修复作用。

第四章为货币政策宏观调控传导机制的变动。本章首先梳理货币政策传导机制的相关理论,接下来重点研究快速增长时期我国货币政策传导的主要机制以及这些机制效率衰减的基本原因。我国快速增长时期货币政策的主要传导机制是数量型的,主要通过M_1、M_2这些数量型的中介目标完成传导。货币政策传导机制的有效性取决于市场运行的物质条件和制度条件。随着改革开放的不断深化,体制机制不断革新的过程使得货币政策的传导机制及其传导效果也不断变化。数量型货币政策的传导效率逐渐衰减而价格型货币政策的传导效率逐渐提升。此章重点探讨在经济进入新常态条件下的利率传导机制,从时间轴和空间轴两个方位展开实证研究,阐明价格型货币政策传导机制的传导效率逐渐递增。此章拟通过实证研究证明"双支柱"框架具有修复利率传导机制的重要作用。

第五章是货币政策宏观调控工具的演进。首先梳理货币政策工具的选择原则和各种货币政策工具的基本特性。接下来,结合我国经济改革持续深化的背景,研究传统货币政策工具调控效率衰减的相关机理。最后,结合经济新常态下我国经济体制机制变化的现实特征,研究基础货币投放规律的变化和货币政策工具的选择以及货币政策工具创新等内容。

第六章为货币政策宏观调控进一步改革的风险及稳定措施。此章的主要内容包括:市场流动性风险及其稳定措施、系统性金融风险及其稳定措施、汇率和外资流动不稳定风险及其稳定措施以及利益关系协调阻力风险及其稳定措施等内容。

第七章为本书的结论部分。首先,对全书进行总结,得出总体结论。接着对我国未来改革开放与货币政策调控的进一步变革进行展望,并提出了相关的政策建议。

1 改革开放与货币政策宏观调控变革总论

1.1 改革开放与货币政策宏观调控演变的理论分析

十一届三中全会确立的改革开放政策决定了我国四十年来经济政策实践的基本原则,而政策实践所带来的我国高速增长的经济奇迹源于改革开放理论的科学性。

改革开放理论主要包含两个方面:对内改革和对外开放。辩证地看,改革开放政策并非强调对内政策和对外政策的单一方面,而是将改革政策和开放政策有效地统一起来,始终坚持我国经济对内改革和对外开放协调推进的互补原则。

一方面,我国的改革是面向世界的改革,而非闭关锁国的改革。我国经济改革的基本方向是建设有中国特色的社会主义市场经济,经济改革的目的是提高我国作为社会主义国家的社会生产力、进一步提高人民生活水平以及进一步完善社会主义制度。同时,我国的改革又通过积极借鉴国际标准、主动遵守国际规则以及逐渐融入国际市场来推动国内改革,建立并完善社会主义市场经济体制,清除国内经济发展的各种障碍,提高国家经济整体的国际竞争力,降低经济开放过程中的风险。我国经济体制改革实施的整个过程中参照标准是很高的。高水平的国际竞争标准和广阔的国际市场成为我国经济改革的助推剂,加快了我国经济改革开放的步伐。在 2018 年召开的博鳌亚洲论坛年会上,习近平主席指出,实践证明,过去四十年中国经济发展是在开放条件下取得的,未来中国经济实现高质量发展也必须在更加开放条件下进行。这是中国基于发展需要做出的战略抉择,同时也是在以实际行动推动经济全球化造福世界各国人民。

另一方面,我国的对外开放是与改革发展进程相适应的开放,而非改革停滞的开放。计划经济时期,长期的封闭导致我国经济的整体竞争能力低下。如果在推行经济体制改革的初期推行盲目的、全面的开放政策,将会对我国国内经济金融环境造成巨大冲击。错误的开放政策将会积累巨大的外部风险,极端情况下,甚至有可能会破坏我国改革开放所取得的成果。因此,在对外开放进程中,首先需要加快经济体制的全面改革。由于客观条件的限制,经济体制改革不是一蹴而就的,制度的演化更多呈现为渐进性的特征。对外开放的深度和广度需要与国家内部经济体制改革的深入程度相匹配。国外经济环境和国内经济基础决定了开放的时机和程度,开放政策与改革政策形成"相得益彰"的紧密关系。十八届三中全会公报指出了我国改革的基本原则,"全面深化改革,必须立足于我国长期处于社会主义初级阶段这个最大实际。"我国必须重点考量本国自身国情特征,审时度势地管控改革前进的步幅和速度,以确保改革过程中经济发展的稳定性。

综上所述,我国四十年来经济持续健康发展的动力来源于改革与开放的内、外双引擎的强力牵引,任何偏废都不可能取得目前的辉煌成就。不过,上述的分析只是从理论上论证了"双引擎"同时驱动的必要性,而如何具体展开推行改革开放,或者说,改革开放应该沿着什么样的路径进行制度设计和政策实施,决定于我国经济改革开放的主线。当然,经济发展的客观条件决定改革开放中经济转型的基本特征。这些基本特征进而决定经济改革开放的主线。历史和国情决定了我国经济的改革开放具有"双重转型"的特征[①]:一是传统计划体制向市场体制转型,二是非均衡的经济向均衡的经济转型。由生产关系必须适应生产力发展要求的基本理论可以知道,制度设计和政策实施要适应经济改革开放的主线要求。恰当的经济政策可以促进我国改革开放进程,防止转型中的经济偏离原有的正确路径;偏误的经济政策将会干扰和阻碍我国改革开放的推进,使得转型中的经济偏离改革行进的主线。作为经济政策之一的宏观调控政策,其制定和实施应符合"经济转型特征——经济改革主线——政策措施制定"的基本逻辑。

一方面,改革开放以前,我国长期实行计划经济体制,效率缺乏的经济体制导致我国经济发展处于停滞状态。十一届三中全会实施改革开放政策以后,以价格机制为基础、产权保护为前提、微观主体为动力的社会主义市场经济体

---

① 厉以宁:《中国经济双重转型之路》,中国人民大学出版社,2013年。

制激发了市场各个主体的活力，优化了资源配置，创造了中国四十年的经济增长奇迹。然而，传统的经济体制在经济运行中仍然存在极大的惯性，市场经济体制仍然有许多不完善的地方。传统经济体制的改革不到位导致资源的配置存在一定程度上的扭曲，比如价格信号不明确、产权保护不充分、市场人为分割等问题依然存在。对外开放的速度在改革开放过程中的某些阶段慢于经济改革的速度，国内市场经济急需进一步扩大开放，与国际市场对接，在世界范围内优化资源配置。这样一来，中国特色社会主义市场经济体制逐步完善，市场在资源配置中的作用逐渐增强，最终，市场在资源配置中起决定性作用，这即是我国改革开放的第一条主线①。在计划经济体制向市场经济体制转型的过程中，我国宏观调控政策的演变也要适应经济体制的改革进程，由传统的计划体制下的调控制度逐渐向市场化的调控制度转化，以期不断地提高宏观政策调控的效率。

另一方面，一国经济运行经常存在来自内外两方面的不确定性。外生冲击常常导致我国改革开放过程中一定时期内的风险积聚。经济改革不仅受国内经济周期规律的影响，国际经济金融周期也会对我国经济产生极大的冲击。因此，我国的宏观经济在运行的过程中时常出现供给侧结构性扭曲或需求侧总量不足等问题，较为频繁地出现经济非均衡现象。经济持续健康发展的必要条件是要尽量保证经济达到均衡增长的状态。一旦经济出现波动而产生非均衡的现象，政府就要在深化改革的过程中运用经济宏观调控政策推动经济从非均衡状态走向均衡状态。所以，我国经济改革开放的第二条主线是：保持经济均衡增长，一旦出现非均衡的状态，就要采用经济宏观调控手段将经济拉回均衡状态。宏观经济政策可以调控经济波动、熨平外生冲击、降低经济风险。经济改革的第二条主线决定了我国宏观调控制度的演变同时受到由内外因素引起的经济波动的影响。总之，稳定化的宏观调控政策是更好的发挥政府职能作用的必然要求②。

经济改革开放的两条主线共同决定了我国货币宏观调控政策演变的基本轨迹。尽管两条主线在各自定位上对货币宏观调控政策的演变都有单方向上的影响，但两条主线相互促进、相互融合，最终在"合力"的方向上共同推动我国宏观调控制度向正确的方向演变。市场化改革的主线更多主导的是货币宏观调控体制长期的发展，即逐渐由数量型的货币政策调控方法向价格型调控方法演

---

① 十九大报告中强调，使市场在资源配置中起决定性作用。
② 十九大报告指出，市场起决定性作用的同时，更好地发挥政府的作用。

变；而稳定化改革的主线更多强调的是货币宏观调控制度短期的职能，即运用多种方法发挥货币宏观调控对稳定经济的基本作用。

尽管货币政策宏观调控改革的长期方向和短期方向有时候会存在一定的矛盾，但基于长短期"合力"的制度演进方向可以逐渐完善货币政策宏观调控的框架、提高其调控的效率。短期内，如果经济由均衡状态转向非均衡状态，货币政策的宏观调控就需要提高对经济短期稳定目标的重视程度。在经济波动加剧、金融经济危机爆发的可能性增高的情况下，在制定并运用货币政策进行宏观调控时就应该采用多种货币政策工具，包括传统的数量型的货币政策工具；同时，必须暂时减缓长期的市场化方向改革的推进速度。在短期内运用多样化的货币政策工具，正是将经济从非均衡状态拉回均衡状态的必要手段，是保证市场经济重回正常运行轨道的必由之路。倘若不采用上述的所谓"非常"的货币政策进行宏观调控，经济势必会滑向长期非均衡状态的深渊，经济的结构性扭曲、制度性抑制将会导致市场化的、现代的货币调控政策手段无法施展，货币政策宏观调控制度改革长期目标的实现也会受到严重制约。例如：美国次贷危机时期，市场化的利率政策已经无法发挥稳定经济的作用。美联储当机决断，在市场化政策手段之外，加入了数量型的、非传统货币政策措施，阻止了美国经济金融进一步下行的风险。由此可见，货币政策宏观调控制度的演进需要兼顾经济转型的两条主线，审时度势，科学地制定和实施相应政策。在经济均衡增长的黄金时期，大力推进市场化的制度改革；而在经济波动的风险时期，应该创新货币政策工具，充分发挥新型货币政策对经济稳定的作用。

在上文的理论分析基础上，下文将重点阐释改革开放中经济转型的两条主线与宏观调控体制改革的关系，以及宏观调控政策之一的货币政策的职能定位。研究内容主要包括：体制改革与宏观调控顶层设计、经济周期与宏观调控政策、改革开放与稳定下的货币政策职能定位。

1.1.1　体制改革与宏观调控顶层设计

计划体制向市场体制的改革一直是我国改革开放以来经济体制改革的基本主线。1982年，党的十二大首次确认了"计划经济为主，市场调节为辅"的资源配置方式，打破了市场经济与社会主义制度的对立关系，矫正了长期以来对市场机制的错误理解认识。1992年，党的十四大提出我国经济体制改革的目标是社会主义市场经济体制的建立和完善，明确了市场在我国资源配置中的地位。党的十八大提出，在更大程度、更广范围发挥市场在资源配置中的基础性作用。十八届三中全会上，中央更是进一步明确，建设统一开放、竞争有序的市场体系，是使市场在资源配置中起决定性作用的基础。在确定市场对资源配置的决定性作用时，深入研究经济体制改革与宏观调控的关系是极为重要的理论问题。

经济体制是"在特定地理区域内进行决策并执行有关生产、收入和消费决策的一组机制和制度。"① 它的全部研究都是"围绕经济资源是如何分配的这一问题展开的。"② 经济体制主要分为以集中化分配、政府命令为主的计划经济体制和以分散化分配、个体决策为主的市场经济体制。经实践证明，完全的计划经济体制难以适应社会主义国家生产力的发展，深化改革即是对传统计划经济体制的"摒弃"。传统的计划经济体制的主要特征是命令式、垂直化的资源配置方式，经济运行的过程中存在较多信息梗阻、寻租腐败等现象。高度集权的资源配置方式常常难以应付各个微观主体的生产异质性和消费异质性，效率低下的资源配置方式导致经济出现"短缺"的特征。

相反，市场体制的资源配置体系是分散化和水平化的，市场成为信息发现和传递的平台，市场配置资源的过程本质上就是"知识发现"的动态过程。③市场的决策主体不是高度集权化的中央高层，而是以家庭、企业和政府为基本单位参与经济活动的微观主体。市场决策主体可以在市场这个平台上通过竞争机制充分显示自己的偏好、技术等相关信息，不仅可提高资源配置的效率，同时可充分实现自由市场的自由选择权。

市场经济体系的核心是价格机制和竞争机制。价格机制作为所有市场交易信息的集合，成为微观主体行为决策的信息前提。价格机制可以理解为经济的"血压计"，通过表面现象——价格波动可以分析出价格波动背后的经济内涵，同时，经济"血压计"也可预测经济运行的未来趋势。另一方面，竞争机制是推动价格驱向均衡价格的重要动力。需求层面的竞争会使价格充分显示社会需求强度，供给层面的竞争推动价格显示出资源禀赋和生产技术的基本状况。同时，没有竞争机制的价格是"伪价格"。一旦缺乏竞争，微观主体无法通过报价竞价来显示基本禀赋情况，"伪价格"则无法发挥信号传递的重要作用。因此，竞争机制是保证价格机制有效运行的前提，通过市场竞争过程推动价格机制充分发挥资源配置中信号显示和信息传递的基本作用，则是市场经济体制的

---

① 保罗·R. 格雷戈里，罗伯特·C. 斯图尔特：《比较经济体制学》，上海三联书店，1988 年，第 7 页。
② 罗夫·艾登姆，斯塔芬·威奥第：《经济体制：资源是怎样分配的》，生活·读书·新知三联书店，1987 年，第 2 页。
③ 柯兹纳：《市场过程的含义》，中国社会科学出版社，2012 年。

基本内涵。

对于市场化改革速度的把握，我们始终坚持"渐进式"的、"稳中向前"的基本原则。马克思主义理论强调，生产力的基本情况决定生产关系的基本特征。宏观调控政策不仅要与体制、制度等生产关系基本因素相协调，同时要适应我国生产力发展的水平。经济改革的着力点虽然是在体制和制度上不断"破旧立新"，但背后的本质则是促进我国生产力的发展。自改革开放以来，我国经济前进的基本方向是市场化。但是，生产力的发展具有其自身的基本规律，处于社会主义初级阶段一直是我国四十年改革开放面临的基本国情。因此，我国经济体制的改革并没有生搬硬套西方经济理论，实行所谓的"休克疗法"而展开阵痛式的变革，更没有按照西方市场理论对我国宏观政策变革实现所谓的"一步到位"。相反，我国宏观政策的改革始终坚持社会主义的基本制度，坚持适应生产力发展的基本规律，坚持与体制改革的深化程度相适应，同时借鉴其他国家的理论和经验，并在四十年的改革实践基础上，系统地构建新时代中国特色社会主义宏观调控的理论与政策体系。

1.1.2 经济周期与宏观调控政策

从各国经济发展的历史中不难发现，从来不存在纯粹意义上的计划经济或市场经济，经济体制改革的关键问题是"在什么程度上分配决策靠国家当局制订或由独立于国家的微观单位（家庭、企业）通过市场体制作出。"① 也就是，如何处理好市场配置与政府调控的关系。十八届三中全会中指出，"经济体制改革是全面深化改革的重点，其核心问题是如何处理好政府和市场的关系。"因此，如何在市场经济中发挥好政府宏观调控的作用，是经济体制改革理论研究的重要内容之一。

生产力从长期来看是不断提升的，由此决定经济发展是螺旋向上的，只不过很多时候其向上发展的速度可能较为缓慢；但是在短期内，经济很有可能产生较大的波动，也就是说很有可能倒退，甚至在极端的时间大幅度地跳水。在正常情况下，价格机制可以平稳高效地运行。但是，价格机制本身存在的复杂性决定了这套系统的脆弱性，一旦遭遇不可知的冲击，整个价格机制完全有可能直接崩溃。由于人们对世界认知的有限性，市场价格如何变动是永远无法被完全认知的，竞争形成的价格可能也只是以试错的方式不断接近真实世界的价

---

① 罗夫·艾登姆，斯塔芬·威奥第：《经济体制：资源是怎样分配的》，生活·读书·新知三联书店，1987年，第3页。

格。个别的价格尚且难以把握，整个价格系统则更是错综复杂，要完全认知几乎是不可能的。虽然价格机制是配置资源的最为有效的机制，但由于价格系统本身的复杂性，其运行存在内在的不稳定性。在这种情况下，一旦经济遭遇外生冲击，价格系统可能并不能让所有微观主体都做出正确的反应，也不能让每一个价格都反映出所有微观主体行为改变的信息，而且价格调整的速度可能也并不一致。因此，经济波动常常伴随着价格系统的崩溃，使全社会表现出群体的狂热或恐慌情绪。

短期经济波动在时间上的相接会显示出经济发展的长期的规律性，也就形成了所谓的经济周期，比如：基欣周期、朱格拉周期和康德拉季耶夫周期等等。经济周期的危机和萧条期对一国经济、特别是人民福利造成的危害是巨大的，比如：大规模的失业、金融秩序的混乱以及社会信心的丧失等。因此，面对价格崩溃引起的经济波动，政府的基本职能是调节整体价格水平的非均衡偏离程度、防止经济过度膨胀或过度萧条以及稳定社会上所有微观主体对经济的信心。

宏观调控政策作为政府熨平经济周期的基本手段，主要包括：财政政策和货币政策。其中，财政政策主要是结构性政策，通过运用税收、财政支付等政策工具，针对部分行业、部分企业和部分个体进行直接调控，但财政政策短期内很难救助所有的机构，难以对经济总量进行调整。与此相对应，货币政策却主要是总量政策，主要采用间接调控的方式，注重控制整个社会的风险和流动性水平。随着改革开放四十年的政策实践经验积累，我国不断创新货币政策调控工具，丰富调控方式，加大了货币政策结构性精准调控的力度。

总之，我国在不断深化改革开放的过程中，同时实现了宏观金融的稳定。究其原因，主要是因为我国金融改革重要举措的推出都选择在宏观经济稳定的合适时机，始终坚持"稳中向前"的渐进性改革原则。

1.1.3　改革与稳定下货币政策职能定位

改革开放初期，我国信贷等金融资源的分配必须通过银行贷款额度和行政管制利率等"计划性"的方式来实现，货币政策顶多只是作为财政政策的补充。经过四十年的改革开放，我国货币政策不再单纯作为计划经济体制下财政部门的"出纳工具"，而是作为独立的宏观调控政策，最终定位于货币效率与稳定经济的职能目标。

四十年来，我国货币政策宏观调控改革的主线与整个经济体制机制演变轨迹的方向基本上保持一致，既要保证市场化改革的适时推进，又要完成稳定经济发展的任务，也就是上文论证过的"双主线"模式。在调节资金配置的货币效率职能方面，传统的数量型货币政策逐渐向价格型货币政策变革。在熨平短期波动的稳定经济职能上，货币政策对经济金融稳定的调控能力逐渐提高、精准性和前瞻性逐渐增强；同时，不断加强我国政策稳定职能的制度性建设，因此在十九大报告提出要建设我国货币政策与宏观审慎政策"双支柱"的宏调机制。

一是，数量型向价格型的货币政策体制演变。

马克思经济理论认为，社会生产体系是整体的、循环的、系统的，而货币作为商品流通的一般等价物，起着整个商品系统的价值实现职能，成为价值的重要载体。[①] 特别的，货币超越等价物而成为货币资本以后，就起着引导社会生产能力和运动方向的基础作用。因此，在现代信用货币为主体的金融制度下，货币成为信用经济的内核，任何市场信用的扩张最终都需要以货币的扩张为支撑。其次，货币分配的非平衡性使得部分经济主体拥有过剩货币，而另外一部分经济主体缺少货币，货币转移条件的成熟就产生了货币的交易行为和交易价格，即借贷行为和借贷利息。总之，货币和信用的转移就产生了金融市场上最重要的价格——利息。

利息体现为货币资金供求的价格信号，是传递货币供给与需求相关信息的连接点。另一方面，货币价格变动的背后则是货币数量流动的结果，货币数量和货币利率其实是一个硬币的两个面，数量与价格在理论上都可作为货币政策调控的重要工具。然而，随着市场广度的扩展和深度的延伸，货币供给与货币需求的波动性逐渐增大，货币流向的不确定性也逐渐增强，对于货币数量进行流量监测的难度越来越大。与此同时，利率作为交易中供求波动的价格信号牵引着供需双方相互竞争，进而形成的均衡利率可有效反映金融市场流动性的松紧状况，居民、企业的融资和投资活动均可以此利率作为经济决策的计算依据。这时，利率作为资金价格发挥着货币信用配置的引导作用，针对利率价格的政策调控就可有效优化社会资金配置，实现货币政策最终目标。

综上所述，数量型或是价格型的货币政策选择应依据整体经济金融的具体环境，也就是说，经济环境条件发生变化必然会引起政策体制的革新。在货币数量可完全统计和货币需求相对稳定的经济环境下，可运用数量型货币政策对金融经济进行宏观调控。一旦整体经济发展进入利率市场化成熟、金融工具创新突增的阶段，运用价格型货币政策则比运用数量型政策具有更高的调控

---

① 中共中央马克思恩格斯列宁斯大林著作编译局译：《资本论 第二卷》，人民出版社，2004年。

效率。

随着我国金融体制改革的不断深化,传统的商业银行对货币资金的配置能力逐渐减弱,而金融市场上的金融创新不断发展,使得其对货币资金配置的功能逐渐增强。然而,以货币等价物为原生工具的金融创新导致货币统计量(M_0、M_1和M_2)作为货币数量的代表指标存在较大偏差,所以,利率作为资金的价格(存贷款利率、同业拆借利率等)则成为企业、居民投融资决策的重要信号指标,利率的调控成为中央银行对经济金融展开间接调控的首要工具。

改革开放以来,我国货币金融体制改革不断深化,货币资金配置的自由度以及货币价格的灵活性不断提高。一方面,我国建立并完善全方位的金融市场,深化金融机构激励机制改革,提高货币资金配置的预算约束,例如商业银行产权改革、多层次资本市场的建立、金融市场的全面开放等。另一方面,我国推进利率市场化和汇率市场化改革,加强完善资金价格信号的制度建设。2015年我国修订《商业银行法》,取消了商业银行存贷比限制。2013年,我国加速利率市场化改革,并在2015年10月取消了商业银行存款利率浮动上限,完成了我国利率市场化的体制改革。

二是,完善稳定经济职能的体制演变。

不确定性、充满风险的世界决定了货币政策稳定职能存在的必要性。真实世界的市场中是充满不确定性的。生产者并不知道市场中现在和未来的价值评价和要素成本的变化,消费者并不了解市场中现在和未来的所有产品的性质和价格,人们永远不知道未来会发生什么意外事件。货币作为商品价值的重要载体,持有货币正是针对不确定市场中的选择权保留,"在确定性的世界里,货币或是完全失去用处,或是不存在的"[①]。当生产者和消费者发现了新的意外机会,货币成为人在新环境下的更多机会选择的权利的表现。

货币经济的引入增加了市场交易的对象和时机,降低了生产者和消费者跨期交易的不确定性,极大地减少了市场的交易成本的开支。同时,货币的稳定性影响商品交易的稳定性。作为市场上商品价值实现的基准的货币一旦不稳定,会导致生产者和消费者在配置资源时的不确定性增大,交易费用会增加,市场秩序会被扰乱。

同时,货币作为现代信用经济的基础价值载体,信用的扩张和收缩均需以基础货币为锚。在信用货币制度下,基础货币的发行是以国家信用为基础的,而金融机构经过货币创造,产生广义货币。在信用扩张的条件下,货币乘数增

---

① 穆雷·N. 罗斯巴德:《人,经济与国家》,浙江大学出版社,2015年,第716页。

大，则广义货币增多；信用紧缩条件下，货币乘数缩小，则广义货币减少。货币政策正是通过控制基础货币的吞吐，来保证信用扩张和收缩条件下的市场流动性的稳定。一旦经济危机爆发，市场信用扩张能力就会丧失，市场流动性就会过度收缩。中央银行正是通过扩大基础货币数量的释放，降低市场利率，以此来缓解信用收缩条件下广义货币减少的流动性危机，从而稳定货币金融环境。相反，如果信用过度扩张，中央银行就会紧缩基础货币数量投放，提高市场基础利率，以此来抑制信用过度扩张中的资产价格膨胀。因此，在宏观调控稳定经济的过程中，货币政策发挥了调节社会信用总量的首要作用。

我国货币政策宏观调控的变革始终坚持长期稳健中性的政策基调，审时度势地减缓经济周期的波动。例如，2008年底，从美国爆发了席卷全球的金融危机开始，我国迅速调整货币政策，加大基础货币投放，以此来减少外部冲击对我国经济的伤害。又如，2013年以来，我国市场流动性过剩，大量投机性资金进入了房地产等领域。为了防止金融资产严重泡沫化，中国人民银行大量回收市场流动性。为了进一步提高经济稳定的货币政策调控能力，十九大报告指出：健全货币政策和宏观审慎政策双支柱调控框架，将货币政策置于进一步改革的顶层制度设计框架中，说明了货币政策作为我国全面稳定经济发展的宏观调控政策的重要性。

从上面的分析可以看出，我国货币政策体制演变一方面坚持不断推进改革，并以此来提高货币政策调控的效率；另一方面，完善稳定经济的政策调控功能，将"稳中向前"作为我国货币政策宏观调控改革的基本前提。虽然在经济发展过程中的某些较短时段，由改革和稳定决定的两种调控职能定位可能会相互干扰，但辩证地看，两项职能之间并没有根本的冲突，其调控方向从长期看是统一的。稳定职能可促进效率职能的更好发挥；反过来，效率职能又可以帮助稳定职能提高调控的效率。正如周小川在十三届全国人大一次会议中谈到的，防风险、防危机历来都是金融改革的重要组成部分，防风险与改革不是对立的东西，而应该是一致的东西。①

综上所述，我国货币政策宏观调控体制改革的基本规律是：始终坚持长期市场化改革的基本方向以及短期波动下适度控制转型速度的审时度势规则。这不仅是我国始终坚持马克思主义思想作为指导我国经济改革与发展方法论的正确选择，也是中国特色社会主义理论科学性和制度优越性的重要体现。

---

① 周小川：《防风险是金融改革的重要组成部分 两者不对立》，载人民网，网址：http://lianghui.people.com.cn/2018npc/n1/2018/0309/c418389-29858440.html。

1.2 典型国家和地区经济转型与货币政策演变回顾

1.2.1 美国

美国货币政策的实践与美国货币经济理论的发展是齐头并进的,也就是说,美国货币政策实践史就是一部货币经济理论的发展史。从美联储的诞生、凯恩斯主义货币理论的兴起、货币主义对凯恩斯货币理论的反思,以及后期的通货膨胀目标制度的提出,都是美国理论界针对美国经济运行以及货币政策执行问题所进行的理论探索的结果。

美联储是为了有效遏制纸币信用造成的经济危机频发而组建的。20世纪初,美国逐渐由使用金属货币过渡到使用信用货币,同时,金融机构的信用创造较少受到资本等条件的约束。过度的信用扩张导致美国常常爆发大面积的金融危机。美国流动性危机的爆发在淘汰倒闭机构的同时,也危及了优良企业。面对这种大规模的危机冲击,美联储诞生了。它以最后贷款人的身份进入美国货币政策调控的历史角色,随后初步形成了美联储货币调控的政策体制。

20世纪30年代,美国爆发了空前的经济危机。传统的古典经济理论无法解决此次大萧条造成的经济崩溃的难题,凯恩斯主义经济理论应运而生。该理论首次主张政府利用宏观政策对经济形成刺激效应,认为政府应该通过相机抉择的财政政策和货币政策对宏观经济进行调控,以熨平经济出现的周期性波动。通过对IS-LM曲线的分析,凯恩斯认为货币政策对实体经济的传导主要是通过利率渠道。因此,罗斯福新政之后的美国货币政策调控主要依赖相机抉择下的利率框架,其中一项主要的货币政策操作是盯住利率。美联储成立之后,在相当长一段时间里并无明确的货币政策中介目标。当时,频发的战争使得美联储的货币政策也只是被动地服从于战争筹资的需要,美联储的信用独立性很弱,货币政策在反经济周期方面其实没有什么相机性。在第二次世界大战期间,为了筹措军费,美联储将利率定在与战前平行的低水平上:保持财政部长期债券利率为2.4%。[1] 只要利率高于设定的水平,美联储就在公开市场上买入政府债券以抬高价格,促使利率下跌,这使得美国政府债务的大量货币化和货币基础的扩张。

---

[1] 高翔:《20世纪中后期美联储货币政策走向研究》,鲁东大学,2013年。

随后美国经历了关注货币市场状况的"马丁时代"[①]。自艾森豪威尔总统执政后，美联储获得了实现其货币政策目标的自由。那时，坐在美联储主席交椅上的是马丁。马丁与格林斯潘一样，执掌美联储达18年之久。马丁基于敏锐的市场直觉，认为货币政策应该建立在对货币市场的"触觉"的直观判断基础上，美国应该将短期利率和自有储备（银行体系的超额储备减去贴现贷款量）作为货币政策目标（米什金，1998）。自由储备代表了银行体系滞留资金的数额，是反映货币市场状况最好的指标。自由储备增加，意味着货币市场流动性更高，美联储应该利用公开市场来吸收银行体系的储备；反之，自由储备下降则意味着货币市场的流动性趋紧，应该在公开市场购买债券来注入准备金。在这个货币政策框架下，货币政策是顺经济周期的。当经济繁荣时，货币供应会更为迅速地扩张；反之，当经济萧条时货币增长率则会减缓。除了自由储备之外，美联储在这一时期货币政策的另一个操作目标是短期利率。作为一个目标变量，使用利率并不比使用自由储备好多少，货币政策也是顺经济周期的。例如，如果美联储认为经济增长导致货币市场利率超过了操作目标水平，则会在公开市场上购买债券，促使债券价格上升，货币市场利率下降到接近美联储的目标水平。

在经历了实行顺周期货币政策的五六十年代后，1970年，伯恩斯被任命为美联储主席。他上任后不久，就宣布要使用货币总量作为中间目标。于是，美国经历了把货币总量和联邦基金利率作为货币政策操作目标的20世纪70年代。在这个时期，联邦公开市场委员会每隔六个星期要为各种货币总量的增长率确定一个目标区间，同时也决定联邦基金利率要实现多少才与美联储确定的货币供应增长率目标是相一致的。一般来说，美联储确定的货币总量增长率的目标区间相当宽，如M_1增长率的典型区间可能是3‰～6‰，M_2的增长率区间是4‰～7‰。与此相反，美联储确定的联邦基金利率的区间则狭窄得多，如7.5‰～8.25‰。[②] 美联储宣布货币供应与联邦基金利率的目标区间后，纽约联邦储备银行交易部受命根据这两套目标值进行相应的操作。

总的来说，虽然在20世纪70年代中期以前，美国货币政策的中介目标经历了从单一盯住利率，到马丁时代盯住货币市场，继而到伯恩斯时期以货币供应量和美联储基金利率并举的货币政策的逐步演变这些形式上的差异，但实际

[①] 彭兴韵，施华强：《伯南克变革的基本方向——兼论美国货币政策的演化》，《国际经济评论》，2007年第3期，第57—62页。

[②] 彭兴韵，施华强：《伯南克变革的基本方向——兼论美国货币政策的演化》，《国际经济评论》，2007年第3期，第57—62页。

上受凯恩斯主义学说的影响，在货币政策体系中，美联储还是把利率放在了最重要的位置。因而可以简要地说，在那一个历史阶段，美国是以利率为主要中介目标的货币政策体系。

20世纪70年代以后，美国通货膨胀较为严重，人们也保持着较强的通货膨胀预期，因此，名义利率不能很好地反映总需求的多寡。在这样的通货膨胀较高的时期，长期名义利率和总需求之间的关系既不稳定，也无法预测，于是凯恩斯主义经济理论遭到重大冲击，货币主义对凯恩斯经济理论进行了重大反思。20世纪70年代以后，世界石油价格猛涨，构成了美国经济的外部成本冲击。在该冲击的背景下，美国经济逐渐陷入萧条。而美联储仍依据凯恩斯主义货币政策，大量扩张货币供给，希望以此降低利率来刺激经济。但是，由于冲击来自供给侧，扩张货币供给来刺激经济只能导致物价水平的高涨，最终形成经济增长停滞、物价居高不下的"滞涨"怪象。货币主义作为古典经济学名义二分法的继承者，重申了通货膨胀无时无刻不是货币现象的理论，对无限制的货币刺激政策提出了科学反思。在经济理论争论的背景下，美国货币政策实践也进入了大转弯式的变革。美联储主席沃尔克上台以后，大力紧缩货币供给，拉高利率水平，形成了以货币数量供给限制为主的货币政策框架，最终将美国通货膨胀拉回5%以下的水平。[①] 在反思20世纪70年代初美国经历"滞涨"之痛的教训之后，1978年美国实施了《充分就业和平衡增长法案》（《汉弗莱—霍金斯法案》），将充分就业和稳定通货膨胀奉为美联储货币政策的两大目标。该法案要求美联储确定货币数量增长率目标，并在一年两次向国会提供的货币政策报告中报告通货膨胀率、实际GDP增长率及失业率的计划值的同时，报告货币供给增长率目标值。货币供给数量正式成为美联储货币政策的中介目标。

然而，单一的数量型货币政策框架免不了陷入教条主义，在政策执行实践中，常常造成经济波动幅度的扩大。从20世纪80年代开始，美联储逐渐放宽了联邦基金利率的波动范围并把基本的操作目标转换为非借入储备。这些调整与现代金融创新与产业波动带来的影响是密不可分的。

20世纪80年代之后，金融管制放松和金融创新的快速发展使对货币的定义及计量更为困难，M_1与经济活动的稳定关系极大弱化，美联储不再侧重货币总量目标而转向借入储备目标（贴现贷款额）。单纯的设定货币供应量的增长率已经难以满足经济发展对货币信用的需求，数量型货币指标的政策调控效

---

① 张宏宇：《关于保罗·沃尔克时期美联储解决滞胀问题的探究》，鲁东大学，2015年。

率逐渐衰减。整个20世纪80年代是属于提倡新自由主义的现代货币主义和供给学派得势并实践其货币政策主张的时代，凯恩斯主义货币理论走下正统经济学的神坛。里根于1981年执政后，面对"滞胀"局面，确定了抑制通货膨胀为首要核心目标，制定和执行货币政策的指导思想是：确立美联储的独立地位、强调货币政策的长期性和稳定性，使货币供应量的增长与经济增长的需要相适应。为此，里根政府货币政策选择的主要中间目标是货币供应量增长速度，辅助中间目标是联邦基金利率。[1]"里根经济学"保留了某些凯恩斯主义"相机抉择"的政策手段，用于刺激经济增长。在抑制通货膨胀方面，里根政府采用现代货币主义的控制货币供应量的紧缩性货币政策以稳定币值，而且没有因为政策实施初期加重的经济危机而动摇。这实质上是以"规则性与相机抉择性相结合"作为制定货币宏观调控政策的基本思想。美国最终较为成功地抑制了通货膨胀，使得经济增长得以改善。20世纪80年代，美国消费物价指数上涨率一直较低，经济持续增长近八年。1982—1989年，实际GNP平均增长率为3.0%，经济基本保持在潜在经济增长水平上运行。[2]美国这一时期的货币政策调控实践说明，稳定的货币供应量增长率应该能成为可供货币当局选择的使经济体运行在潜在增长水平上的"规则性"的货币政策手段之一。

20世纪90年代以后，基于泰勒规则的利率规则成为美联储货币制度和执行货币政策遵循的主要原则。美联储运用货币政策有效调控短期利率，以此来影响长期通货膨胀和经济增长。这为20世纪90年代克林顿政府的"黄金十年"提供了良好的货币金融环境。格林斯潘发现货币主义的学说在货币政策的实践方面很难真正取得成功，于是在1993年放弃了执行了十多年的以货币主义为理论基础的货币政策操作框架，转而推行中性的货币政策。美国的货币政策又回到了以联邦基金利率作为中介目标的货币政策体系。1994年2月22日，格林斯潘在参议院作证时，明确地宣称：联邦储备委员会将以"中性"的新货币政策来取代前几年的以刺激经济为目标的货币政策。[3]根据他的解释，所谓"中性"的货币政策，就是让利率对经济既不起刺激作用也不起抑制作用，从而保证经济以其自身的潜能在低通货膨胀下持久稳定地增长。美联储将以真实的年经济增长率作为确定和调整真实利率的主要依据。美联储认为，美国劳动力的年增长率约为1.5%，生产率年均增长率约为1%，因此，其潜在

---

[1] 秦嗣毅：《美国货币政策的演变轨迹研究》，《学术交流》，2003年第3期，第91—94页。
[2] 敖颖全：《货币政策中介目标的选择——以美国为例的分析》，吉林大学，2004年。
[3] 李扬，彭兴韵：《解析美联储的利率政策及其货币政策理念》，《国际金融研究》，2005年第2期，第10—14页。

的年经济增长率约为 2.5%。据此，美联储的主要任务就是通过调整利率，使年经济增长率基本稳定在 2.5%左右的潜在增长率水平上，这样就可以同时达到稳定物价和保证经济增长的双重目标。① 在历史上，美联储有以利率作为货币政策中介目标的传统，但格林斯潘对货币政策框架的调整，并非对传统利率中介目标的简单恢复。这其中，除了货币主义的政策主张在实践中的尴尬地位、格林斯潘对货币政策操作理论和操作框架的重新审视之外，货币政策理论上的一个新发展——泰勒规则对推动美联储货币政策操作原则的调整产生了极其深远的影响。泰勒通过对美国、英国、加拿大等国的货币政策实绩的深入细致研究发现，在各种影响物价水平和经济增长率的因素中，真实利率是唯一能够与物价和经济增长保持长期稳定相关关系的变量。有鉴于此，他认为，调整真实利率，应当成为运用货币政策调控经济主要操作方式。

危机的历史实践证明了格林斯潘奇迹的低利率政策具有极大的缺陷，美国采用通货膨胀目标制的货币政策框架难以有效抑制其资产价格的膨胀。2000年以后，美国经济呈现通货膨胀较低、经济增长较平稳而金融资产不断膨胀的局面。2007年以后，资产价格膨胀的压力传染给商品市场，通货膨胀逐渐抬头，美联储连续加息以紧缩市场流动性。但是，积重难返的系统性金融风险在利率升高的同时最终被引爆。2008年，以雷曼公司破产为标志的美国次贷危机全面爆发，全球金融危机正式拉开序幕。次贷危机爆发后，美国失业率大幅攀升，市场短期利率急剧飙升，五大投行结束了"辉煌"历史，全部土崩瓦解，社会信用制度受到重挫。

在危机爆发以后，当时的美联储主席伯南克全面推行"量化宽松"政策。一方面，大量扩张基础货币，将市场短期利率降为接近零的边界，推高长期通货膨胀，以此将长期实际利率降为负利率，从此世界经济进入了"负利率时代"；另一方面，美联储通过中央银行资产负债表操作，以长期债券和高风险债券置换短期债券，以此来拉低高企的长期利率，防止部分金融工具进入棘轮式的价格衰退过程，阻断金融危机传导的资产价格渠道。同时，为了应对危机的影响，美联储开始使用创新的货币政策工具，通过定期拍卖工具（TAF）和一级交易商信用工具（PDCF）为整个金融市场提供流动性支持，并且通过定期资产担保证券贷款工具（TALF）、资产支持商业票据和货币市场共同基金流动性工具（AMLF）直接为信贷市场借款人及投资者提供流动性，发挥

---

① 李扬，彭兴韵：《解析美联储的利率政策及其货币政策理念》，《国际金融研究》，2005年第2期，第10—14页。

"最后贷款人"的功能。① 另外，美联储还进行大规模的债务购买和扭转操作，以影响中长期利率，为金融机构及企业提供中长期流动性。三轮"量化宽松"货币政策实施以后，美国成功止住了经济下跌的节奏，进入了后危机的经济恢复阶段，而这种恢复显示出极不稳定的特征，也增大了后危机时期全球经济复苏的不确定性。

严重的危机事件可能带来经济理论研究的重大进展。2008年的美国次贷危机不仅为金融监管领域提出了理论攻坚的重大课题，同时也对危机后全球货币体系的走向、如何构建一国的货币政策调控框架等研究提出了紧迫的现实要求。一方面，低利率下通货膨胀目标制的货币政策调控框架的有效性无法经受历史实践的检验，将宏观审慎政策纳入货币政策框架之中具有重大的理论和现实意义；另一方面，系统性金融危机爆发的新的风险点也为宏观经济研究提出了新的理论方向，出现例如金融加速器理论②、金融网络理论等货币金融理论创新③。同时，危机时期的非常规货币政策调控的实践也是货币理论重大创新付诸实践的结果。

1.2.2　欧元区

欧元区的货币政策演变主要指的是欧洲中央银行的货币政策体制改革历程。欧洲中央银行于1998年7月1日在德国法兰克福正式成立，到今年也不过短短20多年的历史。欧洲中央银行由两个层次组成：一个是欧洲中央银行（European Central Bank，EBC）本身，另一个是欧洲中央银行体系（European System of Central Banks，ESCB）。欧洲中央银行的货币政策框架具有一定的独特性，1998年其肇始就实行单一目标的货币政策。根据《马斯特里赫特条约》第105条规定，欧洲中央银行体系的基本目标是保持物价稳定④，同时兼顾欧元区整体目标，即提高经济增长率和就业水平。⑤ 欧洲中央

---

① 林瑶，成丽丽，马剑飞，等：《金融危机中货币政策工具的创新运用及对我国的启示——基于美联储货币政策工具创新的实践分析》，《改革与开放》，2013年第11期，第22—24页。

② Bernanke B S, Gertler M, Gilchrist S: "Chapter 21 The financial accelerator in a quantitative business cycle framework", *Working Papers*, 1999, 1 (99): 1341—1393.

③ Acemoglu D, Malekian A, Ozdaglar A: "Network Security and Contagion", *ACM Sigmetrics Performance Evaluation Review*, 2016, 42 (3): 38—38.

④ 物价稳定是指一年中欧元区消费物价指数（Harmonized Index of Consumer Price，HICP）的上升低于2%，并且物价稳定应维持在中期内。

⑤ 方福前：《欧洲中央银行体系能实现它的货币政策目标吗?》，《国际金融研究》，1999年第2期，第21—24页。

银行货币政策的一个重要工具是核心通货膨胀率,它是指剔除能源和非加工食品价格因素后的消费价格协调指数。这一指标由于剔除了两项波动性较强的因素,更能表现价格变动的趋势。

欧洲中央银行货币政策中介目标是广义货币供应量 M_3。欧洲中央银行将货币供应量划分为三大类:一是 M_1,包括纸币和铸币以及活期存款;二是 M_2,除 M_1 外,再加上期限为 2 年以下的定期存款及期限为 3 个月以下的通知存款;三是 M_3,除 M_2 外,再加上回购协议、货币市场基金单位与票据以及原始期限为 2 年以下的债权凭证。据欧洲中央银行统计,1998 年 12 月欧元区广义货币供应量 M_3 的构成为:活期存款占 33%,2 年期以下的定期存款占 20%,3 月期以下的通知存款占 28%,纸币与铸币占 7%,货币市场基金单位及票据占 7%,回购协议占 4%,原始期限为 2 年以下的债权凭证约占 2%。由此可见,欧元区广义货币供应量 M_3 主要由流动性较强的资产构成,现金、活期存款及 3 月期以下的通知存款占 M_3 的 2/3 还多(约 68%)。通货膨胀是一种货币现象,因此,欧洲中央银行将货币供应量作为货币政策最重要的中介目标。确定的 M_3 的参考值是年增长率 4.5%,并以 3 个月的移动平均值为基础进行计算。广义货币参考值的确定,基本上确立了欧洲中央银行以准则为基础的货币政策操作规则,从而有别于那种以相机抉择为原则的货币政策宏观调控操作框架。① 选择一个特定的广义货币供应量增长的参考值而不是设置一个变动幅度,主要是因为欧洲中央银行担心,一旦为广义货币供应量设置一定的波动幅度范围,社会公众可能会对货币政策产生误解,认为货币供应量的增长超过规定的幅度时欧洲中央银行将自动改变货币政策(如调整利率),以使货币供应量的变动重新回到允许的幅度范围内。因此,欧洲中央银行在制定货币政策中介目标时非常注重货币政策的可信度。

欧洲中央银行常规性货币政策工具包括公开市场操作、存贷款便利和最低存款准备金三种。公开市场操作是欧洲中央银行最重要的货币政策工具,其目的是引导市场利率、管理市场流动性以及传递货币政策趋向的信号。其实施方式有四种:主要融资操作、较长期融资操作、微调操作以及结构性操作。欧洲中央银行为了控制隔夜市场利率,暗示其货币政策的基本立场,创立了存贷款便利。使用这种货币政策工具,欧洲中央银行可以向市场提供或者吸纳大量资金,使市场利率不致超出中央银行所确定的范围。最低存款准备金是欧洲中央

---

① 吉余峰,雷强:《欧洲中央银行货币政策策略及对我国的借鉴意义》,《上海金融》,2006 年第 2 期,第 56—60 页。

银行所使用的调整力度较大、"药效"也较为猛烈的一种货币政策工具。因此，欧洲中央银行在采用这项政策工具时，往往是慎之又慎。欧洲中央银行章程规定，自1999年1月1日起，凡是建立在成员国的信贷机构都需要向本国中央银行缴纳最低存款准备金。① 存款准备金要求不仅适用于商业银行，也适用于其他金融机构。自1999年1月1日，欧洲经济与货币联盟（EMU）正式启动起，该联盟范围内的金融机构需将其存款的1.5%～2.5%交存欧洲中央银行作为最低准备，并按回购利率付息。② 在这三种货币政策工具中，欧洲中央银行确定三大政策利率，分别为主要再融资操作利率、隔夜贷款利率和隔夜存款利率。

欧洲中央银行作为超主权的中央银行，其货币政策操作的历史同时可以追溯到欧元区任何一个国家的货币政策历史。也就是说，欧洲中央银行货币政策的理论与实践，其实是各成员国中央银行货币政策理论与实践的融合，是各国货币政策宏观调控框架的竞争与妥协。对欧洲中央银行货币政策宏观调控框架影响最大的当然是其核心国家德国和法国。英国虽然目前正在"脱欧"的过程中，而且也并非欧洲中央银行体系的成员国，但其货币政策调控的很多实践也为欧洲中央银行的货币政策框架构建提供了参考。

作为欧洲国家中的老牌大国，英国货币政策宏观调控的实践具有悠久的历史。成立于1694年的英格兰银行，是世界上最早成为中央银行的。在20世纪之前，英镑作为国际储备货币时期，英格兰银行发挥着世界中央银行的作用。另一方面，英国货币政策体制演变与经济理论的发展保持一致，先后经历了货币政策的古典时期、凯恩斯主义时期以及货币主义的撒切尔夫人时期。不同时期的货币政策基调决定了不同的货币政策框架。英国货币政策宏观调控分别经历了自由放任时期、政策刺激时期以及基于规则的调控时期等过程，在发展中逐渐形成了现代货币政策框架体系，逐步提高了货币政策调控的科学性和稳定性。

德法和解为欧洲货币统一打下了坚实的基础。为了避免两国再次出现二战时期的巨大冲突，德法两国在二战后一直追求国家层面的全面合作，经济与货币联盟的经济金融政策是其政治和解与合作的基石。然而，德国因为其在二战中特殊的经历，成为欧洲货币政策制定与执行的主要影响者。因为德国曾经饱受超高通货膨胀之苦，德意志联邦银行比其他所有发达国家的中央银行都更加

---

① 胡伟洁：《欧央行存款准备金政策研究及对我国改进存款准备金管理的建议》，《金融会计》，2016年第6期，第41—45页。

② 向冬梅：《欧元的产生及其对国际金融格局的影响》，西南财经大学，2000年。

强调物价稳定和控制通货膨胀，因此德国中央银行的货币政策一直被认为是发达经济体中最为保守的。追溯到20世纪上半叶，德国经历过两次恶性通货膨胀。这两次恶性通货膨胀都是由于中央银行丧失独立性，帮助政府大量发行货币筹措战争经费、应对预算失衡和战争赔款所致。20世纪20年代，德国货币急剧贬值，国家物价水平以高于两位数甚至三位数的速度增长，货币体系面临崩溃的局面。为了改变这一状况，德国魏玛政府于1924年颁布了《银行法》，以增强"帝国银行"的独立性，推动一战后德国货币制度的重建。二战中再次惨痛的恶性通货膨胀的教训让德国人民极度厌恶通货膨胀风险，也使他们意识到保持中央银行独立性的重要作用，同时也为欧债危机中货币政策调控在各国难以形成共识埋下了历史伏笔[①]。

在欧洲主权债务危机中，各国中央银行通货膨胀偏好的非一致性，使得欧洲中央银行如何进行货币政策操作难以达成统一的共识，一定程度上成为欧洲中央银行决策机制的严重阻力。虽然各个成员国中央银行存在较大的矛盾分歧，但各国还是通过参与国际合作机制并积极展开国际谈判降低了货币政策国际协调的难度。[②] 因此，危机时期，欧洲中央银行还是迅速实施了一系列刺激政策，以此来稳定欧元区的经济发展。在应对次贷危机和欧债危机时，欧洲中央银行除了采用一系列常规的货币政策工具以外，还实行了非常规性的货币政策，包括加强信贷支持和证券市场计划（SMP）两大政策措施系列。2008年10月至2009年5月，欧洲中央银行连续7次下调利率，将基准利率从4.25%下降至1%的历史最低水平；同时，还通过长期再融资操作，与美联储、瑞士中央银行、英格兰银行和日本中央银行联手，签署了货币互换协议。随着次贷危机进一步蔓延至实体经济以及欧洲主权债务危机的爆发，欧洲中央银行相继实施了一系列非常规货币政策。2009年6月起，欧洲中央银行推出了两期总额为1000亿欧元的资产担保债券购买计划（Covered Bond Purchase Programme，CBPP），在一级市场和二级市场上购买受到机构投资者青睐的、得到资产池担保的债务并持有到期。2010年5月，欧洲中央银行启动了证券市场购买计划（Securities Markets Programme，SMP），在二级市场上购买欧元区主权债务，并同时在一级市场和二级市场购买合格的私人债务工具。2012年9月，欧洲中央银行新推出的货币直接交易（OMT）取代了证券市场计划。

---

① 何帆，伍桂，邹晓梅：《欧洲中央银行货币政策转变及其展望》，《金融发展评论》，2012年第6期，第82—89页。
② 田野，张晓波：《国家自主性、中央银行独立性与国际货币合作——德国国际货币政策选择的政治逻辑》，《世界经济与政治》，2012年第1期，第93—111页。

对符合条件的国家,欧洲中央银行可以不受限制地从二级市场购买该国政府债券。在危机之中,欧洲中央银行多次通过延长期限和放宽抵押品要求等方式加强非常规货币政策的干预能力,有效地阻止了危机的进一步蔓延。[1]

总之,欧洲货币政策体制演变并不局限于某一个国家国内经济环境,而是将对外经济合作纳入了货币政策体制改革的集合之中,更多强调的是货币政策在国家内部与国际调整的效率及其与稳定经济职能的协调关系。应该看到,政治文化的差异、国家利益的分歧和经济结构的多元导致超主权的货币政策调控框架存在极大的脆弱性。2016 年,英国正式通过脱欧法案,标志着欧洲统一货币瓦解的不确定性增强。

1.2.3 韩国

韩国货币政策体制的演变可为我国货币政策体制的改革提供一定的参考,因为它是经历了从发展中经济阶段进入发达阶段的亚洲国家。在两个阶段的转换过程中,必然会存在外部经济条件的转变,同时也会伴随着货币政策框架的变化。研究韩国的货币政策体制演变轨迹中的某些规律性的经验,可为我国货币政策宏观调控的改革提供有益的借鉴。

韩国货币政策体系的演化过程是伴随着其金融市场的逐步开放和利率的自由化而进行的。在 20 世纪的 60 年代到 80 年代,韩国一直实行盯住美元的固定汇率制度;到 1980 年代开始转换为盯住一篮子货币,并对经常账户和资本账户的某些外汇交易逐步实行自由化。到 20 世纪 80 年代下半叶,由于经常账户连续盈余,来自外汇渠道的国内货币供应量迅速上升。进入 20 世纪 90 年代,韩元与美元汇率开始由银行间供求决定,但每日波动范围受到了限制。[2] 韩国的利率也经历了一个市场化的过程,尤其是在公开市场上竞价机制的引入和建立非银行金融机构加强竞争方面的改革,活跃了公开市场,从而实现了公开市场操作对短期利率的影响。这是韩国实现从货币总量调控向价格调控过渡的基础。[3] 1997 年,韩国经历了东亚金融危机,这促使韩国加快了货币体系改革的步伐。如果说过早开放金融市场是韩国经历 1997 年金融危机的根源的话,那么利率的逐步市场化却为此后货币体系能够顺利改革奠定了基础。中国现阶

---

[1] 何帆,伍桂,邹晓梅:《欧洲中央银行货币政策转变及其展望》,《金融发展评论》,2012 年第 6 期,第 82—89 页。

[2] 李丕东,魏巍贤:《韩国货币政策体系的演化及其借鉴》,《世界经济研究》,2005 年第 2 期,第 56—61 页。

[3] 韩鑫韬:《韩国利率市场化改革的教训及启示》,《中国金融》,2011 年第 15 期,第 18—19 页。

段面临的情况与 20 世纪 80 年代末的韩国有很大相似性，比如汇率体制需要进一步改革、利率市场化改革刚刚完成、其调节机制尚不完善，公开市场操作活跃性有待提高等等。因此，韩国这一时期的货币政策体系的演变改革无疑对我国货币政策的选择有一定的借鉴意义。

韩国货币政策框架体系的历史演变主要包含四个方面：政策目标的演化、中介目标的变化、操作目标的变动以及货币政策工具的演化[①]。

韩国银行（Bank of Korea）成立于 1950 年 6 月 12 日，是韩国的中央银行，负责发行银行券以及制定和执行相关货币信贷政策，运作和管理支付系统，代管国家外汇储备，充当最后贷款人，并在一定的法律权限内实行有限度的监管功能。根据《韩国银行法》的有关规定，韩国银行的首要政策目标是保持物价稳定。这种单一的政策目标从韩国银行成立以来，一直没变化过。

韩国货币政策中介目标也经历了一个演变过程。由于金融创新和利率市场化给货币定义和总量测度带来的困难，韩国的货币政策中介目标经历了从 M_1 到 M_2 再到 MCT（包括 M_2、存款证明和 money in trust）的变化过程。随着货币总量中介指标调控效率的下降，韩国货币政策中介目标最后停留在核心通货膨胀率上，共经历了三个转化阶段。自韩国银行成立以来，控制通货膨胀的目标就根深蒂固，因此韩国政府在 1957 年实行了金融稳定计划（financial stabilization program），这标志着韩国的货币政策宏观调控的操作系统开始形成。根据这个计划，韩国政府对 M_1 总量和各个经济部门的货币供应量做出了上限（supply ceiling）的规定。[②] 1965 年，韩国政府为应对国际收支赤字和严重的通货膨胀，同国际货币基金组织（IMF）签署了信贷协议（stand-by）。根据协议，韩国政府必须在 IMF 指导下制定货币政策中介指标。当国际收支得到改善后，韩国政府脱离 IMF 的干预，开始独立制定并公开宣布 M_1 的增长目标。

到了 20 世纪 70 年代末，由于韩国的实际产出与其产出目标偏离程度较大，M_1 作为中介指标已经不再适用。从 1979 年起，M_2 取代了 M_1 成为主要的货币政策指标，并实行货币中介指标区域制（monetary targeting regime）。20 世纪 80 年代初期，在许多国家已经放弃货币供给总量作为货币政策中介目标的情况下，韩国却将 M_2 的货币目标区域制保持到了 20 世纪 90 年代中期，其

[①] 李丕东、魏巍贤：《韩国货币政策体系的演化以及借鉴》，《世界经济研究》，2005 年第 2 期，第 57—59 页。

[②] 朱逢波：《中韩央行货币政策的比较及对中国的启示》，《商业经济》，2013 年第 15 期，第 113—114 页。

中最大的原因就在于韩国当时正处于利率市场化才刚起步、金融创新步伐缓慢的条件下。在这样的宏观经济背景下，M_2 仍然与价格密切相关。随着 1996 年信托账户系统的整合，M_2 开始变得不稳定，呈现出向上的增长趋势。从 1996 年 5 月开始，M_2 显著增长。前一季度尚能保持在 14% 的目标水平上，但在 5 月份就增加到 15%，6 月份增加到 16.2%，第四季度达到 18.3%。主要货币政策中介指标受金融存款结构的变化而显著地增加，会误导公众以为中央银行正在实行激进的货币政策。为了避免造成公众误解，韩国推出了能够消除金融资产结构变动影响的货币政策中介指标 MCT（包括 M_2、CDs 和 money-in-trust）。在 1997 年 2 月，韩国进行了准备金改革，对存款证明要求 2% 的准备金。于是，存款证明的收益率下降，被大量赎回，并流入了一个新的投资产品（Cover Bills）。这样的结果导致 MCT 货币中介指标在短时期内大幅下降，从 1996 年 12 月份的 19% 下降到 1997 年 5 月份的 15.6%，逼近增长目标的下限。尽管韩国银行没有改变其实施的货币政策，主要货币政策指标的急速下降却犹如中央银行在执行紧缩的货币政策。随着货币总量中介指标调控效率的下降，通货膨胀的目标便提上了议程。20 世纪 90 年代中期亚洲金融危机发生后，作为取得国际货币基金组织贷款的条件之一，韩国修改了《韩国银行法》，并于 1998 年 4 月 1 日开始正式实施，这是通货膨胀目标制正式采用的标志。在实行初期，韩国银行考虑到，在过去三十多年里都一直运用货币总量作为货币政策中介目标，如果一下子被取消，整个金融市场可能会陷入混乱，同时又考虑到通货膨胀预期仍然受着货币总量中介指标的影响，便设定了一个平均的 M_3 增长目标，以降低公众对通货膨胀的不良预期。从 2001 年开始，M_3 只是作为监控变量而不是中介目标。至此，真正意义上的货币政策调控的通货膨胀目标制便形成了。在指标的选择上，1998 至 1999 年间，消费者物价指数（CPI）被用来作为中介目标的指标；2000 年采用了核心通货膨胀，它是在消费者物价指数的基础上剔除了那些在非预期的外部冲击下，价格容易在短期内发生大规模变化的项目。在组成消费者物价指数的 518 个项目中有 49 项被剔除。[1]

韩国在 1997 年以前的货币政策体系中，其中介目标是 M_2 和 MCT，与其对应的操作目标是准备金总量。1997 年以后，开始采用通货膨胀目标制度，逐渐将操作目标过渡到了隔夜回购利率。然而，操作目标从准备金总量到隔夜回购利率的转变并非是一蹴而就的。实际上，从 20 世纪 90 年代中期以来，是

---

[1] 李丕东，魏巍贤：《韩国货币政策体系的演化及其借鉴》，《世界经济研究》，2005 年第 2 期，第 56—61 页。

否应该将利率作为韩国货币政策的操作目标的讨论就一直存在，其主流观点是转变的时机还不够成熟。1997 年韩国发生货币危机后，韩元贬值非常厉害，韩国银行在公开市场上进行操作以提高市场利率，以期稳定韩元汇率，但带来的后果是公司债券的收益率和银行的存贷款利率急剧上升。高利率时代随之而来。1998 年 9 月 30 日，隔夜回购利率目标的下调是其作为正式操作目标的第一例。随后，1999 年初，隔夜回购利率作为货币政策操作目标的地位才得以巩固下来。[①]

韩国银行主要的货币政策工具有：借款政策、准备金政策和公开市场操作。它们分别在不同的时期发挥着不同的作用。借款政策主要发挥直接总量控制和资金导向的作用。20 世纪 60 年代中期以前，韩国货币政策调控主要采用直接控制，如规定总再贴现上限；同时建立选择性的融资体系，将有限的资金投入到关系国计民生的部门。1961 年 2 月颁布《出口融资法》（Regulations Governing Export finance），强化对出口者的金融支持。1983 年 4 月颁布《中小企业金融支持法案》（Regulations on Financial Support for Small and Medium-Sized Firms），鼓励中小企业、高科技发展基金、初级产品保护基金的发展。韩国银行在成立之时就已经建立了法定存款准备金制度。在 20 世纪 50 年代初期到 20 世纪 60 年代中期，韩国在高通货膨胀时期一直保持低利率政策，货币政策主要采取直接控制的调控方式，而准备金率一直作为对直接控制的补充。1981 年 7 月，一个统一的准备金率被应用于所有类型的存款。1996 年以后，为了加强银行间以及非银行金融机构之间的公平竞争，同时也为实行间接的货币政策调控做准备，平均准备金率连续被下调。在 20 世纪 50 年代，由于当时韩国的金融市场不发达，中央银行无法进行公开市场操作。1961 年 11 月，《韩国银行货币稳定债券法案》（Bank of Korea Monetary Stabilization Bond Act）的颁布推动了韩国公开市场操作的前进步伐。中央银行发行货币稳定债券（简称 MSBs）的期限是 91 天，年利率是 8%，由国内商业银行承购。由于韩国银行的操作方法是强制国内商业银行买入，利率由韩国银行设定，因而此债券利率无法影响市场利率。又由于公开市场操作的不成熟，韩国银行很难通过买卖证券对货币供给进行及时调整。从 20 世纪 70 年代开始，韩国银行就致力于公开市场操作体系的改进，货币稳定债券开始在公开市场竞价，并授权银行和非银行金融机构作为交易柜台以扩大政府债券的买卖

[①] 李丕东，魏巍贤：《韩国货币政策体系的演化及其借鉴》，《世界经济研究》，2005 年第 2 期，第 56—61 页。

操作。自 20 世纪 90 年代开始，由于相关体系的修补和完善，公开市场操作变得更加活跃。20 世纪 90 年代中期，韩国银行相继推出了短期的货币稳定债券和长期的货币稳定债券。1997 年 8 月，所有的竞价程序都通过韩国银行线（BOK-Wire）完成。公开市场操作逐渐完善。[①]

1.3 我国经济转型与货币政策演变的历程

我国经历了 1978 年以前的计划经济体制建设时期和 1978 年以后的市场经济体制改革时期，体制的转变决定了我国一系列改革任务的特殊性、复杂性和长期性。一方面，旧体制下我国生产力普遍发展不足，我国正处于并将长期处于社会主义初级阶段是改革开放初期我国最基本的国情，解放和发展生产力成了改革开放初期的根本任务；另一方面，经济运行的惯性决定了两种体制的转换无法"一步到位"，计划经济时期的体制机制仍然在改革的过程中残留下来。四十年的改革实践就是在不断完善中国特色社会主义市场经济制度。

如上文所述，我国经济改革的双重任务决定了体制转型的双重路径：一方面，由以传统指令性为主的计划经济体制向以价格竞争为主的市场经济体制转型；另一方面，由不均衡经济向均衡经济的转型。在此背景下，我国货币政策宏观调控体制的演变分成了四个阶段：计划经济体制下的国家银行时期，从国家银行向中央银行过渡的时期，中央银行制度构建与完善的快速增长期，以及从经济新常态到新时代改革开放的深化时期。

1.3.1 计划经济体制下的国家银行时期（1953—1978）

在统一的计划体制下，自上而下的中央银行体制，成为国家吸收、动员、集中和分配信贷资金的基本手段。随着社会主义改造的加快，私营金融业纳入了公私合营银行的轨道，形成了集中统一的金融体制。中国人民银行作为我国金融管理和货币发行的机构，既是管理金融的国家机关又是全面经营银行业务的国家银行。为了与高度集中的银行体制相适应，我国从 1953 年开始建立了集中统一的综合信贷计划管理体制，即全国的信贷资金，不论是资金来源还是资金运用，都由中国人民银行总行统一掌握，实行"统存统贷"的管理办法，并将银行信贷计划纳入国家经济计划之中，成为国家管理经济的重要手段。

[①] 李丕东，魏巍贤：《韩国货币政策体系的演化及其借鉴》，《世界经济研究》，2005 年第 2 期，第 56—61 页。

这一时期，中国人民银行担负着组织和调节货币流通的职能，统一经营各项信贷业务，在国家计划实施中具有货币监督功能。中国人民银行对国有企业提供超定额流动资金贷款、季节性贷款和少量的大修理贷款，对城乡集体经济、个体经济和私营经济提供部分生产流动资金贷款，对农村中的贫困农民提供生产贷款、口粮贷款和其他生活贷款。这种长期资金归财政、短期资金归银行，无偿资金归财政、有偿资金归银行，定额资金归财政、超定额资金归银行的管理体制，一直延续到1978年。期间虽有几次变动，但基本格局变化不大。

1.3.2 从国家银行向中央银行过渡时期（1979—1992）

1979年1月，我国恢复了中国农业银行；同年3月，中国银行成为国家指定的外汇专业银行，同时设立了国家外汇管理局；接着又恢复了国内保险业务，重新建立了中国人民保险公司；各地还相继组建了信托投资公司和城市信用合作社。在改革开放的推动下，我国很快出现了金融机构多元化和金融业务多样化的局面。

与此同时，经济的日益发展和金融机构的不断增加使得加强金融业的统一管理和综合协调成为完善金融体制、更好发展金融业的紧迫课题。1983年9月17日，国务院决定由中国人民银行专门行使中央银行的职能，并具体规定了中国人民银行的10项职责。从1984年1月1日起，中国人民银行开始行使中央银行的职能，集中力量面向全国制定和实施宏观金融政策，加强信贷总量的控制和金融机构的资金调节，以保持货币稳定。与此同时，新设中国工商银行，中国人民银行过去承担的工商信贷和储蓄业务转由中国工商银行专业经营。中国人民银行分支行的业务实行垂直领导；设立中国人民银行理事会，作为协调决策机构；建立存款准备金制度和中央银行对专业银行的贷款制度，初步确立了中央银行制度的基本框架。以1984年中国人民银行专门行使中央银行职能从而建立起正式的中央银行体制为标志，我国开始了真正意义上的货币政策宏观调控的实践。

在1984年以来的过渡期间，我国的货币政策最终目标主要是反通货膨胀①。在党的十二大提出"翻两番"战略目标的激励下，我国经济从1982年起开始进入高速增长时期。至1984年第四季度已出现明显的经济过热势头，财政赤字较严重，通货膨胀率直线上升。面对严峻的经济形式，中国人民银行

---

① 吴超林：《1984年以来中国宏观调控中的货币政策演变》，《当代中国史研究》，2004年第3期，第35—45页。

开始实施平衡信贷、降低通货膨胀率为主要目标的货币政策。由于当时经济的市场化程度还不高,货币政策工具也不完善,因而货币政策实施效果并不理想。1988年我国实施财政的"包干"体制后,地方投资需求和消费需求激增。为弥补财政赤字,货币连年超额发行。截至1988年10月,市场上的货币流通量已经突破了2100亿元。① 由于货币超发,市场货币流通量剧增,引发了物价的猛烈上涨。为了治理严重的通货膨胀,中国人民银行从1988年第四季度起推行了以紧缩为重点的"治理整顿"措施。具体的货币政策是:1987至1988年8月的经济扩张阶段,实施的是"控制总量,调整结构"的货币政策;1988年9月至1990年的经济收缩阶段,实施的则是先紧缩后放松的货币政策。在货币政策中间目标的选择上,由于当时的金融市场相对不发达,市场机制不完善,在实践中主要是以货币供应量(包括信贷规模、M_0、M_1、M_2等)的数量指标作为中间指标。在这一时期中的经济扩张阶段,可以看到信贷规模明显扩大、货币供应增长率(M_0)显著增加。例如,1984年M_0的发行量为262.3亿元,同比增长49.5%;1988年发放的贷款总额上升了28.6%;M_0发行量为679.5亿元,同比增长46.7%。作为价格指标的利率在这个阶段并未成为真正有效的货币政策中间目标。在货币政策工具的选择上,主要采用的是贷款规模指令性计划。比如,1985年,国家动用外汇储蓄增加部分消费品的进口,以缩小购买力缺口,回笼货币;1986年开始实施"稳中求松"的货币政策,取消中国人民银行对各专业银行的贷款限额指标。②

1.3.3 快速增长期中央银行制度的构建与完善(1993—2012)

1993年,按照国务院《关于金融体制改革的决定》,中国人民银行进一步强化金融调控、金融监管和金融服务职责,划转政策性业务和商业银行业务。1995年3月18日,全国人民代表大会通过《中华人民共和国中国人民银行法》,首次以国家立法形式确立了中国人民银行作为我国中央银行的地位,标志着中央银行体制走向了法制化、规范化的轨道,是我国中央银行制度建设的重要里程碑。1998年,按照中央金融工作会议的部署,改革中国人民银行管理体制,撤销省级分行,设立跨省区的大区分行;同时,成立中国人民银行系统党委,实行垂直领导,干部垂直管理。2003年,按照党的十六届二中全会

---

① 张贵涤:《对货币量剧增资金反而紧缺的分析》,《中央财政金融学院学报》,1989年第4期,第41—43页。
② 周卫辉:《1984~1997年我国通货膨胀下的货币政策概况分析》,《高校社科动态》,2007年第2期,第23—27页。

审议通过的《关于深化行政管理体制和机构改革的意见》和十届人大一次会议批准的国务院机构改革方案，将中国人民银行对银行、金融资产管理公司、信托投资公司及其他存款类金融机构的监管职能分离出来，并和中央金融工委的相关职能进行整合，成立中国银行业监督管理委员会。有关金融监管职责调整后，中国人民银行新的职能正式表述为"制定和执行货币政策、维护金融稳定、提供金融服务。"同时，明确界定："中国人民银行为国务院组成部门，是中华人民共和国的中央银行，是在国务院领导下制定和执行货币政策、维护金融稳定、提供金融服务的宏观调控部门。"新的变化进一步强化了中国人民银行作为我国的中央银行在实施金融宏观调控、保持币值稳定、促进经济可持续增长和防范化解系统性金融风险中的重要作用。随着社会主义市场经济体制的不断完善，中国人民银行作为中央银行在宏观调控体系中的作用更加突出。在这个时期内，中国人民银行展开灵活调整，偏宽松的货币政策与逐渐放松的金融管制很好地促进了经济持续稳定发展。当然，随着我国经济增速放缓，进入经济结构转换和消化前期高速发展遗留问题的新时期，中国人民银行的货币政策宏观调控也需要做出相应的调整和创新。

1.3.4　从新常态到新时代改革开放的深化时期（2013—）

经过四十年的改革和开放，经济的高速增长推动我国经济总量大大增加、人民生活水平突飞猛进。但是，经济的高速度增长不可能一直持续下去，当经济总量到达一定规模以后，增长速度就需要科学地"换挡"。2013年以后，我国经济逐渐出现了三个重要特征：其一是经济增长减速。目前，我国经济增速已由过去两位数的高速增长转为6%~7%的中高速增长，这是我国经济新常态最基本的特征。其二是经济结构优化调整的迫切性日益突出，包括产业结构、收入分配结构、城乡区域结构等的调整。其三是宏观调控政策密集化、手段多样化。我国经济下行压力增大，保持就业增长的难度加大，为维持经济的适度增长、调整产业结构与提高就业水平，宏观调控政策密集出台，政策工具也更加多样化。

在此经济背景下，以习近平同志为核心的党中央科学论断，提出我国经济正式进入"新常态"，为我国经济未来的发展明确了现实的基础。针对经济进入新常态的状况，党中央科学提出了"一个总要求、一条主线和三大攻坚战"：一个总要求指的是我国经济已由高速增长阶段转向高质量发展阶段；一条主线指的是以推进供给侧结构性改革为主线；三大攻坚战指的是防范化解重大风险、精准脱贫和防治污染三大攻坚战。更为重要的是，党的十九大报告明确指出，中国特色社会主义进入新时代，我国社会主要矛盾已经转化为人民日益增长的美好生活需要和不平衡不充分的发展之间的矛盾。

新时代新常态的经济条件决定了我国货币政策宏观调控体制改革的未来方向。一方面，应减少传统刺激性政策下的"大水漫灌"方式的采用次数，提高货币政策调控的精准性；另一方面，坚持货币金融服务实体经济，加大货币政策对三农、中小企业的政策扶持力度，加大对我国重点领域和薄弱环节的政策支持，特别是要扭转货币金融领域"脱实向虚"的倾向。首先，盘活流通中的货币量，引导货币资金流向政府鼓励和支持的经济领域，并加强对新增货币资金的引导，确保新增资金的合理利用。其次，在保持货币总量基本稳定的情况下，更加关注产业结构、区域结构差异，实施差异化的货币政策来进行定向调控。同时，在这个转型的关键时期，中央银行货币政策一定要全力确保经济增长率达到一定的水平。最后，中央银行在进行货币政策操作时，也开始更多使用预调微调方法，使得货币政策更具有前瞻性和灵活性。

1.4　小结

外部经济条件的变化决定了一国内部体制机制的转变，从而推动经济政策宏观调控总体框架的变化。纵观各国货币宏观调控体制演变历史可知，随着市场化程度的不断深化，价格型货币政策调控框架比数量型货币政策调控框架具有更高的信息传递效率和政策调控效率。同时，经济周期造成的短期经济波动促使货币政策调控的选择不能过度陷入教条主义，在价格型货币政策失效的时候，需及时引入数量型货币政策以支撑经济稳定。这并不是对货币政策市场化改革的放弃，而是在政策实践中更好地对市场化调控方式进行补充和创新。

我国四十年的改革开放历史表明，落后的生产力、传统的经济体制等客观经济条件决定我国经济改革中存在两条主线，分别是：体制机制的革新和均衡经济的回归。同时，主线的"合力"方向决定了我国经济政策演变的发展方向。

作为我国宏观调控政策之一的货币政策，其体制演进的方向主要体现在两个方面：效率职能和稳定职能。从长期看，我国货币政策调控框架由数量型向价格型过渡，以此来提高我国货币政策的调控效率；在短期内，需要增强货币调控对外部冲击的前瞻性和准确性，加强货币政策对重点领域和薄弱环节支持的精准性，以此来保证我国经济发展的持续性和稳定性。审时度势的货币政策宏观调控体制的双向演进路径不仅是马克思主义方法论的重要体现，更是建设新时代中国特色社会主义现代化经济体系的必然要求。

2

货币政策宏观调控总框架的演变

2.1 理论基础

经历了四十年的改革开放，我国社会经济全面进步，已经进入全新的发展阶段。但是，我国仍然是一个发展中的大国，中国特色社会主义市场经济体制还有待进一步完善，经济发展不平衡不充分的问题还十分突出，我国将长期处于社会主义初级阶段的事实没有根本改变。有鉴于此，我国货币政策宏观调控总框架的改革就需要一方面借鉴总结发达国家成熟市场经济的货币理论，另一方面还应该参考经济转型过程中的金融发展理论，为我国货币政策宏观调控总框架的改革提供全面、科学的理论基础。

2.1.1 金融抑制与金融深化

金融发展理论属于发展经济学的范畴，研究的是主导资本形成的金融政策对一国经济持续增长的重要作用。金融发展理论主要包括金融抑制理论和金融深化理论。20世纪70年代，美国经济学家爱德华·肖的《经济发展中的金融深化》[1] 和麦金农的《经济发展中的货币与资本》[2] 奠定了金融发展理论的基础。两位发展经济学家研究巴西、智利等拉美国家在经济发展中的历史进程，分析了欠发达国家在经济发展中的政策失误，包括金融政策、贸易政策以及财政政策，总结出了阻碍经济发展的金融抑制理论。

---

[1] 爱德华·肖：《经济发展中的金融深化》，上海三联书店，1988年。
[2] 麦金农：《经济发展中的货币与资本》，上海人民出版社，1997年。

金融抑制理论的主要观点是，政府对金融机构和金融体系施行了过多的干预，抑制了金融体系的发展；金融体系的发展滞后又反过来阻碍了经济的发展，从而导致金融发展滞后与经济发展滞后的恶性循环。金融抑制理论认为，最为关键的破坏性因素是对金融体系中实际利率的压制阻碍了储蓄的积累，从而造成了国内金融资源的损耗以及资本的稀缺。

一方面，金融制度的不完善造成银行机构独大和金融市场弱小的金融格局，抑制了融资形式的扩展；并且，受干预的银行机构实行定向贷款配给，将有限的金融资源配给受政府保护的特权阶层，削弱了银行资源配置的能力。另一方面，面对抑制的金融政策以及稀缺的金融资源环境，政府常常配套不同程度的其他干预政策：在财政政策上，债务货币化导致国内通货膨胀肆虐；在贸易政策上，关税制度、进口许可证制度以及对出口进行不同的补贴造成了大量国内、外产品价格的扭曲，抑制了国际贸易的发展。因此，一个全面的管制制度替代了以价格为中心的市场经济体制，造成了国家资本的稀缺以及价格的扭曲，从而降低了国家资源配置的效率。

在分析金融抑制产生的原因时，肖指出，"这种战略也许是殖民时期这种或那种经历的反应"；"社会各阶层的利益也影响着发展战略的选择"以及"金融抑制战略也许应归咎于在经济决策上缺乏远见"等因素①。因此，不仅经济发展过程中的"路径依赖"决定了国家走向金融抑制的环境选择，而且利益集团的博弈以及经济思想的发展也决定着政策发展的走向。

在批判金融抑制理论的基础上，出现了金融深化理论，进而形成较为完整的金融发展理论体系。金融深化理论认为，资源价格的决定应该自由化，用市场去替代管制机构。肖指出，金融深化"意味着利率必须准确地反映客观存在的、能替代现时消费的投资机会和消费者对延迟消费的非意愿程度"②。也就是说，金融深化理论主张政府放弃干预政策，让利率和汇率彻底反映市场的供求状况，以实现利率和汇率的市场化。

麦金农在《经济发展中的货币与资本》中详细分析了欠发达国家金融市场的分割性，指出，在金融市场分割的条件下，货币作为投资的"导管"，形成了货币资本与投资资本的互补关系。因此，麦金农在批判新古典货币理论和凯恩斯货币理论的基础上，结合韩国等国家金融转型成功的经验，指出在欠发达经济体中，提高名义利率有利于增加储蓄和提高投资的经济成效。储蓄的增加

---

① 爱德华·肖：《经济发展中的金融深化》，格致出版社，2014年，第10页。
② 爱德华·肖：《经济发展中的金融深化》，格致出版社，2014年，第5页。

可以增加社会的可贷资金，从而使得社会融资量增长；同时，利率的提高有助于防止资本的低效投资，市场化的资源配置方式使得资金流向技术创新的领域。

麦金农和肖在著作中分析指出，在欠发达国家资本市场还不完善的情况下，"一个以银行为中心的有活力的国内资本市场，可能是经济发展的极有效的发动机"①。因此，增加银行储蓄、提高银行贷款定价能力以及取消贷款配给等方式，对资本积累以及经济增长有极大作用。其次，完善金融市场是金融深化理论的重要内容，金融法规的完善、金融产品的创新以及金融参与者的自由进出等体现了金融市场的完善。最后，其他政策的改革是金融深化的重要保障：限制政府财政政策，实行自由的贸易政策，抑制国内的通货膨胀以保证物价的稳定，等等。

2.1.2 数量型货币政策理论

数量型货币政策指的是中央银行通过调节市场中的货币供给总量来调节宏观经济变量，包括物价水平、就业与经济增长。即主要是通过调节货币的"数量"来调节宏观经济变量。

数量型货币政策理论可以追溯到古典经济学的货币理论。古典经济学认为，市场价格可以灵活地反映经济变量的变化，即市场供求可以根据价格的变动而实现均衡，认为市场是完全出清的。因此，在古典经济学的研究范式中，极少关注货币对实体经济的影响。古典经济学提出"货币面纱论"，即货币与实体变量是"二分的"，即实际变量的研究和名义变量的研究属于两个相互独立的领域。

费雪着重阐释了货币数量论，认为货币作为一种交易工具，其最为本质的特点应该显现于实体经济的交易过程。在此基础上，提出了费雪方程式：

$$MV = PT$$

其中：V 表示货币的流通速度，即单位货币在一段时间内（通常是一年）被转手的次数（货币流通速度决定于人们的流动性偏好、科技水平、金融制度以及社会文化等因素，由于以上决定货币流通速度的因素较为稳定，因此常常假定 V 是一个常数）；P 表示社会物价总水平，通常指的是 CPI、PPI 等指标；T 表示的是社会商品交易的总量，一般用实际的国内生产总值（实际 GDP）予以近似替代。

---

① 麦金农：《经济发展中的货币与资本》，上海人民出版社，1997年，第150页。

因此，在货币流通速度通常不变的前提下，货币数量论的等式可以理解为，左边一方即为货币供给，右边一方即为货币需求，即货币数量与实体经济水平有一对一的均衡关系。在古典经济学假设的基础上，价格水平可灵活调整，货币增长速度即为物价上涨速度。通过控制货币数量的增长，可以调节社会实际产量水平以及社会总物价水平。这可以说是首次用数理方程式解释了数量型货币政策理论。

弗里德曼在研究货币需求函数理论时发现，货币需求函数决定于居民的未来长期收入、货币市场利率与其他资产利率的差额，而不是单纯的债券利率和短期的一次性收入。同时，居民长期收入常受制于预期、财富以及未来现金流，即长期收入常常是一个稳定的值；而货币市场利率与其他资产利率的差额决定了各资产内部的风险收益以及流动性溢价，即资产之间的差额也具有一定的稳定性。弗里德曼认为，货币需求函数的稳定决定了货币流通速度的稳定，因此，通过控制货币供给的总量来调控经济具有可行性。在此基础上，弗里德曼提出了最优货币规则：一个稳定的货币供给增长率将会决定一个稳定的物价水平环境以及经济增长绩效。

2.1.3 价格型货币政策理论

价格型货币政策理论强调中央银行可以通过调节货币的"价格"，即利率来调控宏观经济变量，从而促进经济增长。

该理论主要源于凯恩斯《就业、货币与利息通论》中提出的货币理论。① 凯恩斯在批判古典经济学关于"货币面纱论"的基础上，指出货币需求来源于三个基本动机：交易动机、预防动机以及投机动机。前两个动机决定了个人收入与货币需求之间的关系，而第三个动机则决定于货币流动性效益与债券利率的机会成本之间的对比。凯恩斯认为，货币供给增多，则货币流动性效益逐渐减少，利率的诱惑逐渐增大，而利率又同时决定实际经济的投资，从而决定产出。因此，货币政策可通过调控利率来调整经济水平。

新凯恩斯主义认为，市场价格存在一定的黏性，但同时吸收了新古典的"自然失业率"等假说。从1980—1990年的实践经验可知，货币需求并没有那么稳定，即利率变动仍然影响着货币需求的变动。因此，新凯恩斯主义坚持认为通过利率来影响实体经济的货币政策将更为稳定、有效地达到目的。在该理论的基础上，各国中央银行将利率作为中介目标，并以利率作为引导预期的重

---

① 约翰·梅纳德·凯恩斯译：《就业、利息和货币通论》，华夏出版社，2013年。

要工具,产生了货币政策宏观调控的泰勒理论和泰勒方程式。该理论吸收了理性预期的成分,强调货币政策的实施需要合理、有效地引导公众的预期,只有浅显易懂的价格指标才能更好地引导预期。在此基础上,泰勒规则指出,可以利用产出缺口和通货膨胀预期的缺口对基准利率进行修改,以此提高货币当局对预期引导以及政策调控的效率。自凯恩斯经济理论诞生以来,发达经济国家的货币政策调控框架从价格型转到数量型,最终又回到价格型货币政策调控框架,一定程度说明了不同时期各国货币政策调控的差异是极其巨大的,依赖于各国自身经济发展的阶段性特征。

2.2 货币政策宏观调控框架的内涵

2.2.1 货币政策主体

货币作为人类交换的基础性工具,发挥着商业流通体系的经济"血液"的功能。为了保证经济流通中货币环境的稳定,中央银行很多时候成为调控市场货币信用的唯一垄断者。货币政策调控框架指的是中央银行如何使用货币政策工具来调整国家货币流通总环境的方法。货币政策调控框架的组成部分包括货币政策执行的主体和货币政策的调控手段。

其实,货币政策的调控主体从理论上讲可以是多元化的,但现实世界中,主权国家垄断了货币的发行与调控的权力。货币作为商品交换的一般等价物,起着辅助商品流通的作用,因此,理论设想中,只要有稳定的信用主体,均可以在局部领域提供辅助商品流通的等价物。哈耶克曾在《货币的非国家化》[①]探讨了货币发行主体的多元化问题,货币的竞争最终即是发行主体信用的竞争,因此,在多元化的货币环境中,竞争的结果将会产生最高信用价值的货币。哈耶克尝试着通过货币竞争的过程来筛选出坚挺的货币,并试图通过货币竞争的过程来保证币值的稳定。但是,货币竞争的理论是建立在信息较为充分的前提之下,一旦货币信用市场出现信息不对称,货币竞争的效率会大为削弱,甚至导致货币市场最终走向崩溃。

首先,货币的重要功能之一即是减少市场经济运行中的不确定性。当生产的商品暂时不知道在市场中何时等价交换何物的时候,一般等价物则具有了锁定价值的功能,以等待在未来某时某处购回某物或完成支付。这种不确定性一

---

① 哈耶克:《货币的非国家化》,新星出版社,2007年。

定程度上可量化为交易费用，货币的使用可有效减少商品经济运行中的交易成本。同时，货币发行范围越大，发行与管理货币的单位成本就会越小。也就是说，随着市场规模的扩大，边际交易成本呈现出递减的趋势，因此，货币的发行与管理存在规模效应，以国家为发行与管理主体的货币，其交易成本普遍低于任何单个主体管理货币的交易成本。

其次，在信息不对称条件下，劣币驱逐良币，货币信用的竞争可能并不能筛选出币值最稳定的货币。信息甄别成本决定了货币信用竞争机制下的有效性，当信息成本较低时，则可以通过竞争机制筛选出信用价值最大的货币；一旦信息成本极高，市场中则难以筛选出最优货币。同时，货币作为信用的基本载体，其币值的稳定取决于发行主体的信用是否优良，而甄别一个主体的信用是否优良则是较为困难的。因此，货币竞争中常常存在极高的甄别成本，导致了居民和企业在多元化货币环境中常常难以识别货币的优劣，最终较少"优惠条件"的较低风险的良币很多时候被较多"优惠条件"的较高风险的劣币驱逐。一旦市场甄别成本趋于无穷大，居民、企业对货币的有效需求将会降为零。因此，多元化的货币主体降低了商品流通一般等价物的经济效率，增大了货币流通中的交易成本。

最后，群体非理性的经济行为导致多元模式下货币币值波动的幅度扩大，增大了系统性货币危机爆发的概率。货币竞争的结果是一方货币垮掉，而另一方货币坚挺，两者之间的影响却是相互独立的。然而，群体的恐慌情绪可带动个体经济行为的非理性，一方货币的崩溃将会增大整个社会的悲观情绪，导致另一方保持货币币值稳定的压力增大。极端情况下，"劣质"货币的崩溃将会促使另一方"优质"货币落入恐慌陷阱，一旦集体性的估值偏差过大，货币价格可能剧烈波动，整个社会可能陷入系统性货币崩溃的局面。

因此，自美联储诞生以来，作为宏观调控政策之一的货币政策就把所有货币发行与调控的权力集中于国家手中。具体的货币政策调控机构一般情况下是各经济体的中央银行，例如：美联储、中国人民银行以及欧洲中央银行等。

新中国成立初期，陈云同志领导的政务院财经委员会建立了发行库制度，实现了我国货币的统一，其重要作用之一是确保货币发行权集中到中央层面。① 改革开放以来，我国货币政策宏观调控改革的方向是将货币金融政策与财政政策实现分离，不断提高中央银行在调控货币信用方面的独立性；另一方面，货币政策调控的改革又是不断增大中央银行调控货币信用权力的过程，现

---

① 赵学军：《陈云与新中国货币制度建设》，《当代中国史研究》，2007年第5期，第20—27页。

代中央银行体制得以完善。1984年1月1日起，中国人民银行不再办理针对企业和个人的信贷业务，成为专门从事货币金融管理的部门。1995年全国人大通过《中国人民银行法》和《商业银行法》，从法律上确立了我国中央银行制度。2003年金融监管改革以后，我国形成了"一行三会"的金融管理体制。但在分业监管环境下，金融套利问题较为严重。2017年成立了国务院金融稳定发展委员会，同时将金融稳定发展委员会的办公室设在了中国人民银行，完善了我国货币政策与金融监管政策的协调机制。改革开放以来，我国中央银行在执行货币政策宏观调控职能过程中的独立性和经济权力的不断提高和增大，现代化货币政策宏观调控体制不断完善。

2.2.2 货币政策实施框架

货币政策实施框架指的是中央银行如何去推行货币政策调控。货币政策实施框架中最为重要的就是货币政策中介目标的选择。中央银行利用货币政策工具对宏观经济实施调控，但由于工具传导的链条太长，传导的时间太久，无法在短期内评价货币政策工具的实施效果。因此，中央银行货币政策调控实践中常常引入中介目标作为政策工具与最终目标之间的中间变量。中介目标的选择决定货币政策工具的选择、中央银行货币政策操作规则以及中央银行评价机制等各个方面的内容，是货币政策实践的核心。货币政策实施框架转型的基本内涵是指从采用一类中介目标转向采用另一类中介目标的整套货币政策体制的转变。中介目标包括信贷、货币数量、利率等重要指标，相应的，货币政策实施框架主要分为数量型货币政策实施框架和价格型货币政策实施框架。

在数量型货币政策实施框架中，通常用作货币政策中介目标的变量包括M_2、信贷总量、社会融资规模总量等。中央银行扩张货币供给时会增加投放基础货币，通过商业银行等金融机构的经济行为转化为广义信用，进而体现在居民和企业资产负债表上广义信用工具数量的变化，最终达到影响经济增长与物价水平的政策目的。广义的信用具体体现在银行派生存款M_2、金融机构资产层面的信贷总量等指标上。

在价格型货币政策实施框架中，价格体系中各层次的利率工具成为货币政策操作的中介目标。中央银行通过参与金融市场的资产交易，回收或者释放高能货币，进而调控市场流动性，以此来影响金融市场的供求关系，最终的调控效果体现在供求均衡条件下的价格变化上。金融市场通过"短期－长期链条"和"批发－零售链条"向各个金融子市场传递价格变化，以此来影响各个子市场的投资收益和融资成本，最终达到影响居民和企业经济金融行为的目的。价格型货币政策实施框架的中介目标包括：短期市场利率（Shibor、DR007、R007等）、中期市场利率（3年期国债收益率、5年期国债收益率等）等指标。

其实，货币数量与货币价格是一个硬币的两个面：数量的变动会引起价格趋势的变化，而价格变化也会引起数量的变动。从理论上讲，中央银行制定价格型和数量型货币政策调控框架均可达到一致的效果。不过，只有在完美货币市场的假设前提下，数量型货币调控和价格型货币调控的效果才有等价的可能。实际上，金融市场信息的不完全性以及外部冲击的不确定性都将会导致数量型货币调控和价格型货币调控效率的差异。

首先，货币市场的传导应是及时的、完全的，即没有时间因素和空间因素阻碍货币数量传导和货币价格形成。反之，一旦市场不健全，货币数量运行的规律可能无法在价格指标上显示，而价格指标的变化也无法揭示货币数量运行的规律。例如，在短期和长期市场相分割的条件下，短期利率的变动无法反映到长期市场的价格指标中，货币市场流动性的过剩和资本市场流动性的短缺现象并存，这时就需要动用信贷等数量性货币政策对长期融资市场实施政策支持。

其次，货币指标的统计应是完美的。一方面需要中央银行有效定义作为一般等价物的货币的统计范围；另一方面，在该统计范围内，中央银行可获得所有相关的数据。在深化金融改革和扩大金融开放的条件下，货币等价物的工具创新降低了广义货币统计的准确性，增大了货币数量的统计成本，通过传统货币数量指标的变动无法有效预测最终目标的变化，数量变动与价格变动存在非一致性。此时就应该利用价格型货币政策指标对未来经济进行判断和预测，以保证货币调控的有效性。

关于货币政策调控框架的选择，普尔在1970年的一篇文章中提出了科学的建议。他认为，采用数量型或价格型货币政策依赖于经济关系方程的具体特征。当货币需求变动较大时，中央银行无法有效计量社会所需要的货币总量，那么实行稳定的利率政策则可保证实体经济的稳定发展；同时，当实体经济面临较大的未知冲击的情况下，而货币需求函数又相对稳定的时候，运用货币数量政策调控措施来保证货币市场的均衡，可有效缓解外部冲击对实体经济的影响程度。在这种情况下就应该采用数量型货币政策宏观调控框架。①

改革开放四十年来，普尔的理论基本上符合我国货币政策调控改革实践的

---

① Poole W："Optimal choice of monetary policy instruments in a simple stochastic macro model"，Board of Governors of the Federal Reserve System（U. S.），1969.

历史进程。改革初期,经济体制转型中常常存在较大的不确定性,实体经济自身波动是剧烈的;金融市场的不完善、金融工具的欠缺使得货币需求函数是相对稳定的。因此,该阶段采用数量型货币政策调控框架可有效降低实体经济波动的程度,减少经济运行中存在的不确定性。随着改革开放的深入,市场的完善、金融的创新使得货币需求的不稳定性增强;同时,随着我国经济改革取得阶段性的成就,经济体制自身的稳定性逐渐提高,短期经济波动的幅度逐年缩小,矛盾则转向了不稳定的货币均衡。这时,就应该利用利率政策来稳定实体经济,防止货币波动通过利率波动对实体经济造成冲击。因此,现阶段我国货币调控的框架应逐渐过渡到价格型的货币调控框架。

数量型与价格型货币政策调控框架的另一个区别在于调控的反馈机制,也就是中央银行是否可根据市场反应对已经执行的政策进行回调的机制。在传统的数量型调控机制中,货币政策工具传递到广义货币、信贷的链条较长,其间的不确定性因素较多,政策制定者根据指标变化而做出相应政策措施的周期较长。极端情况下,迟缓的数量型货币政策调控反而有可能增大经济波动的频率。因此,在金融创新条件下,政策制定者较难判断数量指标变动的未来走势,难以根据数量型指标的反馈来做出下一步的政策选择。相反,价格是市场条件变化的灵敏的感应器,在有效的金融市场中,供求关系的细微变化都会马上反映到资金利率指标的变动上。中央银行可根据市场利率的变化,判断具体的现实经济情况,把握经济面临的外部冲击的方向和程度。而且,中央银行可利用价格指标检验货币政策执行的方向和力度是否合适,并及时作出相关修正。因此,在价格型货币政策调控框架下,中央银行会更多地考虑市场微观主体的反应。

改革开放四十年以来,我国金融市场不断完善,货币政策宏观调控框架出现了显著的变化。市场化的改革方向推动我国货币政策市场化的调控框架基本形成。金融创新条件下,数量型货币调控的效率逐渐降低,部分时期还出现过货币数量管理失控的局面。另一方面,资金供求的利率信号逐渐成为中央银行货币调控的中介目标。中国人民银行可以根据供求关系下价格变动的反馈来判断未来应该采取的货币政策的方向和力度。1984 年,中国人民银行成立;但是由于改革初期计划经济体制色彩较为浓烈,中央银行还未能脱离财政支配的地位,信贷政策的调控框架带有明显的行政管理色彩。直到 1992 年我国确立了社会主义市场经济体制的地位,全国人大以《中国人民银行法》的形式在法律上确立了现代中央银行制度,才彻底解决了财政融资依赖于中央银行的问题。这缩小了信贷规模管理的范围,保证了中央银行的独立性。1996 年,我国首次将货币供应量作为货币政策调控的中介目标,并在1998年取消了信贷规模管理,重启了公开市场操作,彻底建立了市场化的货币政策调控框架。另一方面,在金融深化理论的指导下,我国加快了利率市场化改革的步伐。2000年,在货币和债券市场化改革以后,我国金融市场基本实现了利率市场化。2007年我国正式引入Shibor作为货币市场基准利率,确立了金融定价的标杆。2015年10月,我国放开存款利率浮动限制,利率作为我国货币政策调控框架的中介目标的重要性逐渐提高。在我国货币数量逐渐不可控、货币价格灵敏度逐渐提高的背景下,2018年的两会上明确指出,我国中央银行不再公布任何货币数量目标,货币数量只作为监测的指标。完全数量型货币政策调控框架的时代已经渐渐远去,未来我国货币政策调控框架将逐渐转向灵活的价格型政策调控框架。

2.3 快速增长期货币政策调控框架的回顾

2.3.1 数量型货币政策调控框架

改革开放以来,我国逐步确立了以市场配置资源为主的经济体制。这一时期经济发展中存在的主要问题是,贸易顺差不断扩大以及国内金融结构单一。这使得在我国经济的快速增长期,货币政策调控呈现一定的"被动"状态。

快速增长期的传统货币政策调控机制基本上遵循了"外汇占款—基础货币—以信贷为主的广义货币—实体经济"传导的结构特征。首先,大量的贸易顺差造成我国外汇储备迅速增加,而固定汇率制度以及外汇强制兑换制度使得我国中央银行在吸收外汇储备的同时,在本国释放出等量的基础货币。贸易顺差导致我国基础货币大量扩张,从而产生了金融体系的流动性泛滥。其次,我国金融市场结构又呈现以银行为主的单一结构。信贷为主的货币传导渠道成为我国经济快速增长期货币政策调控的主要部分。扩张的基础货币返回到创汇的居民、企业手里,而两者又同时将增加的人民币存入商业银行,造成商业银行存款增加。另一方面,商业银行通过货币乘数效应扩张贷款数量,以此增加了信贷总量以及社会广义货币,使得居民或企业以更多数量以及更低价格获得银行贷款,刺激了实体经济快速增长。

我国快速增长期传统的货币政策调控机制的主要内容包括法定准备金、央行票据、存贷比限制以及资金定向配给等。

法定准备金是以法律形式规定商业银行将吸收存款的一定比例存入中央银

行，形成准备金。调整法定准备金的政策效果立竿见影；缺陷则是法定存款准备金的调节常常力度过猛，严重影响商业银行的资金运营。快速增长期我国金融体系以银行为主，金融市场不完善导致银行在货币市场中缺少有效的、便捷的、便宜的资金拆借渠道，因此商业银行常常以超额准备金作为应付银行流动性危机的储备。而中央银行通过调控法定存款准备金率可以吸收商业银行用于放贷的超额准备金，同时又不会立马造成商业银行的流动性冲击。因而，经济快速增长期我国的金融结构使得法定存款准备金成为最常用的调控工具。随着前期的经济高涨、通货膨胀以及资产价格的快速飙升，迫使中国人民银行在2006年7月至2008年6月之间连续18次上调法定存款准备金率，由低值的7.5%上升到17.5%，足以说明该工具在我国快速增长期调控宏观经济的频率之高。中央银行票据是中央银行发行的一种付息债券，主要是为了回笼外汇占款产生的过量基础货币。由于我国国债市场发展滞后，国债的规模不大、品种较少，中国人民银行通过交易国债吞吐流动性的能力较弱。中国人民银行为了保证宏观经济的稳定，特发行央行票据调控基础货币量。但是，央行票据和国债产生了不同的基准利率，对形成我国统一的基准利率不利。

中国人民银行对于商业银行的微观干预主要包括存贷比限制、利率管控以及资金定向配给。存贷比限制使得商业银行的贷款规模必然小于存款规模。资金定向配给指商业银行隐性的贷款定向化，即中国人民银行对商业银行的放贷进行事实上的窗口指导，包括信贷规模和贷款行业。利率管控则是中国人民银行对商业银行存贷款利率制定上下限。商业银行缺乏风险定价的自由，无法用资金的价格对贷款资源进行优化配置。

综上所述，我国快速增长期货币政策调控机制主要受制于汇率机制的不灵活以及外汇储备的增长。这一方面造成货币调控主要以"基础货币"为主，即传统的货币政策调控机制主要以数量型为基础；另一方面，造成我国货币政策调控缺乏灵活性，不得不关注外汇占款下的基础货币扩张而难以兼顾国内经济的稳定，从而削弱货币政策应对国内经济冲击的调控能力。

2.3.2 数量型货币政策调控的缺陷

在我国经济的快速增长期，金融结构不甚合理，商业银行体系较为完整，而金融市场却发育不良。因此，中国人民银行主要通过调整银行体系准备金的数量来调控经济中的信贷总量，并以此调控宏观经济。这种调控方式凸显出一定的"计划性"以及"被动性"。

"计划性"使得数量型调控方式过于重视数量均衡，而容易忽视法定准备金对金融市场资金价格的冲击,增加了流动性突增风险以及利率大起大落的风险。法定准备金虽然对银行超额准备金的调控及时、有效,但对金融市场价格(例如股价、拆借利率等)以及非银行金融机构造成的冲击极大。因此,存款准备金的调整在对货币数量进行有效调节的同时,可能造成金融市场价格的波动加剧,从而加大经济的波动频率。同时,存贷比限制形成了信贷市场与货币市场的分割,使得货币市场利率向信贷市场的传导失效。贷款的定向配给导致银行在资产端的资金运用并非完全市场化,而是受到中国人民银行的行政干预。利率控制不仅束缚了银行的风险定价能力,而且导致我国基准利率常常缺失或无效,从而无法形成一个基于风险的利率曲线。

"被动性"表现为:在盯住主要货币的汇率制度基础上,我国货币政策主动应对经济波动的能力受到很大的影响。基础货币的扩张主要由外汇储备的增长决定,一旦外汇储备数量发生较大变化,会造成国内流动性以及利率的较大波动,危害我国实体经济以及虚拟经济的发展。同时,央行票据作为对冲外汇增长中基础货币流动性的重要工具存在一定的作用。但是央行票据作为短期国债的替代品,在我国则产生了以央行票据为标杆的基准利率和以国债为标杆的基准利率。同时产生的两个基准利率将会扰乱我国利率曲线的修复以及金融市场的风险定价过程。

综上所述,随着我国金融改革的深化,金融市场发育逐渐成熟,利率等重要的价格信号对市场的牵引作用逐渐有效,"计划性"和"被动性"兼具的传统货币政策调控方式的成本逐渐高于效益,建立基于市场化的、以预调微调为主的货币政策调控新方式对于优化配置资金、稳定宏观经济以及推动经济持续增长,具有"保驾护航"的重要作用。

2.3.3 数量型货币政策调控效率的实证分析

以下对传统货币政策(数量型货币政策)调控的效率进行实证分析。首先,将我国经济发展的分为两个阶段:快速增长期,选择 2005 年到 2012 年的数据为代表;经济"新常态"的时间段为 2013 到 2016 年。下面通过实证分析,力图证明两个不同阶段传统货币政策数量调控的有效性。

数量型货币政策调控主要基于货币供给量的控制对实体经济的影响,此处选取的变量分别为货币供给量、经济增长率以及通货膨胀率。选取当月居民消费价格指数数据(上年同月=100),货币和准货币(M_2)为期末同比增速,

货币政策宏观调控总框架的演变

以及国内生产总值为累计同比实际增速①,并将居民消费价格指数转换为居民消费价格指数增长率,使用的统计软件是EVIEWS9.0。

(1) 数据分析

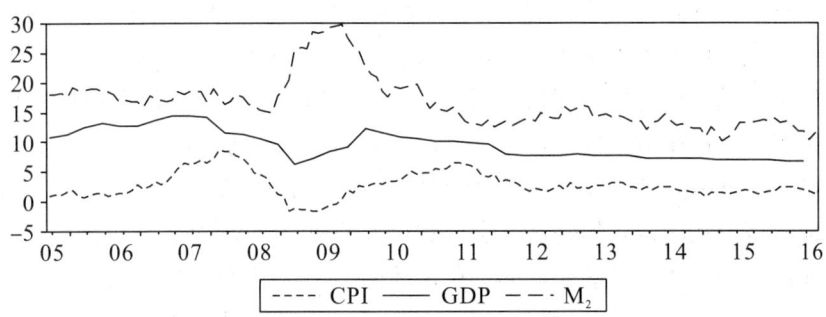

图 2-1 我国GDP增长率、CPI增长率以及M_2增长率(2005年9月—2016年8月)

由图 2-1 可知,2005 年 9 月到 2016 年 8 月期间,我国经济经历了从快速增长期到"新常态"的过渡;其中 2005 年 9 月到 2013 年 1 月为快速增长期,主要表现为实体经济大起大落,货币政策缺少一定的规则,呈现"相机抉择"的规律。2013 年至今进入经济增长的"新常态",宏观经济由高速增长变为中低速增长,物价相当稳定,货币政策呈现"审慎"的规则性。

虽然经济"新常态"的概念首次系统阐释是在 2014 年②,但经济"新常态"在 2013 年已经显现迹象,而且我国宏观经济政策也从那时起开始逐渐由刺激为主转向以结构转型为主。相应的,货币政策逐渐由扩张性的相机抉择转向审慎偏紧缩方向,因此,下面分析将 2013 年 1 月作为我国经济"新常态"与前期的时间分割点。

两个阶段的前期可以分为经济高涨期和经济刺激期。经济高涨期主要指的是 2005 年 9 月到 2007 年 6 月,我国经济处于 GDP 增速超过 10% 的高速运行的"黄金"阶段。高速增长主要得益于 2001 年加入 WTO,我国主动参与经济的全球化,对外贸易飞速发展、国际收支长期保持"双顺差",经济改革的深化进一步激活了市场。我国经济在该阶段成功起飞,经济实力迅速提升。刺激期指的是 2007 年 7 月—2012 年 12 月,美国次贷危机的爆发蔓延到全球各国,由于对外贸易依存度较高,我国经济受到很大打击,CPI 及 GDP 增长率

---

① 数据来自中经网:http://db.cei.gov.cn。
② 《习近平首次系统阐述"新常态"》,载新华网,网址:http://www.xinhuanet.com/world/2014-11/09/c_1113175964.htm。

双双下滑。为应对次贷危机的影响,我国制定了"强刺激"的经济计划。从图2-1可以看出,该阶段 M_2 的增长率到达顶峰。刺激计划当然有助于熨平短期经济波动,但也潜伏着不小的经济风险。

经济"新常态"主要指的是2013年1月至今,我国经济进入"三期叠加"阶段。首先,增长速度进入换挡期。较长时间超过10%的增长率可能会造成资源浪费以及环境污染,即粗放型的经济发展到一定程度上会造成我国资源的低效配置,从而影响国民福祉。并且,在遭遇全球金融危机冲击的背景下,维持超过10%的增长率缺乏一定的现实性。只有依靠凯恩斯主义的政策刺激才能保证经济处在高位,但是这又会导致投资低效、经济停滞以及通货膨胀。为保证我国经济这艘巨型航船持续、稳定地前进,经济必然逐渐回归到新的增长率水平。第二,结构调整面临阵痛期。随着经济改革进入深水区,人口红利、制度红利的减少,粗放的、以牺牲环境为代价的传统经济发展模式已经不能适应新的形势。采用以创新为主要驱动力、环境友好的集约型经济发展模式才能达到推动我国经济的可持续发展的目标。第三,前期刺激消化期。正如上文所说,凯恩斯主义的经济刺激政策会带来一系列的后遗症。比如,在经济不太景气时本该淘汰的产能在刺激政策下继续存活,出现更为严重的过剩产能。鉴于此,该阶段中国人民银行收紧 M_2,以期推动严重过剩产能的消化。

(2)实证分析

①经济"新常态"的阶段(2013/1—2016/6)

首先,进行平稳性检验,表2-1可知,三个变量都存在0阶不平稳,1阶平稳。

表2-1 新常态下CPI增长率、GDP增长率以及 M_2 增长率的平稳性检验

变量/阶数	统计值	概率值	平稳性
CPI/0阶	−1.443847	0.5286	不平稳
CPI/1阶	−2.895916	0.0748	平稳
GDP/0阶	−0.164497	0.9215	不平稳
GDP/1阶	−3.824798	0.0200	平稳
M_2/0阶	−2.299032	0.1869	不平稳
M_2/1阶	−5.604258	0.0010	平稳

对三个变量做Johansen协整检验,检验结果如表2-2。由此可知,三个变量之间存在明显的协整关系。

表 2-2　新常态下 CPI 增长率、GDP 增长率以及 M_2 增长率之间的协整检验

Hypothesized No. of CE（s）	Eigenvalue	Max－Eigen Statistic	Critical Value	Prob.
None	0.887635	26.23198	25.82321	0.0442
At most 1	0.853214	23.02535	19.38704	0.0141
At most 2	0.208019	2.798613	12.51798	0.8995

对 M_2 与 GDP 变量以及 M_2 与 CPI 变量之间做 Granger 因果检验，结果见表 2-3。M_2 与 CPI、GDP 增长率之间并不构成格兰杰因果关系。这在一定程度上说明，通过 M_2 调节 CPI、GDP 的能力逐渐变为不显著，即新常态下数量型货币政策逐渐趋于低效或无效。

表 2-3　新常态下 M_2 增长率与 GDP 增长率、CPI 增长率的格兰杰因果检验

	统计值	概率值
M_2 不构成 CPI 的格兰杰原因	2.40581	0.1602
CPI 不构成 M_2 的格兰杰原因	1.22814	0.3490
M_2 不构成 GDP 的格兰杰原因	0.50837	0.6221
GDP 不构成 M_2 的格兰杰原因	1.33600	0.3225

②快速增长阶段（2005/9—2012/12）

首先进行 CPI、M_2、GDP 变量之间的平稳性检验，得知 CPI 0 阶平稳，但是 GDP 和 M_2 0 阶不平稳。因此，对 GDP 和 M_2 数据做差分处理，得到 DGDP 与 DM_2 变量。再对三个变量之间做单位根检验，得到表 2-4。可知，三个变量都是平稳的，可以建立向量自回归模型。由图 2-2 可知，三个变量之间的 VAR 模型是稳定的。

表 2-4　快速增长期 CPI、DGDP 以及 DM_2 的平稳性检验

变量/阶数	统计值	概率值	平稳性
CPI/0 阶	－3.227443	0.0289	平稳
DGDP/0 阶	－4.213221	0.0028	平稳
DM_2/0 阶	－3.414575	0.0190	平稳

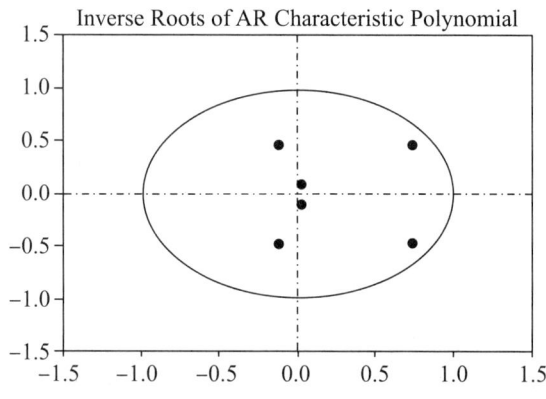

图 2-2　CPI、DGDP 与 DM_2 的 VAR 模型的平稳性

通过对 DM_2、DGDP、CPI 的增长率做 Granger 因果检验（如表 2-5）可知，DM_2 既是 DGDP 的格兰杰原因，也是 CPI 的原因，说明在快速增长期，货币供应量将直接影响通货膨胀率以及经济增长率的变化。反过来，DGDP、CPI 并不是 DM_2 的格兰杰原因，一定程度上说明货币供给不受我国宏观经济内部因素的影响，即我国货币供给具有很强的外生性。在快速增长期，中国人民银行会制定本年度的货币供给总规则，规定本年度的货币供给总量。货币供给的外生性说明了我国金融市场不完善、商业银行货币创造的自主能力较弱的特点。我国货币政策在注重数量均衡的同时，忽略了微观主体对货币供给能力的培养。

表 2-5　快速增长期 DM_2 与 DGDP、CPI 的格兰杰因果检验

	统计值	概率值
DM_2 不构成 CPI 的格兰杰原因	13.65130	0.0011
CPI 不构成 M_2 的格兰杰原因	0.756506	0.6851
DM_2 不构成 DGDP 的格兰杰原因	4.783540	0.0915
DGDP 不构成 DM_2 的格兰杰原因	0.078470	0.9615

根据以上特点，接下来对三个变量的 VAR 模型做脉冲响应分析，选取 DM_2 对 DGDP 以及 DM_2 对 CPI 的脉冲相应图（如图 2-3）。

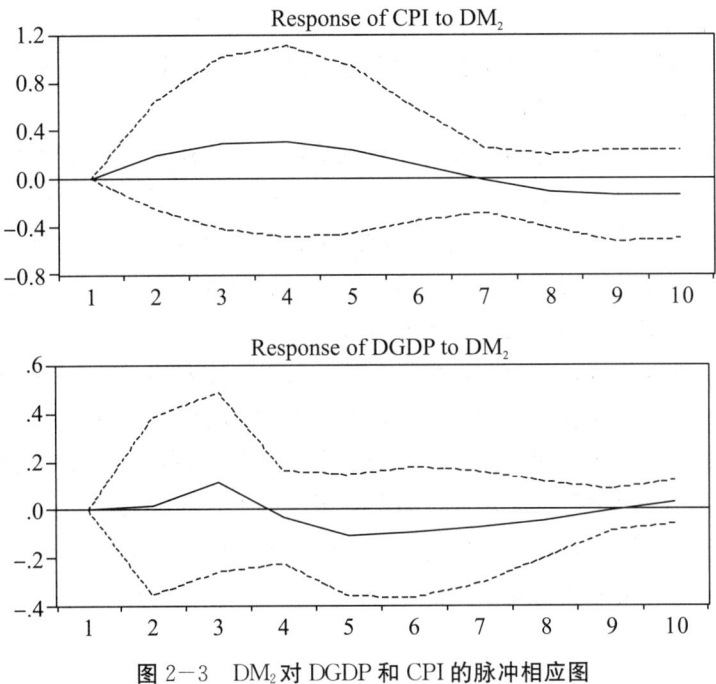

图 2-3 DM$_2$ 对 DGDP 和 CPI 的脉冲相应图

由图 2-3 可知，给 DM$_2$ 一个标准差冲击，CPI 在第 0.5 期开始慢慢响应，并在第 3.5 期达到最大值，最后慢慢回归到第 7 期的零值；之后再向相反的方向运动，最后到达零值。说明在快速增长期，货币总量的扩张可以导致物价水平的上升，并且货币扩张与物价水平的运动存在一定的滞后性，即我国的价格存在一定的刚性。微观主体在不断修正价格预期以后，货币总量扩张对物价水平增长率的影响逐渐减低为零。最后，由于任何货币政策都无法构成"精准发力"，使得货币扩张以后往往存在矫枉过正，后期货币政策会紧缩货币总量来消化货币政策的扩张，使得物价水平向相反的方向运动。

给 DM$_2$ 一个标准差冲击，DGDP 在第一期期末才开始反应，并逐渐增大，直到第三期达到最大值，并在第四期回归零值，且向相反的方向运动，达到最大值，最后回归零值。该过程说明，货币是非中性的，即货币政策的扩张可以刺激实体经济，使得我国经济增长加速；另一方面，通过货币政策的扩张必然会增大实体经济的不稳定性，即货币以刺激经济的扩张会面临着经济紧缩的困境。由图 1-3 可知，经济回调的时间比刺激经济扩张的时间更长，足可以说明消化产能过剩比刺激产能不足的任务更为艰巨。因此，保持一个相对稳定的、审慎的货币政策可能对经济的稳定具有重要的作用。

(3) 结论

首先，我国经济由高速增长期逐渐过渡到"三期叠加"的经济"新常态"，货币宏观调控政策需要适时地进行调整。

其次，由上述实证分析可知，货币供给量的调控对宏观经济的调节作用在快速增长期相当显著；而"新常态"下货币供给量变动对宏观经济的影响在渐渐弱化。这种变化可能是由居民货币需求函数的变化或者货币等价物的金融创新等因素引起的。有鉴于此，我国货币政策应该逐步弱化货币供给量的调整，转而更多尝试基于利率价格信号的调控方式。

最后，在经济快速增长期，数量型货币政策的调控存在一定的滞后现象，刺激性货币政策不能立竿见影。因此，进一步完善我国金融市场，提高市场的灵活性具有重要作用。而且，货币供给扩张情况下经济并非单方向增长，在刺激停止以后，经济常常反向运动，引起"矫枉过正"的后果，与货币政策调控的初衷相违背。因此，一个审慎的、稳定的、可预期的货币政策规则，优于一个随机的、不稳定的货币政策操作。经济"新常态"下，建立货币规则具有重要意义。

2.4 经济新常态下我国货币政策价格型调控框架设计

2.4.1 经济新常态的金融背景

十一届三中全会以后，我国踏上了改革开放的历史征程。四十年来经济社会迅猛发展，社会生产力得到极大解放，迸发出惊人的前进动力。习近平总书记在 2018 年博鳌亚洲论坛的演讲中指出，改革开放这场中国的第二次革命，不仅深刻改变了中国，也深刻影响了世界！我国国内生产总值年均增长约 9.5%，对外贸易额年均增长 14.5%，成为第二大经济体、第一大工业国、第一大贸易国、第一大外汇储备国等等。尤其突出的是，改革开放的前三十年，我国经历了平均两位数的经济高速增长时期，物质财富得到极大丰富。

2000 年以来，国有企业改革较为成功的实践、顺利加入 WTO 等推动了我国进一步地深化改革、扩大开放，我国经济增长迎来了黄金增长阶段。经济高速增长的动力源泉主要包括：一是，丰富的人口资源成为主要的要素红利，廉价的劳动力使得商品价格在国际市场竞争中优势突显。二是，大量的政府基建投资拉动我国固定资产投资快速增长。三是，改革开放中出口贸易急剧扩张，成为我国经济增长的重要动力。2008 年美国爆发次贷危机，2009 年欧洲爆发主权债务危机，世界经济进入萧条阶段。各国政府为了应对经济危机，重新回到了"凯恩斯主义"，运用积极的财政政策和货币政策来刺激经济，以期实现经济的再次复苏。2008年，一方面，我国受到外来的美国次贷危机的强烈冲击；另一方面，国内连续遭受年初的冰雪灾害、汶川"5·12"特大地震和华南江南地区的水涝灾害，灾后重建任务极其艰巨。政府为了保证经济的稳定运行，不得不在当年年底开始，采用大水漫灌式的强刺激政策。在强刺激的经济政策鼓励下，地方政府进入了狂奔式的基础设施建设阶段。大型国有企业在强刺激下，大张旗鼓地进行规模扩张。商业银行作为我国经济改革转型中货币金融体系最核心的参与主体，也积极贯彻执行政府的强刺激政策。然而，在国有企业和地方政府软预算约束条件下产生了大量的低效投资，在拉高整个经济体的负债率以后，却没有一个合理的资产收益率作为投资回报的支撑。强刺激的政策在消化的过程中出现的经济结构不合理现象越发严重，很多企业产能过剩、负债高企、财务风险增大，甚至出现不少的"僵尸企业"，经济结构调整的改革进入"深水区"。

不同生产力发展水平决定了我国经济发展不同的阶段性目标。支撑两位数的超高经济增长率的是极高昂的环境资源成本，这样的增长具有不可持续性。2013年以来，我国经济进入"新常态"，其特征有：经济从高速增长转为中高速增长；经济结构不断优化；要素驱动转向创新驱动。[①] 一方面，需要消化存量中的过剩产能；另一方面要防止增量走"老路"，在稳健政策的支撑下实现向新经济增长点的结构转型。

在经济进入新常态的背景下，以习近平同志为核心的党中央科学地总结出现阶段我国经济工作的主要内容。党的十九大报告里明确指出，现阶段我国经济社会的主要矛盾变为了人民日益增长的美好生活需要和不平衡不充分的发展之间的矛盾。针对新时代的主要矛盾的变化，我国经济工作总方向是一个总要求，一条主线和三大攻坚战。一个总要求指的是，中国经济区已由高速度增长阶段转向高质量发展阶段；一条主线指的是以推进供给侧结构性改革为主线；三大攻坚战指的是，中国决定打好防范化解重大风险、精准脱贫、污染防治三大攻坚战。

货币政策作为宏观调控的重要组成部分之一，为货币信用的有效配置提供强有力的政策支撑。在传统的数量型货币政策调控框架下，中国人民银行采用

---

① 《习近平谈"新常态"：3个特点4个机遇1个挑战》，载央广网，网址：http://news.cnr.cn/native/gd/20160225/t20160225_521470131.shtml。

大量投放基础货币的方式刺激经济，较少考虑市场的反应，执行过程中常缺乏弹性，在经济进入新常态的条件下对经济的调控效率在下降。而利率作为市场上货币资金配置的价格信号，可以引导金融资源向最优方向配置。因此，高质量经济发展的要求决定了我国货币政策宏观调控框架应由关注广义信用的数量型调控转向关注市场利率的价格型调控。自十八届三中全会提出市场在资源配置中起决定性作用论断以来，我国加快了金融领域的市场化改革步伐。2012年，允许存款利率上浮。2013年7月，取消了贷款利率管制。2015年10月，放开了存款利率浮动限制。我国已在制度层面彻底放开了利率管制。利率市场化改革的深入为我国价格型货币政策宏观调控框架的转型提供了坚实的市场基础。

综上所述，改革开放进入经济的"新常态"对我国货币政策宏观调控框架转型提出了时代要求，进一步研究适应新时代的价格型货币政策宏观调控框架具有重要的现实意义，同时也为丰富中国特色社会主义市场经济的理论创新贡献绵薄之力。

2.4.2 利率走廊机制的基本内涵

价格作为资源配置的灵敏信号，对资源的生产组织和流通配置起着基本的引导作用。利率则是反映货币资金供求情况的价格信号，对金融资源的优化配置起着重要作用。

关于利息理论的分析，费雪在《利息理论》中进行了深刻的论述。[①] 费雪的利息理论建立在古典经济分析的方法之上，提出利率价格的形成是市场供求过程的结果。在一个缺乏生产层面的理想经济环境中，跨期消费的时间偏好促使资金盈余者向稀缺者配置货币等金融资源。当期收入高而未来消费效用大者，会将当期收入融通给未来收入高而当期消费效用大者，而在该金融交易的过程中，供需双方在竞争机制下达到社会跨期消费的边际均衡，最终在整个社会范围内形成了货币资源的均衡价格。在该缺乏生产层面的理想条件下，均衡利率实质上反映了经济人的消费偏好。其次，费雪引入了生产层面的供给因素，将资金的配置由社会人之间的消费性借贷，扩张到了消费者与生产者的一般均衡条件下。生产者通过向资金盈余者融入资金，形成了资本的边际生产率，从而通过生产利润偿还资金成本。因此，在"生产—消费"的一般均衡条件下，最终会形成资金供给量（消费者的储蓄、企业的盈余资金等）等于资金需求量（企业的生产性资金和消费者的借贷），最终的均衡条件将会达到消费

---

① 欧文·费雪：《利息理论》，商务印书馆，2013年。

者的跨期贴水率、市场实际利率与生产者的边际生产率三者相等。一旦市场出现失衡，实际利率将会推动货币金融资源的重新配置，最终回归均衡。例如：当消费者跨期贴水率低于生产者边际生产率，社会生产者就会从市场大量融入资金，根据边际报酬递减规律，社会边际生产率会随着社会资金的投入而递减，最终边际生产率、实际利率和消费者跨期贴水率回归均衡。反之，边际生产率低于消费者跨期贴水率，微观个体会通过减少投资、增大现实消费来推动金融市场回归均衡利率。这种实际利率一定程度上可以理解为维克赛尔的自然利率[1]，也可以理解为非通货膨胀加速条件下的潜在利率。一方面，通过市场利率与自然利率的比较，可以有效判断社会投资资金的冗余或短缺；另一方面，政策制定者可以通过自然利率的标杆，来判断社会流动性的松紧，以此来减少政策调控的失误率。在以上理论基础上，费雪引入了溢价理论来研究各种风险和期限资产的利率价格。因此，利息理论的核心则是自然利率的确定以及市场资金竞争机制，即如何通过供求双方的竞争机制，充分表达供需双方的禀赋信息，形成均衡条件下的基准利率（自然利率），并通过基准利率向不同期限、不同风险条件下的利率曲线传导，最终形成一国货币金融的均衡利率体系。

基于以上理论，中央银行的关键任务则是对自然利率水平的确定，同时根据市场利率与自然利率之间的差异来判断具体的宏观金融情况，以此来制定货币政策并预测未来经济趋势。凯恩斯主义时代，中央银行的货币调控较少考虑市场均衡利率，通过增长速度和通货膨胀水平来判断政策利率水平的高低。由于缺少自然利率水平的标杆定位，该时代的货币政策调控存在过度刺激的倾向，造成20世纪60年代以前发达国家的高通货膨胀问题。经过对凯恩斯主义理论的反思，货币理论界提出了建立中央银行规则的制度。在20世纪90年代，以泰勒规则为基础的利率规则最终成为中央银行政策操作的主流。中央银行将政策利率与通货膨胀缺口、产出缺口和自然利率三个变量进行了连接，根据实体经济情况前瞻性地制定目标利率，以此形成了现时代价格型货币政策调控框架的雏形，即中央银行通过制定目标利率对宏观经济金融进行政策调控。

由于现实的经济发展常常存在不确定性，很多经济变量难以准确计量，统计过程中又存在大量误差，基于泰勒规则下的货币政策宏观调控框架过于僵化，难以应对复杂经济结构下的外生冲击。中央银行货币政策的"刀尖"很难在单一的"点目标"上，精准地对由外生冲击而使经济罹患的病症做外科手

---

[1] 魏克赛尔：《利息与价格》，商务印书馆，2011年。

术。一旦中央银行的"点目标"计算偏误,"下刀"时没有对准经济患病的"病灶",会造成整个金融系统的运行出现偏差,"生病的"经济会陷入雪上加霜的困境。由于存在上述的风险,20世纪90年代以来,中央银行逐渐模糊化货币政策宏观调控中介目标的"点约束",并将"点"扩大为区间带浮动的机制。货币政策宏观调控的区间带浮动机制即是利率区间走廊,即"中央银行通过向商业银行提供贷款便利工具和存款便利工具,将货币市场的利率控制在目标利率附近。这样,以中央银行目标利率为中心,在两个短期融资工具(中央银行贷款利率和中央银行存款利率)之间形成一条'走廊',存贷款便利利率分别构成了这条走廊的下限和上限。"① 这样,中央银行可以通过设定利率走廊的上限和下限来"夹逼"出货币市场短期利率,以此取得控制利率目标的效果。总体来讲,中央银行货币政策宏观调控的利率走廊机制具有更高的调控效率,是单一利率制度的"升级版"。

首先,利率走廊机制较为模糊,不会硬性强调某个单一的利率目标,让货币政策具有更大自主性和更大的弹性。因为,教条主义的"政策方程式"般的调控难以适应复杂多变的外部经济环境。

其次,单一目标制强调,中央银行应该参与到公开市场中去进行金融交易,该过程是中央银行主导的。中央银行如果不在市场上采取行动,市场就不会有反应;而如果中央银行政策措施行动过猛,市场被动调整的损失就更大。与此相反,利率走廊机制中的存贷款交易均是市场交易主体自主的流动性调节行为。市场各交易主体根据中央银行存贷款利率自行调整其借贷余额和存款余额,这完全属于市场主导的行为。当然,如果市场机制本身不完善,市场主体在缺乏硬性约束的条件下,中央银行制定再高的利率也无法减少市场主体的贷款便利借贷行为。但是,随着我国产权制度改革和利率市场化改革的不断深化,市场机制日益成熟和完善,利率逐渐成为市场主体交易行为的重要参照指标,这样,中央银行通过控制利率走廊的方法来间接调控市场利率的货币政策宏观调控效率也会不断提高。

最后,利率走廊有利于稳定市场的利率预期,缩小市场利率波动。在单一利率目标制下,中央银行常常对利率调上调下,公众很难对那一个利率的"点"究竟在哪里形成稳定的预期。而且,基于泰勒规则的单一利率目标制的货币调控方程所涉及的变量(潜在产出和自然利率等)计算较为复杂,公众难

---

① 牛慕鸿,张黎娜,张翔:《利率走廊、利率稳定性和调控成本》,《金融研究》,2017年第7期,第16—28页。

以理解。利率走廊机制则不同，中央银行设定利率上下浮动的边界而形成一个利率"区间带"。在经济平稳发展的条件下，这个利率的区间带具有较高的稳定性。一般情况下，利率走廊机制调整利率"区间带"的频率要低于单一目标制对单个目标利率的调整。同时，利率区间带的两个上下限浅显易懂，易于公众理解。因此，公众在利率走廊机制下更易形成稳定的一致预期；反过来，中央银行也可有效预测公众预期，这样一来，可显著提高其利用利率进行货币政策宏观调控的效率。

2.4.3 利率走廊机制的数理分析

利率市场化名义上指的是利率水平由金融市场上资金的供给与需求决定，但实际上市场利率水平仍由中央银行控制。利率市场化并不是完全放任利率自由波动。在金融市场上，货币供给方主要是中央银行和其他参与货币市场的金融机构，货币需求方则主要由不同业务、不同规模的其他金融机构组成。规模最大、实力最强的货币供给者是中央银行。Woodford（2001）[1]，Whitesell（2006）[2]，牛慕鸿（2017）[3]等从不同角度对利率区间制理论展开了研究。下文在这些研究的基础上，从经济学意义上分析利率区间制下的货币供给曲线与货币需求曲线。

图2-4表示的是不同货币政策宏观调控框架下的利率与结算余额供求情况。其中，虚线表示的是传统货币需求曲线，实线表示的是利率走廊机制的货币需求曲线。图中，1至6均表示的是利率供求均衡条件下的"利率—结算余额"关系。当货币供给紧缩时，货币供给曲线左移，传统曲线将由3移向1，货币市场中回笼货币较多。而在利率区间制下，市场上货币供给的紧缩将会导致利率均衡点由3移至4，即市场上货币流动性紧缩量相对较小。同理，当市场上货币供给量增大时，在传统货币政策调控机制下，货币市场释放的流动性由3移至2，市场流动性增大。而在利率区间制下，货币市场流动性释放量由3移至5，其余流动性将以超额准备金滞留中央银行的方式而获取央行给付的法定利息。从图2-4可知，在利率区间制下，中央银行的货币政策宏观调控

---

[1] Woodford M："Monetary policy in the information economy"，*Technology and the new economy*.MIT Press，2001：375—381.

[2] Whitesell W："Interest rate corridors and reserves"，*Journal of Monetary Economics*，2006，53(6)：1177—1195.

[3] 牛慕鸿，张黎娜，张翔：《利率走廊、利率稳定性和调控成本》，《金融研究》，2017年第7期，第16—28页。

对货币的投放由主动性投放方式向主动性、被动性互补的方式变化。这样，缩小了中央银行公开市场操作的规模，降低了市场流动性波动的幅度。

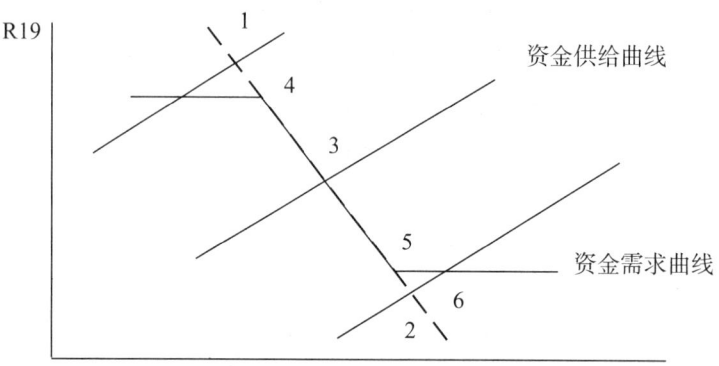

*虚线为传统需求曲线；实线为区间制需求曲线

图 2-4 利率区间下的货币供给与货币需求

在上文的分析中，货币的需求指的是金融市场上各类金融机构的货币需求。金融市场上供给的货币量越少，则金融市场的流动性越稀缺，利率（货币的价格）就会越高，因此货币需求曲线是倾斜向下的。

目前，金融机构在金融市场的借款利率上限主要受制于中国人民银行的再贴现利率（现阶段可以以"常备借贷便利利率"为主要参考利率）。如果金融市场的利率高于中央银行的再贴现利率，金融机构就不会到金融市场上去融资，而会转向中央银行再贴现。金融机构在金融市场借款的利率下限是中国人民银行支付的超额准备金利率。如果金融市场的利率低于超额准备金利率，金融机构就会把钱存入中央银行形成超额准备金，而不会投入金融市场。因此，超额准备金率是金融市场的利率下限。

货币的供给曲线是倾斜向上的曲线，表示利率越高，货币供给量越大。金融市场利率越高，居民持有现金的机会成本就越高，居民持有现金的意愿就越弱，那么就会有越多的货币投入金融市场。因此，货币供给曲线是向上倾斜的。

图 2-4 中货币供给曲线与货币需求曲线的交叉点确定的利率为静态均衡利率。当货币供给曲线与需求曲线的影响因素发生变动时，利率也会发生相应的变动。如果中央银行扩张货币供给，则货币供给曲线会向右移动，则利率会比之前的均衡点更低。如果社会总产值增加，收入总量增长所需的货币需求增加，货币需求曲线会向右移，则利率会上升。

利率的上升和下降会受到再贴现率与超额准备金利率的限制。当利率上升到再贴现利率水平时，利率的运行则只能在水平的直线上滑动，于是只有货币量的变动而没有利率的变动。同理，当利率下降到超额准备金利率时，利率仅在最低的直线上运动，这时仅有货币量的变动而利率不会下跌。因此，货币供求曲线牢牢地将利率锁定在再贴现利率与超额准备金利率之间，从而形成一个稳定的利率波动区间。这样一来，一方面增强了利率由金融市场自由定价的灵活性，另一方面使中国人民银行能够有效控制利率异常波动的风险。

利率走廊机制的制度安排具有显著的优点。一方面，利率区间的设计可提升中国人民银行货币政策宏观调控的效率。利率上下限之间的流动性调整可以通过中央银行的公开市场操作，在上下限边界上的流动性变动则由金融机构通过存贷款便利工具自发调整。因此，利率区间制下中央银行公开市场操作的力度和难度都会降低，而市场化的流动性存贷数量将会增大。另一方面，利率波动的上下边界的确定可以有效控制利率波动的幅度，形成稳定的、明确的市场利率预期，这样可以完善中国人民银行货币政策宏观调控的沟通机制，提高中央银行政策调控的透明度，让市场参与主体清楚明白地知道中央银行的调控意图。因此，利率区间机制可以同时稳定市场利率和市场流动性，从而形成金融稳定的两个支撑极。

在明确了利率走廊的运行机理以后，下文将根据 Woodford（2001）[1] 的分析框架，阐释利率区间制下利率的上下限与中央银行公开市场操作数量的基本关系。

首先，建立利率走廊上下限的方程式，见公式（1）。其中 i_t^l 为市场利率上限，而 i_t^d 为市场利率下限，i_t^0 为中央银行设定的政策利率，而 δ 则表示市场利率波动的随机干扰项，无法准确获取未知的 δ。因此，中央银行根据市场自身波动的程度 δ，来制定利率区间的宽度（利率上下限）：

$$i_t^l = i_t^0 + \delta$$
$$i_t^d = i_t^0 - \delta \tag{1}$$

随后，引入中央银行公开市场操作的结算余额 S_t 以及市场流动性的不确定性。同时，引入累积分布函数 F，构建市场利率与公开市场操作余额的方程等式（2）。

$$i_t = i_t^d + F\left(-\frac{S_t}{\delta_t}\right)(i_t^l - i_t^d) \tag{2}$$

在确定了利率上下限以及市场流动性波动程度以后，方程等式里中央银行公开市场操作数量 S_t 与市场利率 i_t 可形成稳定的一对一的关系。也就是说，

---

[1] 迈克尔·伍德福德：《利息与价格：货币政策理论基础》，中国人民大学出版社，2010年。

中央银行通过长期均衡利率制定货币政策宏观调控利率水平 i^0，同时根据市场流动性波动程度制定利率上下限，以此来规定利率波动的区间幅度。在利率区间机制框架下，中央银行可通过公开市场操作数量 S_t 来调控市场利率 i_t。该方法成功地构建了在利率区间内，中央银行货币政策宏观调控的操作指南。在判断公开市场操作的幅度和强度时，Woodford（2001）强调，如果货币公开市场余额是对称的，公开市场操作数量 S_t 的稳定性将决定市场利率是否处于区间带的中间，通过方程式（3）可以得到解释：

$$\frac{i_t - i_t^d}{i_t^l - i_t^d} = \frac{1}{2}$$

$$F\left(-\frac{S_t}{\delta_t}\right) = \frac{1}{2},\ F(0) = \frac{1}{2}$$

$$-\frac{S_t}{\delta_t} = 0,\ S_t \rightarrow 0 \tag{3}$$

因此，中央银行在利率走廊的货币政策宏观调控框架中，应避免大规模的公开市场操作，从而造成市场利率和流动性的波动幅度增大。现代中央银行的货币政策宏观调控常以"预调""微调"的方式进行公开市场操作，就是为了尽量降低货币调控政策对市场机制的过度干扰，以期形成稳定一致的市场利率预期。

在实施利率区间制框架时，可以有效稳定日常的利率冲击，形成利率波动的缓冲区间。然而，为了抑制产出缺口和通货膨胀缺口，中央银行需要通过微调预调的公开市场操作，调节作为市场基准的政策利率。公开市场操作区别于利率区间制的最大特点在于，中央银行公开市场操作具有主动性，而利率目标区间制下的中央银行相对较为被动。原因在于，实施公开市场操作的时间、数量和方向都可以由中央银行自主地直接控制。但在实行利率目标区间制的条件下，资金借出的数量和参与交易的主体是中央银行无法控制的，是否借款、借款多少完全由市场微观主体自行决定，中央对此种行为是无法直接控制的。因此，利率区间制调控的建立改变了货币宏观调控的模式，促使垄断的"主动性"变成了市场化的"被动性"。

在货币政策调控的利率区间制框架下，利率通常由金融市场上的货币供求的相互竞争决定。不过，为了平衡其他目标，如消除产出的异常波动、控制物价以稳定冲击或对金融机构进行流动性援助等等，中央银行在面临利率非预期变更的时候，不仅可以调整利率区间带的"宽度"，即修改再贷款和再贴现等利率，而且可以适量地在利率区间带里实现"预调"和"微调"。

所谓"预调"，指的是中央银行通过海量计算，预测出宏观经济未来将遭受的冲击，提前对潜在的威胁做相反方向的货币政策宏观调控操作。比如格林斯潘时代的美联储，常常在经济波动之前运用货币政策精准发力，"先发制人"。所谓"微调"指的是，为了避免金融市场过度动荡，中央银行抛弃传统的准备金率调整的刚性操作，坚持以金融市场参与者的身份和少量、多次为主的柔性操作规则，即通过运用例如7天回购、7天逆回购、央行票据等货币政策工具分次、少量地调控市场上的流动性。"微调"不仅可以减少市场对政策冲击的逆向反应和福利损失，而且可以在中央银行发现政策的偏误以后，立即通过相反操作，抵消错误政策所造成的不利影响。

各国中央银行采取的"预调""微调"操作主要是基于泰勒规则，即中央银行的名义利率基于产出缺口和通货膨胀缺口来判断增减，从而影响市场基准利率，用公式表达为：

$$i = r + \pi^e + \alpha(\pi - \pi^e) + \beta(y - y^e) + \varepsilon$$
$$\alpha > 0, \beta > 0 \tag{4}$$

由（4）式可知，当实际通货膨胀率大于预期通货膨胀率时，利率会以通货膨胀缺口的 α 倍上涨，从而提高利率并以此抑制通货膨胀上涨的趋势；同理，当实际产出率大于潜在产出率，利率会以产出缺口的 β 倍数上涨，从而提高利率以抑制经济过热。由于系数依赖于各个国家具体的市场基础以及制度环境，一般情况下相对较小，因而利率上升和下降的幅度通常也不大（常常是0.25、0.5）。因此，泰勒规则强调货币政策的"规则性"，而且调控的方式也通常是"预调""微调"。

为了实现预调、微调的政策效果，中国人民银行应该进一步完善公开市场操作的常态化机制，以每日一次的频率稳定开展7天期限逆回购操作，进一步提高流动性管理的精细化程度，同时连续释放中央银行操作利率的信号，合理引导市场预期。

2.4.4 我国利率走廊机制的实践

改革开放四十年，我国利率市场化改革在政策层面上已基本完成，利率期限结构逐渐完善，利率传导机制逐渐畅通，基于价格的市场化调控方式渐渐成为我国中央银行货币政策宏观调控实践的工作重心。同时，我国大力创新货币政策工具，逐渐加大利率单一"点"目标的政策调控弹性，扩大利率目标区间幅度，推动利率走廊机制逐渐形成，使我国未来货币政策宏观调控框架逐渐走向完善。

在货币政策宏观调控改革的历程中，我国始终强调建立并完善一套科学有效的利率调控机制。20世纪90年代初期，我国通过扩宽存贷款利差的方式来建立利率波动区间机制。但由于利率管制下的货币调控方式过于行政化，难以形成市场利率—存贷款利率的价格形成机制，利率无法起到价格杠杆作用。随着我国经济进入新常态，市场在资源配置中的决定性作用确立，金融体制改革也不断深入推进。2015年，我国取消了存款利率浮动限制，彻底放弃了对利率的行政管制。随着利率市场化机制的逐渐成熟，中国人民银行不断探索经济新常态下货币政策宏观调控的利率区间框架的建立和完善。党的十九大报告指出要深化利率和汇率市场化改革，在十三五规划中强调构建目标利率和利率走廊机制，推动货币政策由数量型调控为主向价格型调控为主转变。2018年3月的《政府工作报告》提出，要不断创新和完善宏观调控，确立区间调控的思路和方式。2018年第一季度中国人民银行的《货币政策执行报告》中也明确指出，探索利率走廊机制，发挥常备借贷便利利率作为利率走廊上限的作用。

我国金融市场是典型的银行主导的金融市场。商业银行是我国金融体系的参与主体，在金融市场上的交易数量占比中处于主导的地位，所以，银行间债券质押式回购7天平均利率（R007）发挥着短期市场基准利率的功能。图2-2显示的是我国2000年至2018年的R007的月度数据，描述了我国近二十年改革开放背景下市场基准利率的波动趋势。

在我国经济的高速增长期，中国人民银行较多采用相机抉择的货币政策宏观调控措施，利用货币供给的扩张和收缩来保持我国经济增长的速度。粗放型的政策调控方式常常造成利率波动幅度的增大，增加了我国金融市场的交易费用。2000年至2012年，我国GDP以平均8％以上的速度快速增长，同期的R007的波动幅度就显示出过大的特征。大起大落的利率水平不仅干扰金融机构的金融产品定价行为，而且扰乱了生产者和消费者的投融资行为决策。比如，过低的利率常会在未来一段时间形成经济泡沫，而为了抑制经济泡沫的膨胀，中央银行就需要提高政策利率；而前期企业在低利率条件下进行的投资决策是有利可图的，但在加息以后则可能陷入亏损的境地。这样一来，一方面前期的低利率可能造成盲目投资、产能过剩；另一方面，加息后形成的企业大面积亏损又造成资源浪费、投资效率降低。

2013年以后，我国经济进入新常态，经济发展的目标由高速度增长转向了高质量发展，货币政策宏观调控的转型成为深化改革的重要内容之一。在此期间，我国政府始终坚持稳健的货币政策，建立了基于利率规则的货币政策宏观调控框架，增大了我国金融市场的稳定性。2018年3月，李克强总理在《政府工作报告》中回顾了五年来的货币政策宏观调控的具体工作，指出在经济进入新常态的背景下，我们保持战略定力，坚持不搞"大水漫灌"式强刺激，而是适应把握引领经济发展新常态，统筹稳增长、促改革、调结构、惠民生、防风险，不断创新和完善宏观调控。在这五年中，中国人民银行加快了利率走廊机制的完善：一方面，增强常备借贷便利利率和存款准备金利率作为我国利率区间制下利率上下的边界的作用；另一方面，不断完善利率市场化改革，将市场基准利率和存贷款基准利率"双轨制"向市场基准利率"单轨制"转型升级。正是在稳定利率区间制的条件下，我国2013年以后的R007波动幅度显著降低（见图2-5）。特别是2015年彻底放开存款利率浮动限制以后，利率水平几乎没有发生变化。由此可见，利率走廊机制条件下我国短期市场基准利率的波动性显著降低，中国人民银行货币政策宏观调控的效率提高，稳定的金融环境满足了经济高质量发展的要求。

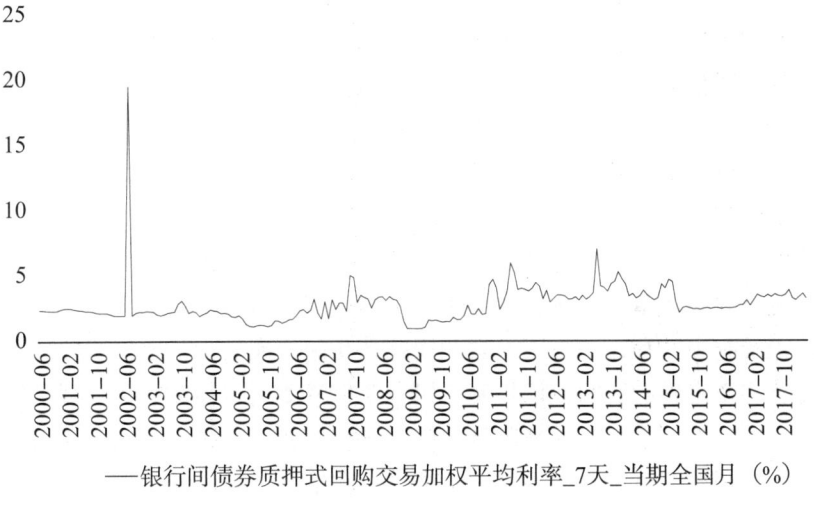

——银行间债券质押式回购交易加权平均利率_7天_当期全国月（%）

图2-5　2000年至2018年我国银行间债券质押式回购交易7天平均利率

2.5　小结

货币价格与数量本是一个硬币的两面，供求竞争下的数量变量与价格变量保持着同步变化。但由于经济环境、信息成本以及统计技术等条件的限制，货币政策宏观调控的数量框架与价格框架在不同经济条件下具有不同的政策调控效率。在遵循生产力决定生产关系的基本原则下，货币政策宏观调控框架的选择应符合我国经济发展的实际和经济体制改革的阶段性要求。

改革开放四十年的历程中，我国始终坚持货币政策宏观调控改革渐进性的基本原则。改革开放初期,经济运行的惯性使得我国经济转型中仍存在大量计划体制的经济基础,存量资源的配置需要利用计划经济的方法,基于行政干预的信贷配给成为改革开放初期货币政策宏观调控的主要方式。随着我国社会主义市场经济的确立,信贷计划干预的货币政策框架不再符合经济市场化转型的具体要求,市场化的货币政策宏观调控框架改革不断适应我国经济体制改革的阶段性要求。20 世纪 90 年代,我国经济存在金融市场不健全、货币化不彻底以及利率形成机制不成熟等问题,以信贷总量、货币供应量等数量型工具为主的货币政策宏观调控框架具有阶段性的政策优势。

随着中国特色社会主义进入新时代,社会主要矛盾转化为人民日益增长的美好生活需要和不平衡不充分的发展之间的矛盾。传统的数量型货币政策调控货币供给较易造成货币信贷投放的粗放型增长问题,难以适应经济高质量发展的要求。数量型货币调控在金融脱媒和金融创新的背景下,逐渐失去可测性、可控性和相关性,常会造成货币政策调控方向的误判。而利率作为反映市场资金供求的重要信号,具有市场流动性松紧的反馈功能,可有效引导微观主体的消费和投资行为。在资源配置的由市场起决定性作用的条件下,以灵敏利率信号为主的价格型货币政策宏观调控可有效提高我国经济运行的效率,有效促进我国经济的高质量发展。

然而,单一的利率目标缺少政策调整的灵活性,难以适应复杂多变的外部经济环境。并且,单一目标的易变特性使得社会公众难以形成稳定一致的预期,政策实施中常存在动态不一致的问题。我国未来的货币政策调控改革的方向是完善利率走廊的区间波动机制,以常备借贷便利和存款准备金利率作为短期利率走廊的上下限,以此来降低短期金融市场波动的频率和幅度。当然,货币政策宏观调控的体制改革不只是单纯设定政策利率区间的边界,利率走廊的建设是系统性的。利率区间机制的货币宏观调控框架的完善还需进一步统一市场基准利率,完善利率曲线等等。

3 货币政策宏观调控目标的变化

3.1 理论基础

3.1.1 凯恩斯主义货币政策目标理论

凯恩斯主义经济理论创立于 20 世纪 30 年代，其理论的时代背景是 20 世纪 30 时代美国经济的大萧条。凯恩斯主义经济理论是在对古典经济学的批判基础上产生的，其核心即是全面否定古典经济学的长期均衡假设，提出了经济分析的短期总量方法。

古典经济学的主要代表人物是斯密、李嘉图、穆勒等人，马歇尔是集大成者。古典经济学的核心假设是，市场是出清的，价格可以高效运作来协调供给与需求之间产生的失衡。首先，相对价格的变动可以协调各个商品市场之间的供求变化，当一种商品的生产力得到提升时，相对价格会立即出现变动，以体现变动后这种商品和另一种商品之间的替代关系。因此，古典经济学的假设之一是相对价格的变动会协调好商品市场的均衡，使其无时无刻不保持均衡状态。其次，资本市场也保持均衡性。古典经济学认为，利率作为调节资本市场供求均衡的重要信号，在市场非均衡的时候发生变化，最终推动资本市场供求均衡。资本市场的供给方是储蓄者，而资本市场的需求方是投资者，因此，古典经济学强调自由调整的利率可以保证储蓄时刻等于投资。最后，工资调整的灵活性可以保证劳动力的供给和需求均衡，从而保持产品市场和劳动力市场双重均衡。古典经济学的三大假设均强调价格出清对市场均衡的调节作用，价格的随时调整可以有效保证商品市场、资本市场以及劳动力市场三重均衡产生。

然而，美国大萧条的爆发击碎了古典经济学派的均衡理想，激发了凯恩斯经济理论的产生。古典经济学派认为，只要市场自由运行，均衡的市场将不会出现系统性的崩溃。因此，古典经济学派理论中没有货币政策的存在，其经济理论的最终目标就是确保以自由市场保证资源的优化配置。但是，现实经济运行却并非如此，价格体系的复杂性决定了价格调整的时滞性，也就是说，人们不可能时时捕捉到均衡价格，而在群体心理变化下做出的经济决策并非完全理性，完全自由的市场机制会"失灵"。因此，凯恩斯认为，价格的调整并不灵活，短期内价格实质上是刚性的，这使得供求均衡就难以达到。在产品市场上，消费和投资是产出波动的两大源头。其中，消费由当期收入决定，边际消费倾向导致产出波动的乘数效应；另一方面，储蓄并非等于投资，投资主要受到利率波动的影响，而利率的决定因素则是中央银行的货币供给。同时，影响投资最为重要的因素是投资者的"动物精神"，过度乐观与过度恐慌的社会心理都会扭曲经济结构，增大经济风险。短期经济的不稳定因子将会导致系统性经济崩溃的危机爆发，而政府应该利用宏观政策来逆周期调节宏观经济，以稳定消费者和投资者对市场的信心。因此，凯恩斯的货币政策目标主要强调利用宏观政策保证产出和就业的稳定，即将产出和就业列为货币政策的两大主要目标。

3.1.2 货币主义的货币政策目标理论

凯恩斯主义经济理论成为20世纪30年代至60年代指导各国经济政策宏观调控实践的主流理论。这期间，各国政府均利用财政和货币政策对经济波动进行逆周期调节。更为极端的是，很多国家的政府将短期反周期的需求管理政策作为刺激经济增长的动力源泉，试图通过政策刺激来提高经济长期增长的速度。实际上，经济长期增长的动力来源于资本、劳动力以及技术等因素，政策的刺激在长期内不仅不利于增长，反而会破坏资本形成的过程，波动的利率使得一国无法形成技术创新所需要的稳定环境。同时，大量扩张货币供给的政策在长期内会导致货币贬值，进而导致通货膨胀率的高企。

自20世纪60年代以来，两次石油危机冲击造成了各国成本的上涨，凯恩斯需求管理政策无法解决通货膨胀与经济停滞并存的现象，凯恩斯货币理论逐渐失效。面对"滞胀"现象，经济理论界对凯恩斯主义经济理论进行了全面的反思。以弗里德曼为代表的货币主义成为凯恩斯主义经济理论的典型批判者。

货币主义经济理论坚持古典经济学派的货币长期中性论，认为名义变量与实际变量是二分的，即名义经济变量与实际经济变量的运动规律是分离的。弗里德曼的货币需求方程式进一步对凯恩斯货币需求方程式进行修正，认为货币需求的影响因素并不是当期的利率和当期的收入，更应该是永久收入的预期和不同资产之间的利差。而货币政策冲击无法改变永久收入的预期以及不同资产的利差，因此，货币政策冲击条件下货币需求是相对比较稳定的，货币供应量的增加则会在长期内以相等比例映射到通货膨胀率的数值上，而产出增长率会保持稳定。中央银行通过货币政策刺激经济，只会在长期中对名义变量造成影响，而无法对实际变量产生影响。因此，货币主义认为货币政策刺激的结果只会是长期通货膨胀的上升，而无法对长期经济增长构成任何影响。弗里德曼认为通货膨胀无时无刻不是一种货币现象。

货币学派的长期中性理论指出，货币的政策目标更多地倾向于保持物价水平的稳定，更少强调利用货币政策促进长期经济增长的目标。货币主义在 20 世纪 60 年代以后成为经济理论的主流，各国货币政策实践均坚持保持货币的稳定（例如，美联储沃克尔的反通货膨胀时期，撒切尔夫人的经济改革时期）。同时，后继理论发展继续坚持了货币中性的观点。以卢卡斯为代表的理性预期学派甚至认为短期内货币也是中性的，只要公众的预期是理性，那么所有的货币政策宏观调控实践在短期都会迅速反映为物价水平的上涨，而对产出增长不构成任何影响。因此，新古典主义经济理论更加强调中央银行应以物价稳定作为货币政策调控的目标。

3.1.3 通货膨胀目标制理论

新古典经济理论强调货币政策保持物价水平稳定的重要性，将货币政策的最终目标固定在了反通货膨胀的教条主义规则之中。然而，新古典主义货币政策宏观调控的实践不仅效果不佳，而且使经济增长的波动更大。例如，20 世纪 80 年代，美联储主席沃尔克过度紧缩货币扩大了经济波动的幅度，增大了反通货膨胀的社会成本。

在 20 世纪 90 年代以后，世界各主要的中央银行逐渐引入货币政策宏观调控的泰勒规则，将通货膨胀缺口与产出缺口同时纳入货币宏观调控框架之中。随后，伯南克对货币政策框架进行了修正，创新了通货膨胀目标制，将中央银行多目标纳入"短期—长期"的协调机制中。他将不同的最终目标在时间上进行了科学排列，兼顾了中央银行的短期和长期使命，提高了中央银行货币调控操作的灵活性。

首先，通货膨胀目标制理论强调保持一个温和的通货膨胀目标。在通货膨胀目标制下，各国中央银行货币政策的最终目标一般定在控制综合型的物价变动率上,比如消费者物价指数、国内生产总值平减指数等。英国、加拿大、瑞典等国家通常以控制核心 CPI 作为货币政策目标。核心 CPI 区别于日常 CPI,是指去除一些波动性大以及与居民日常关系不紧密的因素而形成的一种综合的物价指数。一般认为,一国将核心 CPI 的数值保持在 2% 是恰当的。由于名义工资常常呈现刚性的特点,适度的通货膨胀可以促进实际工资的下调以及防止通货膨胀定得过低导致通货紧缩的风险。通货膨胀目标制应以点目标为主,而非区间目标,因为后者可能会降低政府货币政策的可信度。同时,区间目标超出范围以后造成的对政府信任度下降的威胁比点目标更大,可能加剧通货膨胀预期的恶化,从而造成经济波动以及通货膨胀风险。将通货膨胀定为点目标,更易于公众理解,有助于政府与公众就货币政策进行良性的沟通。核心 CPI 更符合公众的生活实际,更易于公众通过经济实际运行情况来判断货币政策的走向。而且,该制度下的目标很自然地具有一种"名义锚"的作用。

其次,中央银行将通货膨胀率作为评价和约束货币政策的重要指标。通货膨胀目标制度既不会规定固定的 M_0、M_1 增长的操作规则,也不会放任中央银行的货币扩张倾向,而是让中央银行通过短期货币操作熨平经济波动的同时,受到远期目标的约束,是"受约束的相机抉择"。中央银行货币政策的成效由政府监督转向由公众监督;控制通货膨胀的责任从政府承担转向中央银行承担。一国立法机关通过立法行为授予货币当局货币政策宏观调控的独立性,并且设定指标考核中央银行行长,采用撤职等措施来惩罚中央银行的错误决策,形成对中央银行的有效约束机制。但是,通货膨胀目标制并不要求中央银行保守地保持一个一成不变的固定规则。在该制度下,中央银行被授予更多短期货币政策操作的灵活性,可以运用多种货币政策工具来熨平短期经济波动,并且也不会与货币当局坚守的长期通货膨胀目标构成冲突。相对而言,单一规则的货币目标制更强调保持 M_0 的增长率,而不论短期是否存在有效需求不足或者供给冲击。在通货膨胀目标制下,中央银行的预测与公众预期之间会相互影响。不仅货币政策会直接影响公众对经济的评价,公众的预期反馈机制直接决定了下一期货币当局货币政策的动向以及效果。需要强调的是,在中央银行主要对公众负责以后,中央银行的独立性和货币政策的透明化在货币政策调控过程中起着重要的作用。中央银行的独立性直接限制了债务货币化、降低了政治经济周期造成货币混乱的概率,可以建立公众对中央银行的信任。中央银行货币政策的透明化不仅可以使公众有效地了解中央银行货币政策的动向和意图,而且可以加快经济自我调整的速度,使市场迅速出清。在实践中,中央银行更应该坚持货币政策调控工具的独立性,而不是货币政策目标的独立性。也就是说，中央银行应该保持货币政策调控操作过程的独立性，而最终目标应该与政府的最终目标协调一致。中央银行与政府机构应在协调的基础上，共同探索确立最合适的货币政策调控的最终目标。而在短期内，就需要具有专业知识的中央银行经济学家灵活地采用不同的货币政策调控工具对经济波动进行微调，以此促进宏观经济的平稳增长和金融环境的长期稳定。

同时，中央银行构造"中期路径"并强调通货膨胀的信息公布。通货膨胀目标制并不要求每一个时点上通货膨胀率绝对地维持在通货膨胀目标点上而不发生任何的短期波动，可以根据一国的实际情况设立年度的可调整的"短期通货膨胀目标"。作为考核中央银行业绩的通货膨胀目标则是政府和中央银行共同设立的"长期通货膨胀目标"。努力建立一种由"短期通货膨胀目标"向"长期通货膨胀目标"逼近的机制，以保持长时间里的稳定的低通货膨胀率。其中的关键点是，应根据货币政策实施的时滞长短和通货膨胀调整的速度来设定逼近过程的过渡时间。该机制不仅可以增强中央银行短期货币政策的灵活性，不至于陷入"硬着陆"下的通货紧缩与经济震荡的窘境，而且可以稳定公众预期，使得公众了解到某次通货膨胀的波动是由一次性供给冲击造成还是永久性的通货膨胀目标调整造成。这个机制可以加快通货膨胀调整的速度，一次性供给冲击不至于引发棘轮式的恶性通货膨胀，容易形成一种稳定的"通货膨胀惯性"预期。在"中期路径"调整过程中应注重及时向公众发布信息，及时沟通、解释偏离原因，公布调整措施以及过渡时间。这可以大大降低在"中期路径"调整过程中反通货膨胀所造成的对产出和就业的牺牲，使货币政策更加有效、合理。

最后，通货膨胀目标制具有政策工具多样性和强大的信息管理能力等优势。通货膨胀目标制度其实并不是考量一个单一的指标（比如：M_0、M_1），而是一种根据现实的具体情况，斟酌分析和解决短期经济波动的综合货币政策调控方法。它不会局限于某一个货币工具指标或者货币中介指标（比如基础货币量、利率等）。因为，保持固定的规则（如货币增长率）会导致利率的过度波动，从而引起经济中实际变量的波动。相反，在通货膨胀目标制下，中央银行会兼顾不同货币中介目标，使用不同货币政策工具，而且会在政策制定过程中充分考虑货币政策的传递渠道和传导时滞。通货膨胀目标制下的货币政策更是一种"前瞻性"的货币政策，可以更为有效地减弱经济周期的波动。中央银行会广泛收集相关信息，将利率和汇率变动作为重要信息纳入经济状况的参考指标（比如建立"货币状况指数"）。而且，中央银行会将这些信息以及预期因素放入通货膨胀目标制的宏观结构方程中，更为准确地管理未来通货膨胀。从制度上看，可以增加中央银行调控的灵活性。例如，新西兰的"免除条款"和加拿大的货币目标区间的调整为过度短期经济波动留下了缓冲余地。总之，通货膨胀目标制为中央银行增加了货币政策调控的有效性和灵活性，是一种较优的货币政策。

3.1.4　系统性风险与货币理论

20世纪末至21世纪初，各国中央银行货币政策调控进入"黄金十年"。特别是格林斯潘领导的美联储通过稳定的货币政策调控操作实现了持续十几年的经济增长。然而，基于通货膨胀目标制的货币调控政策较少顾及系统性金融风险，美联储政策失误的教训在2008年的美国次贷危机中结束了"格林斯潘时代"的中央银行奇迹。

关于系统性金融风险，最早研究的学者是欧文·费雪和凯恩斯。费雪在《繁荣与萧条》中指出，美国在大萧条中出现的经济金融系统性崩溃，原因是社会公众的过度负债。[1] 经济繁荣的时候，微观主体呈现出过于自信的特点，在债务融资中就容易存在过度的行为。一旦经济出现崩溃，微观主体就会通过降价抛售货物，来偿还其大量的负债。但是，群体的抛售行为将会造成物价水平的降低，在债务名义数值一定的情况下，物价水平的降低会造成债务实际总量的增加，从而导致原来存在负债压力的微观主体的实际债务偿还量的增大，甚至导致一些处于债务危机边缘的企业也陷入债务崩溃的境地。因此，费雪认为，系统性危机的传导机制通过"实际债务量—物价水平—实际债务量……"的恶性循环而不断加深危机的程度。费雪的系统性危机理论也可以称为债务通缩危机理论。凯恩斯在《就业、利息与货币通论》书中研究大萧条经济危机时发现，社会群体的恐慌心理（动物精神）是导致系统性经济崩溃的重要因素，政府应利用政策手段稳定市场信心，减少货币政策调控经济的非对称性概率。

伯南克（1999）根据BGG模型提出的金融加速器理论是关于系统性金融危机研究的重要理论，是对金融周期和金融危机理论的重大创新。伯南克在新凯恩斯主义的模型中引入资产净值与信用扩张的顺周期特征，分析出系统性金融风险形成的机制为：资产净值上升导致银行信用的扩张，而银行信用的扩张又反过来促进资产净值的上涨，形成了正向的棘轮效应。相反，一旦经济崩溃，系统性金融风险又会呈现负向的循环过程，资产价值与信用同步紧缩造成消费与投资的紧缩，从而导致大量的企业破产和劳动力失业。伯南克认为资产

---

[1] 欧文·费雪：《繁荣与萧条》，商务印书馆，2014年。

价格是系统性金融风险的助推器，因为资产价格上涨幅度越大，市场信用扩张越猛，信用链条波及的范围就会越大。因此，抑制资产价格过快、过猛上涨，对于稳定宏观金融环境、降低系统性金融风险具有重要的促进作用。然而，在通货膨胀目标制下，中央银行只将产出缺口和物价水平纳入了利率方程式之中，而忽略了资产价格稳定在中央银行政策目标体系中的重要性，应在货币政策理论中纳入系统性金融危机的理论，以修复传统货币政策在宏观经济调控中失效的难题。

关于传统货币政策失效的研究，马克思在《资本论》中阐述了货币作为实体经济和虚拟经济双重流通渠道的理论，认为，货币资本更易向利润率最高的领域流动。因此，货币会更加集中地流向利润率更高的泡沫领域，投机性资金将会挤压投资性资金，从而形成系统性风险积聚和流动性紧缺并存的经济难题。[①] 关于如何修复传统货币政策的传导机制，最为关键的是引入宏观审慎监管政策。最早研究宏观审慎监管的是学者 Borio（2003，2004），他在两篇论文中分析了宏观审慎监管的相关概念，论证了宏观审慎监管的重要性。国内研究宏观审慎的有廖岷（2015）[②]、马勇（2016）[③]。十九大报告也提出要健全货币政策和宏观审慎政策双支柱调控框架，深化利率和汇率市场化改革。因此，在目前的经济环境下，深入研究货币政策与宏观审慎双支柱调控框架具有重要的现实意义。

3.2 货币政策最终目标的内涵

3.2.1 最终目标的决定因素

货币政策最终目标是指利用政策工具进行宏观调控所要达到的社会经济目的。货币政策最终目标的决定因素较多，既有国家意识形态的影响因素，又有经济运行规律性的影响因素。不同国家不同时期，其经济政策的目标集合是不一致的。既存在单一的最终目标，又存在多元最终目标的集合，最终的目标集合选择都是基于各个阶段的国情特征。

首先，国家政治思想会影响货币政策最终目标的制定。西方国家在发展经

---

① 中共中央马克思恩格斯列宁斯大林著作编译局译：《资本论　第二卷》，人民出版社，2004年。
② 廖岷，孙涛，丛阳：《宏观审慎监管研究与实践》，中国经济出版社，2014年。
③ 马勇：《金融稳定与宏观审慎：理论框架及在中国的应用》，中国金融出版社，2016年。

济时大力强调资本主义的历史文化,一方面,注重个人奋斗在历史发展中的作用;另一方面,注重个体富裕而忽略社会公平的问题。因此,在资本主义文化影响下,美国政府更多强调竞争中的优胜劣汰,而忽视经济发展中的不平衡不充分问题。金融市场是资本主义竞争最为激烈的战场,也是资本主义文化彰显的核心领域。美国政府将放任的自由主义思想作为金融领域发展的立法原则,其货币政策最终目标的指向即是保证金融市场上完全的放任自由,遵循野蛮的"丛林法则",充分贯彻优胜劣汰原则,而不顾及金融领域发展的非平衡性、非公平性以及非持久性等潜在的问题。美联储在2000年至2008年期间,以较低的利率支撑金融市场的迅猛发展,而忽视了低利率造成的美国经济结构的扭曲,从而爆发了破坏性极大的次贷危机。总的来说,美联储的最终目标选择受到了美国资本主义文化的影响,自由放任的目标集合将会导致金融市场的欺诈和贪婪行为,最终造成整个经济系统的崩溃。相反,作为社会主义国家的中国,始终以马克思主义的科学方法和价值观念指导我国货币政策调控改革的实践,坚持"实事求是""稳中求进"的改革方法,坚持和谐发展的重要理念,并在此基础上制定符合我国国情的货币政策最终目标。我国经济体制改革的复杂性以及经济发展程度的非对称性,促使我国中央银行的货币政策目标采取多元目标集合制,政策的考量兼顾多方面的因素,以实现我国社会经济平衡、充分地发展。同时,我国货币政策的最终目标制定的指导思想区别于美国放任自由的货币政策目标制定的指导思想。我国更多强调金融资源要有效服务于实体经济改革的原则,更多强调国家经济高质量的发展要求。因此,进入新时代后,我国经济条件的变化决定了货币政策最终目标的动态特征。

其次,经济运行的基本规律会影响货币政策最终目标的制定。货币政策是我国改革开放政策集合的重要组成部分,其最终目标的制定要服从于我国经济发展的不同阶段所面临的改革开放任务。改革开放没法一蹴而就,也不存在一套完美的改革设计可以适用于我国任何时期的经济发展实际。货币政策最终目标的确定也一样,必须要以我国阶段性的经济体制改革和转轨任务为基础。因此,货币政策最终目标的制定既要符合我国长期的市场化改革的特点,为我国体制转轨提供必要的金融支撑;同时要增强我国短期经济转轨中的稳定性,防止外生冲击对我国改革进程的破坏。因此,周小川指出,我国中央银行应实行多目标制,既应包括稳定物价、促进经济增长、增进就业和保持国际收支平衡四大年度目标,又要包含金融改革和开放、发展金融市场这两大动态目标。坚持货币政策多目标制正是基于我国处于经济转轨的实际。因此,在这一特定的历史时期,推动金融改革和实现金融系统的稳定和健康化的重要性甚至要高于通货膨胀等传统目标。另一方面，我国经济转型的结构性特征决定了我国多目标制的货币政策最终目标的选择。经济新常态的背景决定我国经济已经由高速度增长向高质量发展阶段过渡，结构性的货币政策传导在新常态下具有了更为重要的意义。经济的高质量发展，最为重要的一点就是注重经济结构性的高质量发展，即促进经济在创新领域的增长和薄弱环节的突破。货币政策作为政府宏观调控经济的重要手段，发挥着经济结构优化的金融支撑作用。中央银行可以通过创新货币政策工具，来确保新增货币供给在期限结构和产业结构上的优化，以此来实现经济结构性的调控。因此，2018年的《政府工作报告》在回顾近五年经济工作的时候，强调货币政策采取定向降准、专项再贷款等差别化政策，加强对重点领域和薄弱环节支持，小微企业贷款增速高于各项贷款平均增速。同时，强调利用差别化准备金、差异化信贷等政策，引导资金更多投向小微企业、"三农"和贫困地区。这些表述充分体现了我国货币政策宏观调控中的结构性导向的特征。易纲在2018年十三届全国人大一次会议上，对我国货币政策目标着力点进行了全面分析。他认为，货币政策实施的合适程度要依据市场货币的松紧程度来判断，而松紧程度不仅是一个总量的指标，更多是流动性和结构性的双重指标。在易纲的论述中，将小微企业信贷量、"三农"贷款量等薄弱环节的金融指标，以及利率和超额准备金率等流动性指标纳入了判断货币松紧的政策篮子之中。①

因此，中央银行货币政策最终目标的选择既要符合国家的基本政治方向，也要适应其经济发展水平和经济体制改革所处的阶段。

3.2.2 最终目标的确定原则

货币政策最终目标选择的原则主要包括两个方面：一是，货币政策目标与政策工具的一对一原则。二是，货币政策目标选择的成本效益原则。前者决定了货币政策最终目标选择的可行性，后者决定了货币政策最终目标选择的必要性。

一对一原则主要是依据张伯伦的理论。他认为，一个政策目标必须要由一个政策工具配套，缺少完备工具的政策目标常常导致较低的政策执行效率。当出现两个政策目标而只有一个政策工具的时候，就像一辆车要同时往两个方向行驶而只有一个方向盘的境遇。同一个工具兼顾两个目标的结果将会是两个目

---

① 周小川易纲潘功胜就金融改革与发展相关问题答中外记者问，载中国金融新闻网，网址：http://www.financialnews.com.cn/zt/2018lh/201803/t20180310_134443.html。

标均无法完美达到，甚至出现货币调控失效的情况。近年来，我国货币政策调控常出现效果不佳的情况，其重要原因之一即是缺少足够数量的货币政策调控工具。2008年国际金融危机以后，我国推出了四万亿的强刺激政策。在经济消化大量货币存量的同时，资产价格泡沫化问题逐渐严重，增大了我国系统性的金融风险。例如，2015年我国股市的崩溃，各地房地产价格迅猛上涨，均是金融系统性风险增大的表现。另一方面，我国经济增长由平均两位数下降到6.5%左右，经济金融呈现出实体经济紧缩和虚拟货币金融膨胀并存的现象。中央银行难以通过单一的货币政策来实现双重的调控。如果中央银行为了抑制资产价格泡沫而将利率提高到一定程度，则会抑制实体经济中的消费和投资，进而抑制经济增长；如果中央银行运用货币政策对我国薄弱环节提供更多的流动性，则可能增大货币流入虚拟经济的可能，从而形成更多的资产泡沫。因此，需要在现有货币政策宏观调控框架之外增加新的政策操作工具，宏观审慎监管作为我国货币政策宏观调控的重要补充，正式进入新时代宏观调控的框架设计之中。2010年11月颁布的《金融业发展和改革"十二五"规划》强调建立健全金融宏观审慎监管政策框架。2016年，我国实行了5年之久的差别准备金动态调整机制升级为宏观审慎评估体系（MPA）。2016年5月，中央银行将跨境资本流动纳入MPA评估体系之中。2017年10月，十九大报告中正式提出健全货币政策和宏观审慎政策双支柱调控框架。双支柱框架的建立不仅是新时代我国现代化经济金融体系建设的重要内容之一，更是修复传统货币政策调控机制、提高调控效率、防止发生系统性金融风险的重要保障。

货币政策目标选择的成本效益原则是基于经济学的基本分析方法，其主要理论逻辑是，任何政策目标的选择都能产生促进该目标的经济效益以及排斥其他目标的经济成本。在选择货币政策目标的时候，应考虑该目标在本国国情条件下所产生的经济效益与经济成本，最终选择效益最大而成本最小的经济政策目标。我国政策目标的选择一直坚持"实事求是"的原则，在建设中国特色社会主义市场经济体制的过程中，均认真考虑本国经济发展水平的实际，通过"试点"等方法综合研究政策目标的成本与效益，在通过实践检验以后，才最终确定为制度层面的固定规则。我国在选择货币政策最终目标时，充分考虑到我国发展金融市场和促进经济转型的改革任务，始终坚持结构性、阶段性的多目标制，提高了货币政策宏观调控的效率。周小川在回顾我国货币政策宏观调控改革历程时指出，我国多目标制的选择必然会存在效益与成本。多目标制的效益主要包括促进经济转型、加速金融改革以及培育金融市场等重要作用，同时，多目标制的货币政策可以有效配合其他政策，以此提高我国政府的宏观政策的整体调控效率。效益产生的原因正是由于改革开放初期，财政体制、价格体制以及产权制度的扭曲导致我国货币政策传导受阻，只有通过与其他政策配合才能有效促进货币政策的传导，最终发挥货币政策的作用。相反，多目标制带来的成本则是中央银行缺乏独立性，形成改革开放过程中普遍存在的通货膨胀成本。不过，周小川指出，从计划经济向市场经济转轨的过程中，如果改革不到位，货币政策就难以选择合适的操作工具，也难以传导。如果中央银行过多强调低通货膨胀目标，不在价格改革时容忍一定程度的通货膨胀，那么反而可能阻碍整体经济的改革和发展。因此，四十年改革开放的成功经验验证了货币政策多目标制对于我国改革开放的促进作用，同时，"稳健中性"的货币政策也为我国经济转型"稳中向前"提供了重大支撑。

3.3 快速增长期货币政策最终目标回顾与反思

3.3.1 货币政策宏观调控目标

1993年《关于金融体制改革的决定》提出，货币政策的最终目标是保持货币的稳定，并以此促进经济增长。1995年《中华人民共和国人民银行法》指出，中央银行货币政策目标是保持货币币值的稳定，并以此促进经济增长。2003年修正的《中华人民共和国中国人民银行法》中保留了这一提法，因此，我国货币政策目标实行的是多重目标制度。从理论上讲，货币政策的最终目标有四个：稳定的物价、较高的就业、平衡的国际收支以及经济的持续增长。

物价稳定指的是，中央银行通过货币政策调控国内物价水平，以此来保持一个稳定的货币环境。衡量物价稳定的指标一般有CPI、PPI以及GDP平减指数。虽然各个指数对我国物价的稳定性有不同的解释，但是，在发生通货膨胀的情况下，三个指数都会一定程度地上涨。货币主义学派认为，保持一个稳定的货币增长率可以有效地稳定物价。

较高的就业指的是，保持一个基于"自然失业率"的失业水平。根据凯恩斯主义理论，经济的非均衡性常常造成就业偏离最优就业率（自然失业率），那么政府应该通过扩张的货币政策，使得就业率回归自然失业率，以保持较高的就业水平。

国际收支平衡指的是，贸易的自主性收入等于自主性支出。如果贸易的自主性收入大于贸易的自主性支出，则对外贸易呈现顺差，外汇储备就会不断增长，不仅可能造成资源闲置的浪费现象，而且形成固定汇率制度下国内基础货币的扩张。如果贸易的自主性收入小于贸易的自主性支出，贸易收支则呈现逆差状态，外汇储备逐渐消耗，很可能会造成汇率危机，危及实体经济的稳定。因此，我国中央银行通过管理汇率以及国内货币来维持我国国际收支的稳定。

经济增长指的是，我国保持可持续的、健康的经济增长，而不是货币政策刺激下的经济增长。因此，在可持续经济增长条件下，宏观金融环境要稳定，以此促进资金配置的有效性以及提高技术创新的效率，从而提高潜在经济增长率。

3.3.2 最终目标之间的矛盾分析

改革开放四十年来，我国经济经历了近三十年的高速增长，研究2012年以前我国货币政策改革的经验，可为未来货币政策改革提供重要参考。快速增长期货币政策的最终目标包括"物价稳定、充分就业、国际收支平衡以及经济增长"。但是，由张伯伦法则可以得知，一个经济目标只能依靠一个经济政策工具来实现。因此，货币政策下四大目标之间在一定程度上存在矛盾冲突。

首先，物价稳定、充分就业和经济增长之间存在的矛盾。由菲利普斯曲线可知，工资价格与失业率之间的关系是一条倾斜向下的曲线。也就是说，通货膨胀与就业量、经济增长存在正向的相关性。如果要抑制通货膨胀、保持物价稳定，则需要通过牺牲就业和经济增长来达到。同理，如果要刺激经济增长，则扩张的货币政策最终会推高社会的物价水平，产生通货膨胀。2008年，受美国金融危机冲击，我国经济增长率由2007年12月的14.2%下降到2009年3月份的6.2%。为了刺激经济增长、保证充分就业，我国政府推出"四万亿"的经济刺激政策，很快将经济增长率重新推回10%以上。但是，由于M_2的巨量扩张，使得我国通货膨胀率高企，居民消费价格指数（上年同月=100）就由100一直上升到2011年106的峰值。高企的通货膨胀不仅稀释了储蓄，而且扰乱了利率信号；同时，过松的银根为后期产能过剩埋下伏笔，损害了我国经济的长期增长。

其次，物价稳定、经济增长与国际收支平衡之间存在的矛盾。我国实行"有管理的浮动汇率制度"，名曰"浮动"，实际上汇率波动的灵活性非常小，与固定汇率制度十分接近。根据蒙代尔不可能三角可知，资本管制、固定汇率和货币政策自主性存在一定的矛盾。在"类"固定汇率制度下，随着我国出口型经济的日益壮大，外汇储备逐渐增多。由于中国人民银行实行强制结汇制度，外汇储备的增加必然导致我国基础货币增多。基础货币增加使得通货膨胀上升的风险增大，同时降低了中国人民银行对我国经济调控的灵活度。同理，由于我国贸易一直处于顺差，调节我国国际收支平衡的货币政策，必然会抑制出口。在我国的快速增长期，拉动经济的"三驾马车"中出口占比较大，经济对外贸易依存度较高，抑制出口就会减缓我国经济增长的速度。

总之，矛盾的存在与变化总是伴随着改革开放四十年的全部历程，清楚地认识矛盾、科学地处理矛盾是我国经济改革"实事求是"思想的重要体现。货币政策目标之间的矛盾关系主要依据改革阶段性的生产力与生产关系的特征，目标集合的选择以及集合内部的排序则采取"因时而变，因势而变"的原则。没有一种目标集合可以保证对各个国家各个阶段都具有适用性，同时，也没有一个国家的最终目标都是长期固定不变的。特别是，我国经济处于转型期，各种复杂的经济难题需要通过深化改革的方式予以解决，如果坚持单一目标或某几个固定目标，则会形成我国政策调控的刚性，不利于转型中经济的稳定与发展。

3.3.3 我国货币政策最终目标的实证分析

下文进一步就我国货币政策宏观调控变革的阶段性特点，探索改革开放过程中我国货币政策调控效率的变化规律。

传统货币理论较少将资产价格因素纳入货币政策调控目标集合之中，认为，实体经济与虚拟经济是相互分离的，虚拟经济的发展存在自身的规律，货币政策不应过度干预虚拟经济的运行，应将货币政策对准实体经济的通货膨胀缺口和产出缺口展开调控。同时，根据张伯伦货币政策选择原则可知，货币政策的单一工具无法同时有效保证经济稳定和金融稳定，为了保证货币政策对实体经济的传导效率，则不能将资产价格因素纳入货币政策最终目标集合之中。

然而，总量调控的货币政策难以调整经济结构，但货币政策的传导却会受经济结构变化的影响。资产价格作为虚拟经济的重要价格信号，常常引导货币金融资源在实体经济与虚拟经济之间运动。资产价格的异常变动会导致实体经济与虚拟经济之间流动性的异常流动，甚至造成货币金融资源"脱实向虚"的情况发生，从而阻碍货币扩张时基础货币流向实体经济的政策调控意图的实现，最终削弱货币政策宏观调控的效率。因此，研究纳入资产价格作为货币政策最终目标的货币传导具有重大的理论与现实意义。下文将运用计量经济学的方法实证检验纳入资产价格因素以后的货币政策最终目标的调控效率。

（1）变量选取及实证模型选择

此处纳入实证检验的基本变量包括：经济增长率、通货膨胀率、房价指数增长率、广义货币增长率以及市场短期利率。虽然数据的选择常常难以百分之百的与变量假设相同，但此处利用最为接近的近似数据进行替代。由于缺少经济增长率的月度数据，此处采用"规模以上工业增加值_当期同比实际增速"作为替代；同时，选取"广义货币（M₂）_期末同比增速""国房景气指数_当期""银行间同业拆借加权平均利率_7天_当期"以及"居民消费价格指数（上年同期=100）_当期"作为我国广义货币增长率、房价增长率、市场短期利率以及通货膨胀率的代表变量，数据选取时间为1996年1月至2018年4月的月度数据（数据全部来自中经网数据库）。

宏观经济变量的内生性导致变量之间存在双向的影响关系，单方程的模型已无法对内生经济变量建模，需进一步引入双向影响的向量方程。而变量之间的双向动态影响关系，理论上较多使用向量自回归模型进行分析。同时，线性方程无法解释经济结构性的变动，因此需要引入非线性的统计模型。马尔科夫区制转移的分析方法具有检验双向动态关系的区制分隔作用，也就是说，引入马尔科夫区制转移模型可以有效刻画经济结构在时间上产生的差异性，从而分析货币政策在经济结构变动的条件下所发生的结构性差异。因此，这里引入MS-VAR模型来对上述经济变量进行计量分析。

MS-VAR模型是建立在传统线性VAR模型基础之上的非线性VAR模型。该模型依托于一个外生的区制转移的概率变量，而此概率变量是一个服从于马尔科夫链的随机序列。最先成熟的运用MS-VAR模型是在Hamilton（1988，1989）[1][2]的两篇文章中，详细介绍MS-VAR模型的是Krolzig（1998）[3]。下文则简略论述该模型。

此处的研究以MS-VAR均值模型为主。假设传统VAR模型中的均值和系数依赖于一个外生的区制转移变量s_t，该变量服从于一个离散时间和离散状态的马尔科夫随机过程，并定义s_t的转移概率，公式如下：

$$p_{ij} = \Pr(s_{t+1} = j \mid s_t = i), \sum_{j=1}^{M} p_{ij} = 1, \forall i, j \in \{1,\cdots,M\} \tag{1}$$

---

[1] Hamilton J D: "Rational-expectations econometric analysis of changes in regime an investigation of the term structure of interest rates", *Journal of Economic Dynamics and Control*, 1988 (12), 385-423.

[2] Hamilton J D: "A new approach to the economic analysis of nonstationary time series and the business cycle", *Econometrica*, 1989 (57), 357-384.

[3] Krolzig H M: "Econometric Modelling of Markov-Switching Vector Autoregressionsusing MSVAR for Ox", Institute of Economics and Statistics and Nuffield College, 1998.

其中，Krolzig 要求上述马尔科夫链过程需要遍历性①和不可约性②，并且概率满足正则性假设，即对任意 $i \in (1, \cdots, M)$，存在 $p_{iM} = 1 - p_{i1} - \cdots - p_{iM-1}$，则该以均值为主的 MS-VAR 模型的公式表达为：

$$y_t - \mu(s_t) = A_1(s_t)(y_{t-1} - \mu(s_{t-1})) + \cdots + A_p(s_t)(y_{t-p} - \mu(s_{t-p})) + e_t$$
$$e_t \mid s_t \sim \text{NID}(0, \sum(s_t)) \tag{2}$$

其中，$\mu(s_t)$，$A(s_t)$，$e(s_t)$ 依赖于区制变量 s_t 在该马尔科夫随机过程中所处的状态 $(1, \cdots, M)$。同理，以截距为主的 MS-VAR 模型公式表达为：

$$y_t = v(s_t) + A_1(s_t)y_{t-1} + \cdots + A_p(s_t)y_{t-p} + e_t$$
$$e_t \mid s_t \sim \text{NID}(0, \sum(s_t)) \tag{3}$$

其中，$v(s_t)$，$A(s_t)$，$e(s_t)$ 依赖于区制变量 s_t 在该马尔科夫随机过程中所处的状态 $(1, \cdots, M)$。总之，根据以上对 MS-VAR 模型的分析，并根据在马尔科夫转移概率中变动的因素和不变的因素，将 MS-VAR 模型分为均值变化的 MS 模型（MSM）、截距变化的模型（MSI）、自回归参数变化的模型（MSA）和存在异方差的模型（MSH），并且这四种参数特征还可以进行不同的组合，形成更多特殊形式的模型（如表 3-1）。

表 3-1 马尔科夫区制转移向量自回归模型分类表

		MSM	MSI	
		m 可变	n 可变	n 不变
A_j 不变	$\mathring{a}$ 不变	MSM-VAR	MSI-VAR	线性 VAR
	$\mathring{a}$ 可变	MSMH-VAR	MSIH-VAR	MSH-VAR
A_j 可变	$\mathring{a}$ 不变	MSMA-VAR	MSIA-VAR	MSA-VAR
	$\mathring{a}$ 可变	MSMAH-VAR	MSIAH-VAR	MSAH-VAR

注：M 代表 M 均值状态依赖；I 代表截距项状态依赖；A 代表自回归参数状态依赖；H 代表误差项异方差状态。

MS-VAR 模型的估计方法采用极大似然估计方法，并且该估计方法依赖于期望最大值算法（EM），MS-VAR 模型的似然函数最大化需要使用迭代估计技术，它可以获得自回归的参数估计值和不可观测马尔科夫状态转变的概率。③

---

① 指统计结果在时间和空间上的统一性，表现为时间均值等于空间均值。
② 指状态空间 E 是唯一闭集的马尔可夫链，这又相当于 E 不含两个不相交的非空闭集。
③ 左寅飞：《中国汇市与股市的状态转变关系研究》，西南财经大学，2012 年。

(2) 描述性统计分析

改革开放四十年来，我国不断深化经济体制改革，市场化资源配置方式的确立极大地解放了生产力，经济增长速度平均达到了9.3%，创造了举世瞩目的中国奇迹。但是，经济总量的高速增长无法长时间延续，经济发展面临阶段性任务的改变。在我国经济发展的不同水平上，经济环境的变化表现在经济指标的变化趋势上也呈现出阶段性的特征。

从图3-1可以看出1996年至2018年我国经济增长率、房价指数增长率以及通货膨胀率的变化轨迹。2008年以前，经济增长一直保持着极高的速度，数据呈现出的变化特征为均值较大而波动逐渐缩小；而随着2008年国际金融危机的爆发，我国经济遭受了重大冲击，经济增长率由两位数瞬间跌至了零值以下。为阻止我国经济增速过快下行，防止我国经济"硬着陆"，政府出台了大规模的刺激性政策措施拉动我国经济增长率重回两位数，但由于世界经济形势变化的不可逆性，外需市场的持久疲弱导致我国出口导向经济的效益不断降低。2013年我国经济进入新常态以后，经济增长率的数值逐渐降低，年度GDP增长率降低到了6.5%的水平。我国经济已经由高速增长转换为中高速增长。物价水平也是我国货币政策调控的主要目标之一，我国物价水平变化也呈现出高速增长期和新常态时期两种不同的阶段性特征。在高速增长时期，我国市场基础设施不健全，经济运行不稳定性较大，各种经济体制改革的措施都会对物价水平的稳定构成冲击。20世纪90年代后期的国有企业改革带动我国物价水平持续走低。亚洲金融危机爆发以后，我国经济面临着通货紧缩的风险。2001年我国加入WTO以后，外部市场需求的扩大拉动我国内经济的快速增长，通货膨胀水平也随着经济过热而不断上升。2001年至2008年，通货膨胀水平保持着温和的、持续上升的趋势。然而，2008年国际金融危机爆发以后，我国外向型的经济遭受了危机的巨大冲击，经济再一次面临通货紧缩的危险。2008年年底，我国施行了"大水漫灌"的强刺激政策，猛烈的刺激政策促使2011年出现通货膨胀现象，物价水平的上涨扰乱了我国社会的商品生产和居民生活。2013年我国经济进入新常态后，通货膨胀水平持续走低，并一直处于改革开放四十年的低位。

四十年的改革开放时期，我国房价指数增长率具有自身的周期规律。一方面，1998年住房制度改革以后，我国房地产市场开启了一轮房市繁荣的周期；2008年年底的刺激政策又释放了大量流动性，部分流动性注入实体经济造成通货膨胀水平的上升，另一部分流入性进入虚拟经济造成资产价格的泡沫化，为我国新一轮房价大幅上涨埋下了伏笔。经过短暂的房价稳定时期以后，2015

年以后我国房地产市场又受到了更大规模的投机性资金冲击。面对严峻的房地产市场形势，2016年年底，在中央经济工作会议上，习近平总书记指出，房子是用来住的，不是用来炒的。房地产政策调控风向的转变开启了新一轮的房地产市场周期，新条件下的房地产价格走势与前一阶段的价格走势相比表现出明显的差异。资产价格波动规律的变化将会影响货币政策的传导效率。如果资产价格上升速度较快，资产价格的增长率大于实体经济的利润率，投资性资金将会变成投机性资金，挤压实体经济的流动性进入资产市场，因而，货币政策则难以对市场流动性进行有效调节。同理，如果资产价格出现了崩塌式的下跌，将会导致金融机构的资产价值大幅缩水，从而使得资本净值下降到零值以下。因此，进一步探讨不同资产波动规律条件下的货币政策传导效率对评价我国货币政策最终目标集合的完备性具有重要意义。

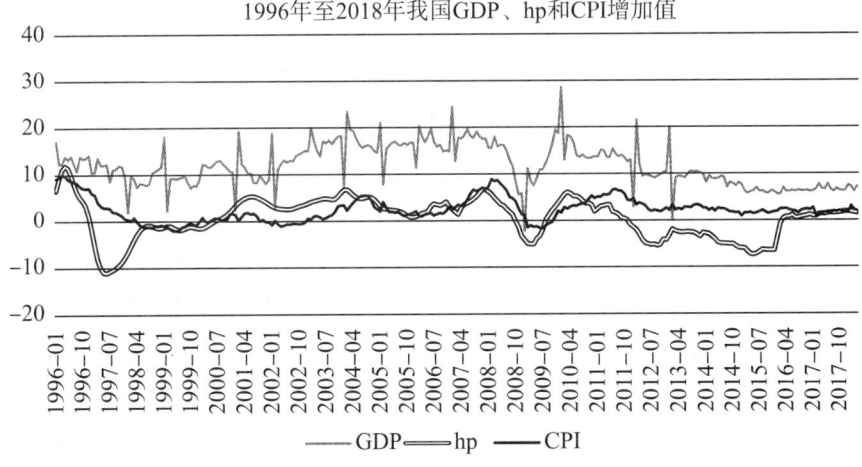

图3-1　1996—2018年经济增长率、房价指数增长率以及通货膨胀率变化情况

图3-2显示的是1996年至2018年我国广义货币增长率及同业拆借利率变化情况。货币供应量和市场利率作为我国货币宏观调控的中介目标，一方面可以有效显示货币政策的调控风向，是我国金融政策的"温度计"；另一方面，两指标可以作为判断货币政策目标向最终目标传导效率的中间依据，可以很好地预测未来我国最终目标集合的变动趋势。我国始终坚持货币政策"稳健中性"的原则，在宏观调控中坚持流动性稳定、经济持续发展以及体制转轨的目标。2008年以前，我国不断深化金融改革，大力推进经济的货币化，中央银行一直努力将M_2增长速度与经济增长速度保持一致，防止经济增长进程中出现货币短缺，以此来促进我国经济增长和就业的稳定。

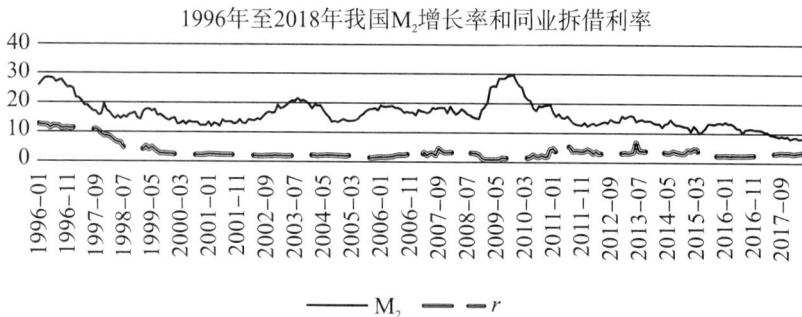

图 3-2　1996-2018 年我国广义货币增长率及同业拆借利率变化情况

2008 年以前，我国 M_2 增长率平均处于 20% 以下，而同业拆借利率在经济高速增长和流动性良好的背景下呈现出逐渐下降的趋势，宏观经济总体运行良好。2008 年全球金融危机爆发以后，中国人民银行大幅度扩张货币，以防止我国经济"硬着陆"。M_2 的增长率突破了 20%，最高点甚至接近 30%，"大水漫灌"式的货币政策成为我国政府应对全球金融危机冲击的主要方法。然而，这种货币宏观调控政策的实施具有效益与成本双面性的特征。政策效益包括经济重回高速度增长，政策成本则是过度宽松的流动性下形成的经济结构扭曲。我国政府在认真研究了强刺激政策的成本与效益之后，最终推出了大规模刺激计划。因为，经济崩溃的成本大于经济结构扭曲的成本，危机时我国的政策刺激及时、有效地防止了经济金融的全面崩溃。当然，大规模的刺激政策落地，充裕的流动性会造成市场大量的无效投资。后危机时期，我国应进一步稳定货币供应，逐渐消化前期刺激政策下的过剩流动性，紧缩市场投机性资金，以此实现去杠杆的目标。2008 年以后，我国货币政策广义货币总量增长率由 2010 年的 30% 降到了 2017 年的 8%，货币政策宏观调控的操作方法也由"大水漫灌"转向了"精准滴灌"：一方面维持市场流动性的稳定，防止市场流动性短缺危机的爆发；另一方面，采用货币政策结构性工具定向调控、精准调控。同时，2017 年我国全面采取"强监管"政策，使得资金链条缩短，金融机构大量表外业务被纳入资产负债表内，金融机构之间的同业存款数量急剧减少。从宏观数据上看，广义货币增长量缩减和短期市场流动性的成本上升，说明在金融强监管政策下出现货币金融资源"脱虚向实"的回归现象。

（3）实证分析

时间序列的实证模型需要检验变量数据的平稳性。此处对模型的各个变量做序列平稳性检验（ADF 检验），发现四个变量在 5% 的显著性下存在平稳的特征。接着，选取 VAR 滞后项。滞后阶数越大，需要估计的参数就越多，模型的自由度就越小，而且滞后阶数越多模型估计的误差就会更多；滞后阶数太小，模型又不能完整反映所构造模型的动态特征。所以，此处选取最大滞后阶数为6，对VAR模型进行滞后阶数检验，AIC和SIC选取的标准为少数服从多数原则，最终选取滞后阶数为4的VAR模型。

以下根据MSIH（2）－VAR（4）模型对货币增长率、市场短期利率、房价增长率、通货膨胀率和产出增长率做状态区制转移分析，得到区制转变图（如图3－3）。图3－3显示的柱形面积，说明变量之间的运行机制在该区制停留的概率大小，相同的区制停留说明该阶段变量之间的运行机制和传递效率具有相同的特点。在区制1（Regime 1）中，除去部分年份的异常值，大部分概率显示在经济运行的新阶段；在区制2（Regime 2）中，大部分概率面积显示在经济运行的旧阶段中。因此，在区制转变中，明显存在两个差异显著的区间，即说明：货币政策向最终目标的传导效率存在显著的区制差异；旧阶段的目标体系效率与新阶段的目标体系效率存在显著的差异。

并且，根据Givewin2.0软件得到MSMH（2）－VAR（1）模型中，LR线性检验（LR linearity test）的结果拒绝了该模型是线性VAR模型的假设，即MS－VAR模型选择是正确的。

图3－3显示的是1996年至2018年各变量MS－VAR模型的区制概率。区制概率的计算是通过区制频率数值的计算而估计的，区制之间的安排是通过马尔科夫过程与EM算法而自动识别的，区制转移特征是基于数据的本身具体特征而出现的，并非人为设定。因此，区制转移的特性具有一定的客观性。从图3－3可以看出两种区制转移特点，第一段区制时间主要包括：1996年、1998年至2000年以及2007年至2017年，其间除去金融危机阶段的2008年。第二段区制时间主要包括1998年、2000年至2006年、2008年金融危机期间以及2017年年底至今的强金融监管阶段。而两个阶段的相关变量的数值差异具体体现在表3－2上，即不同状态区制下的VAR模型中各变量截距及其残差标准差。

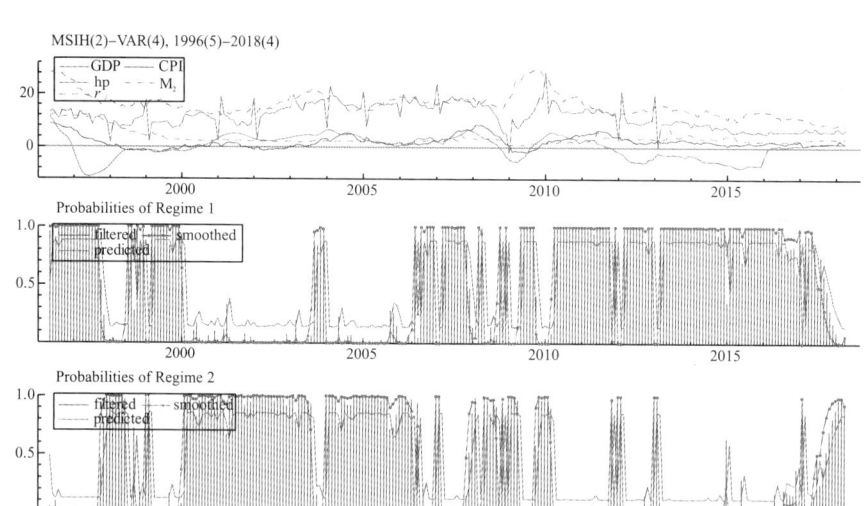

图 3-3 1996 年至 2018 年各变量 MS-VAR 模型的区制概率

从表 3-2 可以看出，区制 1 数值特征显示为 GDP 截距均值小于区制 2 和波动率小于区制 2，可以说明第一阶段的经济增长的自发动力明显较弱，而经济规律逐渐稳定，非预期的经济波动程度逐渐减小。其中具体原因可以是这样：一是，区制 1 大部分时间属于我国经济的新常态阶段，经济增速已经由两位数回调至 8% 以下，因此，增长的平均水平是下降的。二是，随着我国改革开放实践经验的积累，宏观经济政策的稳定性逐渐增强，政府可利用多样化的货币政策调控工具对未预期的 GDP 外生冲击进行对冲，从而提高我国经济运行的稳定性。同时，区制 1 的通货膨胀率普遍高于区制 2 的通货膨胀率，波动率的数值区制 1 是小于区制 2 的。原因在于，区制 1 的大部分时间我国经济已经进入了新常态，稳健中性的货币政策成为连续几年的政策基调，不搞大规模刺激，以偏紧的货币增量政策促进经济转型升级成为此阶段货币政策调控的主要任务。同时，区制 2 的时间中经历了两次重大金融危机（1997 年的亚洲金融危机和 2008 年的美国次贷危机），外部经济的不稳定性造成我国经济内部变量波动程度的增大，区制 2 的通货膨胀外生冲击明显大于区制 1 的通货膨胀外生冲击。同时，从房价指数的增长率可以看出，截距数值出现了区制 1 小于区制 2 的情况，一定程度上可以解释为高房价条件下市场对未来房价的悲观预期，而在低房价的时候市场对未来房价预期充满信心。再看波动性，其区制 1 大于区制 2 的数值可以说明：区制 1 的房价出现了价格异常波动，2007 年至 2016 年我国房地产市场出现了泡沫化的趋势，一线城市普遍出现了房价翻几番的局面。价格的异常波动会体现在外生冲击的残差标准差上。相反，区制 2

的房价波动较小，原因在于我国房价普遍存在的刚性特征。2008年我国经济遭遇外部危机冲击，房价突飞猛进的趋势受到遏制，上涨进入缓和期；同理，2017年年底实行的房地产市场的强监管政策也保证了我国房价在区制2的稳定性。根据以上分析，下面将模型中的区制1和区制2以房价的波动程度来定义，分别命名为房价泡沫化时期和房价稳定化时期。

表3-2　不同状态区制下的VAR模型中各变量截距及其残差标准差

	GDP截距/残差标准差	CPI截距/残差标准差	hp截距/残差标准差
区制1	0.25/1.05	0.13/0.33	−0.06/0.58
区制2	0.57/4.27	−0.25/0.57	0.14/0.14

表3-3、表3-4显示的是不同状态区制下转换概率矩阵和不同状态区制下的频率及持续期。区制转换概率矩阵指的是每个区制在自身区制停留的概率，以及从该区制跳跃到其他区制的可能性。频率指的是经过马尔科夫过程的筛选，出现在区制1的时间长度与总时间长度的比例。持续期指的是区制在1996年至2018年的时间段中，区制1或区制2可以维持的时间长度。在MSIH（2）-VAR（4）模型中，区制1停留于区制1的概率为88%，持续期为8.39个月，由区制1转向区制2的概率为12%。区制2停留于区制2的概率为86%，持续期为7.13个月，并且由区制2转向区制1的概率为14%。因此，区制1的状态稳定性要高于区制2的状态稳定性，说明我国采用货币政策进行宏观调控多数时候存在"强增长和强刺激"的政策倾向，倾向于将宏观经济条件维持在高增长的旧环境中，一定程度上说明了经济运行普遍存在制度惯性。因此，我国经济改革应该始终坚持"渐进性"的基本原则，实现"稳中向前"的经济体制转型。

表3-3　不同状态区制下转换概率矩阵

	区制1	区制2
区制1	0.88	0.12
区制2	0.14	0.86

表 3-4 不同状态区制下的频率及持续期

	频率	持续期
区制 1	0.54	8.39
区制 2	0.46	7.13

在研究了各个区制的定义、时间段以及数值特征以后,下文接着利用脉冲响应分析来研究不同区制条件下我国经济变量之间的动态关系。脉冲响应分析指的是,给定某一经济变量的外生冲击,该种冲击通过向量自回归建立的系数关系,向模型中所有变量的在时间轴上的传导过程。

图 3-4 表示的即是 1996 年至 2018 年各变量 MS-VAR 模型的区制脉冲响应,其中包括了 6 幅脉冲响应图。

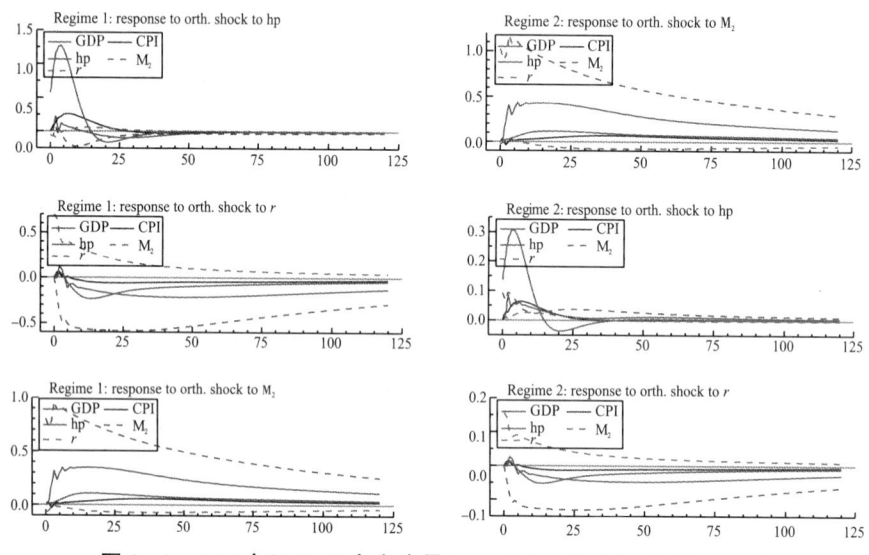

图 3-4 1996 年至 2018 年各变量 MS-VAR 模型的区制脉冲响应

图 3-4 中的第一幅和第四幅小图显示的是房价指数的外生变动对各经济变量的影响,房价冲击对各个变量的影响在区制中存在显著的不一致性。首先,脉冲响应的程度不同,房价泡沫化时期的响应程度最高可达到 1.5 的水平,而房价稳定化时期的响应程度最高也只达到了 0.3。这也验证了我国政策在房价稳定化时期施行了"强监管"的房价政策,使得在该时期房价更为稳定。同时,房价冲击在两个时期对我国经济增长率的影响也具有非一致性。房市泡沫化时期,房价外生冲击造成我国经济增长开始呈现正向冲击,然后又向零收敛,随后负向影响逐渐增大。而在房价稳定时期,房价对经济增长的冲击

是正向的。

房价波动对区制影响的因素差异性可以理解为房价泡沫化时期，非理性的房价上涨会扰乱经济的正常增长；房价稳定时期，合理的房价上升会促进经济平衡健康发展，保证我国房地产与实体经济的协调。最后，房价冲击对我国货币政策中介目标的影响也是非一致的。在房价泡沫化时期，利率的变化在正负之间来回波动，而货币供应量则呈现负向走势；而在房价稳定化时期，货币供应量和利率都是稳定的正向走势。其原因在于：房价泡沫化时期，非理性的资金流动干扰了利率作为资金价格的形成机制，使得利率波动增大；同时，泡沫化的非理性房价上迫使政府实行紧缩的货币宏观调控政策。在房价稳定化时期，经济金融平稳健康发展，房价的正向冲击与经济增长的利好信息是协同的。在经济优质发展条件下，居民收入的增长促进购房需求的合理化增长，从而促进资本投资效益增长，投资效益的利率价格也会一同增长。同时，由于房市合理化增长，房地产的交易性需求产生的货币需求量增大，这时，中央银行可以扩张货币总量来促进我国房地产市场平稳健康发展。

图3-4中的第二幅和第五幅小图显示出不同区制下我国广义货币冲击对经济各变量的动态影响路径。两幅图的脉冲响应图是相似的，最大的区别在于脉冲响应冲击的力度。房地产泡沫时期的货币供应冲击程度要小于房地产稳健时期的货币供应冲击程度。例如，货币供给对经济增长的冲击在房价泡沫时期的冲击程度是小于一个单位的，而在房价稳定时期的冲击程度是大于一个单位的。原因在于，房价泡沫化时期，扩张的货币政策形成的货币超额供给很大一部分变成投机性资金直接进入房地产市场，形成对实体经济支撑的漏损。而在房价稳定时期，政府对投机性领域推行强监管措施，价格的泡沫化难以形成，社会投资环境依然稳定。因此，该阶段货币增量与经济增长率的相关性增大，货币扩张对经济增长的冲击程度相应增大。房地产价格成为影响我国货币政策传导机制差异性的重要因素，在房地产周期的不同阶段，我国货币政策宏观调控具有非对称性。同理，图3-4中的第三幅和第六幅小图表示，不同区制下短期市场利率波动对我国经济各变量的动态影响路径。两区制的传导在走势上基本相似，而差异性仍然体现在冲击的程度上。

综上所述，在房价泡沫时期和房价稳定时期，我国货币宏观调控政策的传导具有显著的非对称性。房地产价格水平的异动会严重影响货币政策的宏观调控效率，扰乱广义货币、短期利率与实体经济三个变量之间的长期稳定联系，使得中央银行无法利用货币宏观调控的政策工具熨平经济波动。由此可见，如果不将资产价格因素纳入货币政策调控最终目标的集合，将会导致中央银行政策操作的严重偏误，甚至造成系统性金融风险的积聚。美联储货币政策宏观调控框架一直坚持采用不包含资产价格因素的通货膨胀目标制，只考虑物价水平的稳定和经济持续增长的关系，长期忽视美国资产价格泡沫化的问题。在资产价格出现上涨趋势的时候，美联储依然坚持低利率政策，进一步促进了资产泡沫的形成，为2008年严重的"世纪金融风暴"的爆发埋下了伏笔。

因此，进一步对西方主流货币政策最终目标选择的历史实践进行研究和反思，对新时代我国构建科学的、系统的货币政策宏观调控最终目标，具有重大的理论与现实意义。

3.4 "新时代"货币政策宏观调控最终目标体系构建

3.4.1 美国货币实践反思与我国现实政策选择

货币理论的发展依赖于政策实践的历史经验，从古典到现代的货币理论演变都是研究不断变化的经济发展状况的历史结晶。20世纪30年代，美国大萧条否定了古典货币数量论，诞生了凯恩斯主义货币干预理论；20世纪70年代，经济滞胀"怪胎"让凯恩斯主义货币政策失效，货币主义和理性预期成为货币政策宏观调控操作的主流思想；2008年美国次贷危机证明通货膨胀目标框架货币宏观调控的失效，后危机时代的货币宏观调控政策规则如何制定还处在探索阶段。

20世纪90年代末期以来，金融深化促使金融创新速度加快，复杂经济条件下多政策目标共存加深了货币政策调控的矛盾性，难以利用货币政策工具同时有效调控产出增长与物价稳定（基于张伯伦原则：单一政策工具只能调控单一目标，单一政策工具调节多目标会降低工具调控的有效性）。货币政策调控的旧方法难以适应经济运行的新状况。在美国新经济背景下，以伯南克为代表的经济学家提出构建基于物价稳定的通货膨胀目标制，将货币政策的名义锚（anchor）锁定在物价稳定的目标上。通货膨胀目标制不仅解决了传统货币调控政策规则弹性欠缺的问题，避免了货币供应量、汇率等固定目标下货币政策指标的机械性造成的实体经济波动。缺乏弹性的指标政策是指以一个机械的数值指标替代相机的货币政策。比如，以M_0的固定增长率来规定每年基础货币供应量，货币供应增减不考虑具体的经济波动情况。通货膨胀目标制抑制了中央银行以货币政策刺激经济的冲动，因为中央银行绩效考核的标准是保持一个较低的中期通货膨胀率而非刺激经济；同时，通货膨胀目标制也提高了货币政策沟通机制的效率。更为重要的是，通货膨胀目标制使得中央银行放弃过分关注工具稳定性的传统思想，将货币供应量和利率作为稳定经济的工具，同时将政策最终目标提高到了更为重要的地位。也就是说，中央银行不再局限于单一关注货币量或市场利率，而将货币供应量和市场利率均作为政策工具篮子的组成部分，利用多种政策工具共同调节物价水平和经济增长速度。

通货膨胀目标制的政策实践在调节产出增长与物价稳定的双目标时具有较高效率，但难以调和资产价格与物价指数的矛盾。20世纪90年代以来，美国宏观经济以稳定速度和较低物价持续增长，在新技术革命冲击的背景下，供给侧效率的提高缓解了物价上升的压力，产生了良好的宏观经济运行条件。美联储在低物价增长的背景下，将利率水平调至了较低水平。（由泰勒规则可知，当通货膨胀率较低的时候，如果错误地将较低的通货膨胀率认定为非潜在通货膨胀率，中央银行会将利率确定在一个较低的水平）。低利率成本激发了社会投资动力，大量的信贷资金流入到新兴产业之中，形成了严重的资产价格泡沫。2000年，美国网络科技泡沫破灭，社会经济陷入极大的不稳定性，美联储推出救市政策。美联储施行刺激性的货币政策，将经济发展重心转移到房地产行业。2000—2008年，美国保持了一个物价稳定和持续增长的发展状态。然而，刺激性政策产生的大量货币供给从实体经济流入虚拟经济，产生了链条较长的金融衍生品市场和稳定的商品市场并存的经济现象。资产泡沫和金融杠杆的增大导致系统性金融风险的积聚。2008年美国次贷危机爆发，通货膨胀目标制的货币宏观调控政策框架在历史实践中失败，要求经济理论界对其进行进一步反思并提出新的理论框架。

通货膨胀目标制实施失败的原因在于货币调控政策的实体经济和虚拟经济的双路径传导。通货膨胀目标制认为货币总量与实体经济存在"闭合"的关系，但实际上货币供给扩张条件下货币存在两条流通的途径：一条是超额的货币供给量注入实体经济，参与并促进各种与实体经济相关的交易与支付的发展；另一条是超额的货币量注入虚拟经济，在金融市场上流通、交易，甚至投机，货币资金脱离实体经济的"空转"导致货币总量与实体经济的"闭合"关系被扰乱，货币调控政策支持产出增长的目的无法达到。次贷危机以前，美国经济在货币宽松和低利率环境下，出现实体经济增长较为平稳，同时虚拟经济泡沫逐渐增大的矛盾现象。但是好景不长。美联储过于关注物价的稳定，而忽略房地产泡沫，使得物价稳定下的金融风险不断积聚，最终导致次贷危机爆发。周小川在谈及欧美中央银行单一的通货膨胀目标制度时指出，全球的中央银行比较强调价格稳定，就是保持低通货膨胀。但有时候价格很稳定，经济照样出问题，比如次贷危机。出现问题以后，金融稳定的职能在运行过程中也不见得做得很好，所以都需要改进。因此，基于金融稳定和经济稳定的双目标制度优于单一的通货膨胀目标制度。

金融系统性风险的控制本质上采用加强监管的措施是最为有效和恰当的，但是，在实践中情况则十分复杂。由于我国金融市场不健全，银行储蓄成为我国居民投资的主要途径。自住房体制改革以来，房地产成为我国居民和投资者在银行存款之外优良的投资资产。由于房地产投资常常伴随着银行信贷的扩张，一旦房地产市场泡沫风险集中爆发，我国金融体系将面临整体崩溃的危险。并且，我国金融市场缺乏完善的监管制度，忽略金融风险的货币宏观调控政策将会埋下系统性风险爆发的隐患。因此，我国货币政策目标在保证物价稳定与经济增长的同时，也应干预资产价格泡沫。

改革开放四十年，我国货币宏观调控政策的规则制定和实施操作一直基于我国经济金融的现实条件。在我国经济转型期，社会经济存在各种复杂的矛盾与问题，中央银行货币政策难以只关注物价稳定的唯一目标。在具体的货币政策宏观调控操作过程中，中央银行不仅关注物价指标的稳定，同时将房地产资产价格纳入宏观调控总框架中。2003年房地产制度改革以来，我国中央银行在房地产市场过热的情况下，多次施行了限购限贷等政策，将房地产价格控制在风险可控的范围之内。2013年以后，我国经济进入"新常态"，减速的经济增长促使中央银行降低市场利率以刺激经济发展，但房地产价格飙升，中央银行的利率政策受到掣肘。这时，中央银行同时利用货币政策和宏观审慎双支柱进行经济调控，一方面利用降息等政策降低实体经济成本，另一方面利用宏观审慎等金融监管政策抑制房地产市场的泡沫堆积，防止系统性风险的爆发。我国长期宏观调控总目标不仅包括物价稳定，同时重视资产价格的稳定。面对新时代新形势，十九大报告指出，健全货币政策和宏观审慎政策双支柱调控框架，深化利率和汇率市场化改革。周小川在党的十九大中央金融系统代表团开放日上谈到，双支柱框架是对国内外宏观调控经验的继承与发展，是十九大后对我国新时代宏观调控体制的重大创新。

总之，欧美中央银行货币政策重大失误和我国货币政策调控的成功实践都是宝贵的历史经验。提出构建双支柱宏观调控框架，是对传统货币政策宏观调控框架的反思以及解决现实经济问题的必然选择。

3.4.2 基于马克思货币理论的"双支柱"框架的机理分析

经济周期的运动决定政府宏观调控的必要性，而政策调控的有效性决定经济运行的稳定性。货币政策作为宏观调控的重要工具之一，其主要对象是实体经济，政策目标是健康的经济增长和稳定的物价水平。与调整经济结构的财政政策相对，货币政策是总量调控政策。中央银行通常只能针对物价、产出总水平进行政策操作，而较难针对不同产业、个人之间的结构性特征进行政策调控。同时，货币政策目标组合方式也较为丰富，凯恩斯主义更多关注产出和失业，货币主义则侧重物价水平的稳定，现代货币政策理论同时强调产出增长和物价稳定。因此，现代中央银行将稳定的通货膨胀率设置为首要目标，作为绩效评价的主要标准。同时，将经济增长隐含在物价稳定的目标之中，两目标之间处于相互依存的关系。一方面，维护经济运行的稳定才能保证物价总水平的稳定；另一方面，维持物价稳定是最有效的保障经济运行稳定、减少剧烈波动的手段。

但是，货币政策的传导方向不止于实体经济，一旦货币政策向虚拟经济传导，将会导致资产价格虚高以及金融风险积聚，因此需要金融监管辅助货币政策的执行。传统的金融监管政策主要针对个体金融机构、独立的金融市场、个别的金融产品，对系统性金融风险防范存在短板。微观审慎监管的局限性主要体现在：一是，政府、企业、居民作为经济运行体系中的主要部门并不在微观审慎监管的直接监管范围之内，其金融行为难以受到及时的调控。二是，随着金融改革的不断深化，金融体系各部分之间的关联关系变得十分的复杂，微观个体的状况即使稳健，组成的整体仍有可能是系统性不稳定的。三是，微观审慎监管政策中，存在不少的顺周期因素。例如：在市场处于上升周期的时候，抵押物品的价格会上升。这样就会使得负债状况显得更加健康，刺激信贷的进一步扩张，最后形成风险隐患；四是，微观审慎监管的不足，导致全球金融监管部门开始审视现有的监管体系，引入宏观审慎政策框架。一方面增强金融系统的稳健性，另一方面控制金融系统的过度繁荣。

宏观审慎监管的政策目标是资产价格的稳定和系统性风险的防范。随着经济的发展和居民财富的积累，消费者物价指数及相关的一些指标，所反映的居民当期消费与居民财富总量相比的占比不断下降。虽然消费价格的稳定对宏观经济稳定运行的基础性作用仍然十分关键，但消费者价格指数等指标在指示整个经济发展程度的代表性已经越来越低。与此相对的，资产价格对居民经济行为和福利水平的影响变得越来越重要。国际收支的严重失衡、纯粹的资产泡沫积聚、金融风险的累积基本上都伴随着资产价格的过度波动,因此,应该从资产价格的变化情况来评估金融风险的积聚程度,从防范资产价格的非理性变动来帮助调控金融风险的产生动机和驱动因素。宏观审慎政策的完善可从目标的进一步聚焦和明确入手,适度增强物价稳定所锚定的价格指数的代表性,以提高货币宏观调控政策的调控效率。沿着增强价格指数代表性来完善宏观审慎政策框架的思路,中央银行并非对资产价格进行完全的控制,也不是直接干预资产价格的形成机制,也就是说,中央银行不会采取行政手段来控制消费者物价水平,从而行政干预市场机制。宏观审慎政策工具的调节的目标是防范资产价格剧烈波动而冲击经济稳定。① 宏观审慎政策实际上是属于宏观经济管理和维护金融稳定的范畴。此框架基于宏观、逆周期和跨市场的视角,在客观准确判断宏观经济形势的基础上进行逆周期和跨市场的调控。中央银行的最后贷款人职能以及支付清算功能使其处于维护宏观经济稳定、防范系统性风险的重要地位。

(1) 双支柱框架运行的内在原理

货币政策与宏观审慎政策双支柱框架运行的内在机制依赖于货币政策的传导过程。此处运用马克思货币理论将货币政策传导分为实体经济和虚拟经济双渠道传导过程,并分析不同传导渠道中的非对称、非平衡等特征,以解释经济"脱实向虚"的现象。同时,利用货币传导的理论分析进一步探索双支柱框架构建在解决非对称、非平衡问题中的重要作用。

实体经济和虚拟经济双渠道货币传导过程是马克思经济理论论证的货币资本的不同运动过程的具体表现。马克思主义的货币理论认为,商品生产扩大到一定程度以后,即形成商品流通。当商品生产与流通持续发展,货币经济随之产生。马克思商品"二次飞跃"的理论阐释了货币作为商品流通重要润滑剂的内在原理:即"商品—货币—商品"的不断转化。同时,随着生产力持续进步和生产关系持续发展,货币经济则表现更为复杂。货币资本流通的过程从商品流通过程的附属中独立出来,成为引导商品生产与流通的前置因素,在运动形

---

① 中国人民银行从2009年开始研究强化宏观审慎管理的政策措施,并于2011年正式引入差别准备金动态调整机制,把信贷扩张与资本水平相挂钩,即是为了配合危机期间刺激政策逐步退出的重要举措。2016年起将宏观审慎政策升级为宏观审慎评估体系(MPA),分为资本和杠杆、资产负债、流动性、定价行为、资产质量、跨境融资风险、信贷政策执行情况,建立了更加全面、更有弹性的宏观审慎政策框架。同时,就MPA而言,可以对广义信贷进行引导和调节,进而影响货币和融资水平,MPA既是货币政策工具,又是宏观审慎政策工具。2015年以来,中国人民银行强化了对跨境资本流动的宏观审慎管理,推出针对远期售汇的风险准备金、提高投机性人民币购汇手续费、对境外人民币境内存放征收准备金等措施,近日又扩大了本外币全口径境外融资(外债)宏观审慎政策试点。

式上则表现为"货币—商品—增值以后的货币"。随着生产力的进一步提高,货币资本流通的进一步发展,货币流通向信用关系转化。在信用经济条件下,信用和货币共同发挥了货币资本的作用,成为引导生产的前置因素,这里将该过程看作货币向实体经济传导的过程,即投资行为,统一简写为"G—W—G+△G",该过程包括实体经济中货币和信用的运动过程。

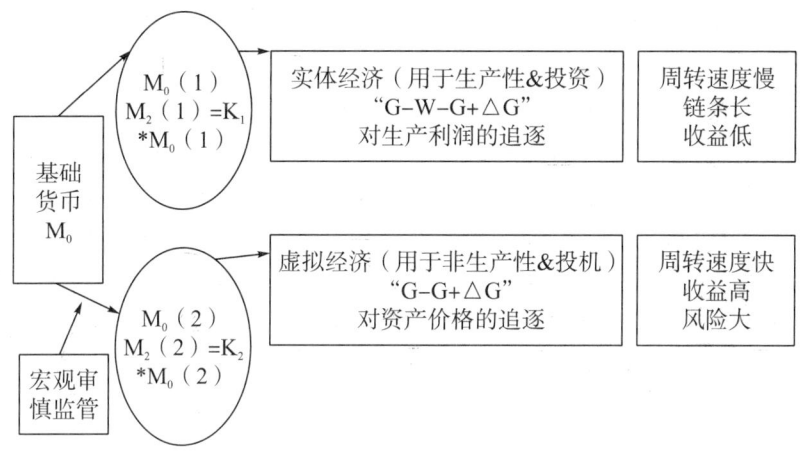

图3-5　货币政策的实体经济和虚拟经济双渠道传导过程

马克思认为,资本总是向利润最高的地方流动。由于实体经济运动过程周期长、风险大、周转速度慢以及链条较长,货币资本的流动从实体经济的流动中脱离出来,成为单纯以追逐货币价格增值为目的的经济关系。货币与信用的落脚点不再是商品生产和流通中的价值增值,而是追逐更高的利率以及从资产价格波动中谋取更高的收益率。因此,货币在虚拟经济中的传导过程变成了投机行为,统一简写为"G—G+△G",该过程包括虚拟经济中货币和信用的运动过程。

图3-5展示了货币传导在实体经济和虚拟经济的双渠道传导过程。其中,货币传导的非对称性表现在基础货币 M_0 扩张导致的 $M_0(1)$ 扩张速度与 $M_0(2)$ 扩张速度的非一致性,信用扩张过程中 K_1 与 K_2 的非一致性,微观审慎监管的非一致性。①

首先是基础货币扩张在实体经济与虚拟经济的非一致性。因为虚拟经济收

---

① 将整个系统比喻成油门和两个轮子,源头M是油门发动机,实体经济与虚拟经济是两个轮子。但是,在油门发动的时候,两个轮子以不同时速在转,即虚拟经济这个轮子转得比实体经济这个轮子快,运转速度产生不平衡。因此,需要利用宏观审慎政策对虚拟经济进行减速,以达到与实体经济一同运转的速度,保持经济运行的平衡。

益更高、回报期更短,所以基础货币会更多地流入虚拟经济领域,而挤压了实体经济中的基础货币。这样就会造成经济呈现实体经济萧条、虚拟经济膨胀的"脱实向虚"的现象。从数量上看,即 $\Delta M_0(1)$ 小于 $\Delta M_0(2)$。

其次是信用扩张在实体经济与虚拟经济的非一致性。由于虚拟经济存在更高的利润,而且虚拟经济的隐蔽性更强。虚拟经济的金融创新程度会比实体经济领域的金融创新程度更高,基于各自基础货币的信用扩张也会产生极大的非一致性。从数量上看,即 K_1 小于 K_2。

最后是微观审慎监管在实体经济与虚拟经济的非一致性。资本充足率、抵押率等微观审慎监管工具在实体经济与虚拟经济中存在一致标准,但由于虚拟经济中存在资产价格的扩张,微观审慎监管工具无法计量资产价格膨胀中的风险贴现现值。在资产价格扩张中,虚拟经济领域可以得到更多的信用扩张,即微观审慎监管对实体经济与虚拟经济的政策监管缺乏相同的政策效果。因此,实体经济与虚拟经济的货币与信用传导存在非对称、非平衡的特征,需要运用宏观审慎监管工具抑制基础货币和信用扩张在虚拟经济中的增长,降低货币信用在资产泡沫形成中的速度,堵住货币和信用向虚拟经济中的传导,最终实现经济"脱虚向实"。

(2) 双支柱框架的运行机制

为了实现实体经济与虚拟经济的平衡发展,货币政策的主要目标应继续维护物价稳定和经济稳定,宏观审慎政策的主要目标则应重点关注资产价格稳定。这里将经济冲击分为内部冲击和外部冲击。内部冲击主要包括供给侧危机和需求侧危机。外部冲击则主要包括贸易冲击和资本冲击,比如进出口量变化、汇率波动、资本流动逆转等。

物价稳定、经济稳定与资产价格稳定之间也可能存在一定的矛盾性。当经济平稳运行,而资产泡沫严重堆积的时候,中央银行提高利率刺破资产泡沫的同时,也可能会打击社会投资,紧缩实体经济的流动性,造成实体经济冲击。当资本市场平稳,而实体经济萧条的时候,降低利率扩张货币可能会造成金融资产膨胀,而货币供给陷入"脱实向虚"的困境。因此,引入双支柱框架可以更好提高货币政策调控的效率。

在物价稳定目标上,中央银行通过公开市场操作、再贴现等价格政策调节实体经济的投资成本,以调节实体经济。在资产价格稳定目标上,中央银行通过动态资本准备金、限贷等宏观审慎数量工具政策调节金融市场可贷资金,以此减缓金融资产价格增长的速度。因此,中央银行可以利用价格政策调节实体经济,利用数量政策调控虚拟经济。货币政策与宏观审慎政策的结合可有效解决经济稳定与金融稳定之间的矛盾。

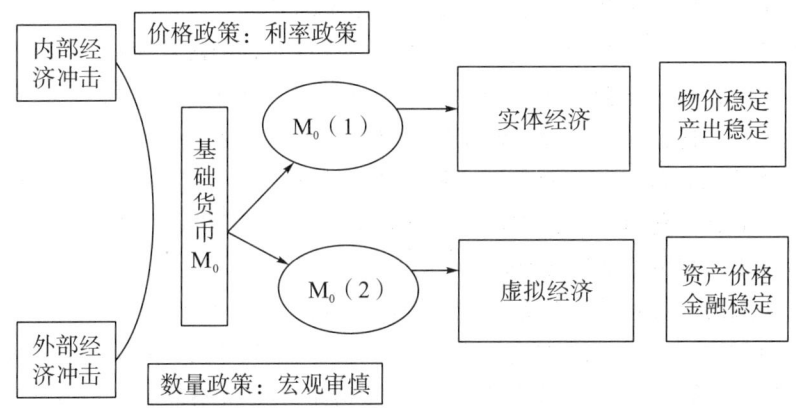

图 3-6 货币政策与宏观审慎政策双支柱框架运行的内在机制

货币政策与宏观调控双支柱框架是在对欧美货币政策宏观调控实践反思以及对我国货币政策实践经验总结基础上取得的重大成果，是对通货膨胀目标制的完善。建立宏观审慎监管制度不仅弥补了微观审慎监管中难以规避系统性金融风险的缺陷，还提高了我国货币政策宏观调控的传导效率，促进我国经济健康持续发展。

3.4.3 影子银行与我国货币信用扩张的机制分析

信用货币作为一国信用扩张的价值基础，成为商品流通媒介的基础性工具。传统的货币政策通过监测并影响一国货币的数量和价格，来提高国家宏观经济金融的运行效率。但是，随着我国金融改革与开放的不断深化，金融产品的创新层出不穷，货币数量的监测和控制难度逐渐增大，难以保证货币政策的传导效率。为了保证货币政策的传导效率，需要详细界定广义货币的存量总量，以判断信用扩张的程度。中央银行可通过详细的货币数据，判断市场信用的松紧，以此来制定未来的货币政策规划。国际上常用的广义货币指标一般是 M_1 和 M_2。而 M_1 和 M_2 指标的产生源自于商业银行的货币创造机制，即商业银行利用中央银行发行的基础货币，通过"存款—贷款"机制来创造广义信用货币。M_1 和 M_2 的货币创造的前提是由大数定律下滞留存款的概率为计算根据的，商业银行通过提取存款准备金来创造广义信用货币。一般情况下，中央银行创造高能货币，而只有商业银行具有广义货币创造的信用扩张能力。

然而，金融市场投机性的行为通过绕开银行法规的方法，在银行体系以外，单独形成了"影子银行体系"。该体系试图在绕开监管规定的条件下，在制度外发挥银行货币信用创造的功能。这不仅扰乱了中央银行对货币和信用数量的统计，导致货币数量总量统计数据小于实际的货币数量数据，削弱中央银行对市场流动性松紧的判断能力，干扰中央银行的货币政策调控；更为严重的是，影子银行的存在会使部分金融机构规避对高风险投机的监管，对无效的、泡沫化的资产进行大量的投机性交易，从而造成社会系统性金融风险的积聚。美国次贷危机的爆发，其根本原因就是金融市场中影子银行的信用过度扩张，信用货币对泡沫化资产的追逐，最终导致全面的、系统性的金融信用崩溃。

近年来，我国金融市场化改革中也出现了"影子银行"，监管放松的金融市场普遍出现了资产价格泡沫化的问题，系统性金融风险的积聚成为了我国经济金融有效运行的第一大难题。我国的影子银行区别于美国的影子银行，更多属于"银行的影子"。由于我国是典型的银行主导的金融体系，商业银行成为我国广义货币信用创造的主体，影子银行的业务主要通过同业拆借、委托贷款、买入返售等方式游离于商业银行的资产负债表外，实现银行资金向监管禁止的方向投资。比如，我国金融监管机构反对商业银行将大量的资金投入地方融资平台，但商业银行可以通过同业业务贷款给信托公司，并通过信托公司向地方融资平台贷款。因此，进一步弄清我国影子银行的信用创造过程，研究影子银行对货币政策调控效率的干扰机制，对我国货币政策调控效率的提高具有一定的积极作用；同时，影子银行对货币政策的干扰分析可为我国监管政策改革提供参考，修复我国传统货币宏观调控政策的传导渠道打下基础。

下文主要通过资产负债表的会计方法研究我国影子银行对商业银行广义货币创造的影响机制，以期为我国货币政策和宏观审慎政策"双支柱"框架建立提供理论依据。接着，重点研究近几年我国政府治理影子银行体系的监管政策对货币信用创造的影响，引入 M_2 和社会融资规模总量等数据分析我国一系列监管政策对传统货币政策传导的修复作用。

3.4.3.1 影子银行对货币创造的影响机制分析

从信用创造的角度来对影子银行对货币政策影响的机理进行分析的文献主要有伍戈、刘成、孙国峰等的文献。以上作者均通过研究商业银行体系的资产负债表的细节内容,来分析我国货币信用的创造过程。①~③下面利用资产负债表的会计研究方法对其中机理进行更为详细的探究。同时,下面研究方法中将现金因素去除,将滞留于商业银行体系内部的准备金都理解为是中央银行的准备金资产。同时,信用创造过程中,只研究商业银行的一次信用扩张的过程。一次信用扩张与重复迭代下的信用扩张过程基本上一致,因此,下文以简化的形式研究影子银行体系对我国货币信用创造的影响。

首先,本文建立最为基础的资产负债表。居民将中央银行的准备金负债存入商业银行,假设商业银行缴纳10%的法定存款准备金,然后将可贷资金全部贷给企业,企业又在商业银行中形成企业存款,最后中央银行的准备金以超额准备金的形式滞留于银行体系内部。

其中资产负债表中的变量用特殊字母表示,负债项目中居民存款和企业存款分别为 RD 和 BD,资产项目中法定存款准备金、贷款以及超额存款准备金为 R、D 和 ER 三项,理财和委外投资用 M 和 I 两个字母表示。假定,居民最初存入商业银行的中央银行准备金为 100,同时提取法定存款准备金数量为 10,最后在负债端形成了 190 的存款,简化商业银行的负债作为一国货币的统计数量(即假定市场所有货币都流入了商业银行,形成了存款负债)。因此,金融市场的货币总量数值为 190。同时,由于贷款总额为 90,社会融资规模总量则为 90,超额准备金(流动性留存)数值为 81。图 3-7 中的图①即是此货币创造的全过程,展示了传统商业银行信用创造过程中的资产负债表扩张的过程。

图 3-7 中的图②显示的是居民购买理财产品以后,广义货币的扩张过程。即居民将 100 中的 50 用于购买商业银行的理财产品,商业银行的负债项目则由表内向表外转移。而该图中假设商业银行持有理财产品以后,还未能有效将资金投出,形成了 50 的中央银行超额存款准备金。但是,由于资金存在机会成本,商业银行不会以闲置资金的同业存款的形式存放于银行内部,而是最终将 50 的理财产品资金通过贷款的形式投资于企业,形成 50 的企业存款。因此,最终商业银行负债形成的广义货币总量数值为 190,而社会融资规模的数

---

① 伍戈:《消失中的货币》,载首席经济学家论坛网,网址:http://www.chinacef.cn/index.php/index/article/article_id/4675。

② 刘成:《多元化货币信用创造格局下货币调控初探》,《管理世界》,2016 年第 12 期,第 6—12 页。

③ 孙国峰、贾君怡:《中国影子银行界定及其规模测算——基于信用货币创造的视角》,中国社会科学,2015 年第 11 期,第 92—110+207 页。

值为90，超额准备金（流动性留存）为91.5。

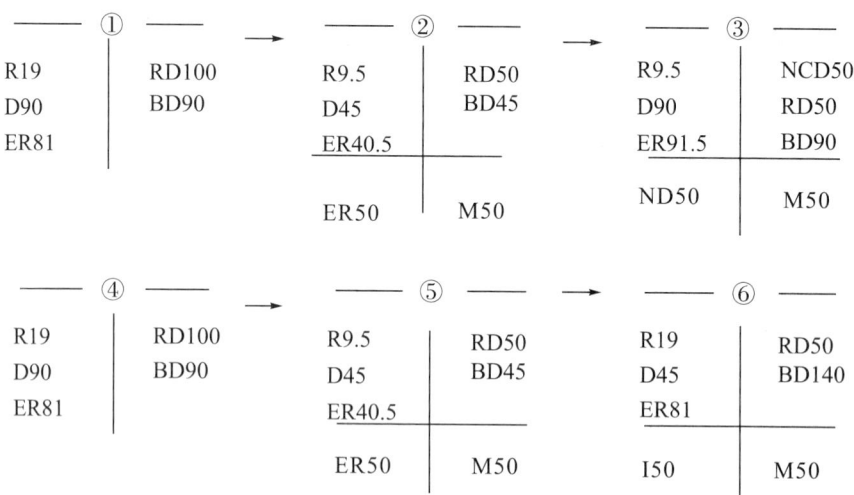

图3-7 不同理财条件下商业银行广义货币创造的资产负债表

在理财产品的作用机制下，商业银行的广义货币和社会融资规模的数值是不发生变化的，然而流动性留存数量增大。作为超额准备金的流动性留存是商业银行体系内流动性能力最强的资产，具有极强的购买力，是社会信用扩张的基础。超额留存数量的增加一定程度上说明反映了商业银行广义信用的增大，这种信用扩张的过程是绕开了传统银行法定准备金的渠道，造成社会信用总量大于市场均衡的信用数量。当更多的流动性去追逐商品的时候，就会形成商品短缺，造成商品价格的普遍上涨；而当更多的流动性去追逐资产的时候，就会出现"资产荒"的现象。

作为中央银行负债的超额准备金具有高能货币的职能，在传统条件和理财条件的一次信用扩张以后，虽然两种条件下的社会广义货币总量没有发生变化，但当理财产品的超额准备金大部分作为高能货币进入货币创造的过程时，就会增大社会货币总量，即 $M_2 = M_0 \times K$，K 为货币乘数。

图3-7中的图④到⑥描述的是居民购买银行理财产品以后，商业银行通过委外资金、通道业务将50单位的理财资金投向实体经济，然后实体将贷款资金存入商业银行，商业银行再利用该存款的准备金进行贷款。最终形成的结果是商业银行的货币总量为190，超额准备金为81，社会融资规模总量为95。也就是说，最终一次性信用创造的结果是社会融资规模总量增大，商业银行通过理财途径规避了存款准备金的限制，过度扩张了信贷、信托资产，从而形成了社会信用的扩张。这不仅造成了社会投资的膨胀，还为商业银行的流动性风

险和金融系统的崩溃埋下了隐患。广义货币总量的数值是没有变化的,但是总量的结构发生了变化:企业存款数量增大而居民存款数量减小。然而,若加上居民的理财存款,其实居民总存款数值依然保持在100。

总之,综合图3-7中的图③和图⑥可知,商业银行的负债总量增大,而社会信用扩张能力增强。图③中法定存款准备金是9.5,而社会总贷款量是90,也就是使用了9.5的准备金来预防90信贷量的紧急提款行为;同理,图⑥中的法定存款准备金是19,而社会信贷总量是95,是利用19的法定准备金来预防95的信贷量紧急提款行为。两者均大于传统银行体系下19的准备金和90信贷总量的均衡组合比例,理财产品的引入扩大了商业银行的信用扩张能力,降低了商业银行的贷款缓冲能力。

尤其是在引入了同业拆借交易行为以后,社会信用扩张的同时,也增大了商业银行体系保有的中央银行负债的超额准备金的数量,增大了用于货币创造的高能货币,从而放大了货币创造乘数,增大了社会广义货币数量。这种货币增加行为属于银行表内的显性行为,它会直接体现在中央银行的货币数量统计中,扰乱了M_2作为我国货币政策传导中介目标的有效性。

由于理财产品的期限错配和风险错配现象的存在,银行理财产品的负债端依然会构成对银行流动性的风险冲击。因此,如果将银行理财总量纳入隐性广义货币的统计中,两种理财产品的经济行为(图③和图⑥)均会扩大社会广义流动性,造成社会经济中流动性的泛滥。因此,这里研究影子银行体系对我国信用扩张的影响分析可以一定程度上解释,为何近年来我国市场频繁出现流动性泛滥、M_2与GDP比例过高以及资产价格泡沫化等一系列现象。

影子银行不仅可以起到对法定存款准备金率监管的规避作用,也会削弱例如资本充足率、法定首付比例以及流动性覆盖比率等其他金融监管政策工具的效率。影子银行的规避作用一定程度上会造成更为严重的期限错配和风险错配,增大我国金融市场的广义货币总量。因此,影子银行体系的存在严重干扰了我国中央银行货币监测与调控工作,削弱了政策工具向最终目标的传导效率,影响我国宏观经济金融的稳定。

3.4.3.1 影子银行行为的源动力因素分析

影子银行对我国经济金融的影响除了金融机构之间的资金渠道影响以外,还造成底层微观主体投资约束条件扭曲。上文通过商业资产负债表研究了银行表内资金表外化的过程,证明了影子银行对我国社会总信用扩张的影响。下文进一步分析促使我国商业银行表内资金表外化以及影子银行体系形成的微观源动力因素。

经济主体的行为是利益最大化导向的,也就是微观个体根据市场价格而做出经济行为决策。金融市场的价格是利率,微观主体通过分析市场利率和投资效益来做出融资和投资决策。因此,利率作为价格成为引导金融市场主体行为的重要指标。

理性行为的假设前提是经济主体的行为是理性的,即经济主体可以完全通过信息计算来确保自身利益实现最大化。一旦价格体系不健全、社会信息不充分以及微观主体目标不明确,就会严重扭曲经济主体的行为,造成金融价格的异常波动,增大经济波动的风险。这里主要参考马骏、纪敏[1]和马骏、管涛[2]的研究成果,分析我国金融市场的结构性扭曲和市场主体的非理性现象。首先,我国国有企业和地方融资平台存在预算软约束现象。在预算软约束条件下,价格成本无法形成融资主体的相关约束,导致经济主体在超越能力范围之外的过度融资。其次,我国金融市场散户为主的特征,增大了市场交易行为的非理性。现实生活中,由于信息获取能力、教育程度以及生活环境的差异,广大散户群众普遍不具有良好的风险控制能力和资产评估能力。因此,散户的非理性投资行为往往跟随社会潮流,形成金融市场的"羊群效应"。最后,信息制度的不健全将会产生大量误导性的信息资源,导致社会集体计算的偏误。

影子银行的源动力一部分来自正常的资金需求,这部分需求产生的原因在于较难取得正规途径的贷款,但随着我国改革开放的深化,健全的金融市场逐渐保障了社会各个微观主体的金融权利,因此,这部分源动力的支撑作用在逐渐减弱。

影子银行的存在的又一大原因来自微观主体的非理性和部分机构的软约束。在房地产市场、股票市场进入金融泡沫化时期,非理性的经济人已经完全忘记了风险的存在,过度乐观的投资行为将会在不考虑资产价格上涨可持续性的条件下做出,增加对房地产、股市等泡沫资产的购买,从而增大对社会资金的融资需求。而正常的银行信贷政策又限制此种非理性的融资行为,于是商业银行信贷资金通过表外理财的方式进入到非理性的投资领域,从而增大金融泡沫。同时,软预算约束条件下的金融市场参与机构较多强调数量扩张,而忽视成本计算。因此,在流动性扩张的条件下大量融入资金、搞数量型扩张,积累了大量的无效投资,逐渐增大了我国系统性金融危机爆发的可能性。总之,微

---

[1] 马骏,纪敏:《新货币政策框架下的利率传导机制》,中国金融出版社,2016年。
[2] 马骏,管涛:《利率市场化与货币政策框架转型》,中国金融出版社,2018年。

观主体经济行为的扭曲削弱了利率机制的调节效率，从而成为拉动我国正规金融影子化的源动力。

3.4.4 "双支柱"框架对传统货币政策框架的修复机制分析

3.4.4.1 我国金融监管政策对传统货币传导的修复机制分析

上文主要研究了影子银行对我国商业银行信用货币创造的影响机制，研究的主体只有商业银行。然而，我国影子银行体系是一个完整的金融体系链条，呈现的是金融机构之间的系统性的结构特征。

我国影子银行体系主要属于银行影子体系，即商业银行通过拉长金融链条，通过金融机构同业业务，来规避监管机构对银行资产负债各方面的限制，以此来达到扩张银行信用及增加银行利润的目的。因此，金融机构同业业务的混乱行为成为影子银行体系对我国货币政策宏观调控效率冲击的关键点。我国金融监管政策改革的关键任务则是针对影子银行体系的金融链条来制定多层次的监管政策，以此来规范我国金融机构之间的同业行为，保证金融市场良好发展。

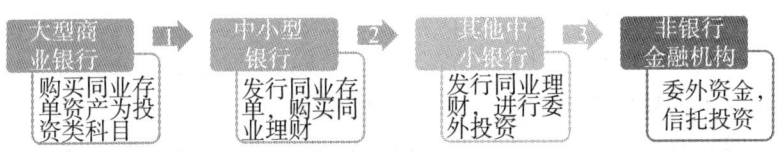

图 3-8 我国影子银行体系的金融链条

图 3-8 表明我国影子银行体系的金融链条。大型商业银行通过中小型银行的同业业务将流动性资金转移给中小型银行，同时通过中小银行与非银行金融机构交易，将短期流动性资金变成长期信贷资产。在大型商业银行资产负债表上显示的则是信贷资产变成了以同业存单为主的投资类科目资产，中小型银行的资产负债表显示的是应付债券和同业存款。而非银行机构则是通过委托贷款项目将资金投资于标准化和非标准化的投资项目。

影子银行体系将商业银行的新增信贷资产转换成高流动性的同业资产，该资产与新增的流动性负债同时出现在资产负债表中。资产的期限转换过程规避了长期信贷资产所需要达到的资本充足率、流动性覆盖比率等诸多要求；同时，风险转换的过程出现在了非银行金融机构对委外资金运作的过程中，替代了商业银行的风险转换行为，减少了商业银行为风险资产提取的拨备数量。

通常情况下，正规的商业银行贷款可直接通过商业银行的贷款业务来完成，无须经过如此复杂的金融链条结构；但由于金融监管的存在，金融机构为绕开金融监管措施而形成上述的金融链条，增大广义信用和货币的信用扩张能力，以此来实现监管套利的目的。

基于以上理论分析，我国系统性的金融风险点就是金融机构之间同业业务乱象，因此，针对金融机构同业业务乱象和资产价格非理性投资现象，制定科学有效的宏观审慎金融监管政策就成了决胜"三大攻坚战"之一的防止发生系统性金融风险的重要突破口。十九大报告指出，突出抓重点、补短板、强弱项，特别是要坚决打好防范化解重大风险、精准脱贫、污染防治的攻坚战，使全面建成小康社会得到人民认可、经得起历史检验。同时，报告提出健全货币政策和宏观审慎政策双支柱调控框架，深化利率和汇率市场化改革；健全金融监管体系，守住不发生系统性金融风险的底线。十九大以后，我国政府全面把握系统性金融风险状况，深入研究管控金融乱象的具体方法，开启了新时代强监管的政策周期。

一方面，金融机构改革取得了突破性的进展。2017年11月我国成立了国务院金融稳定发展委员会，这是在我国金融风险管控攻坚时期成立的重要监管机构，其主要职能包括"分析研判国际国内金融形势，做好国际金融风险应对，研究系统性金融风险防范处置和维护金融稳定重大政策"。而后，在2018年全国两会期间，我国政府机构改革中将保监会和银监会合并成了银行保险监督委员会，增强我国综合监管、混业监管的能力。

另一方面，我国"三三四十"治理和资管新规等金融监管措施纷纷出台、全面实施。2017年我国监管高层出台了"三三四十"的强力政策，银监会对"三套利""四违反""四不当""十乱象"进行专项整治，强化风险管控、弥补监管短板、押品管理等重要举措，主要针对理财和同业的空转问题、银行调整各种监管指标的手法（例如不良贷款假出表）、银行藏匿不良贷款以及日常经营活动中各种规章制度的遵守等方方面面。2018年4月27日，中国人民银行、银保监会、证监会、国家外汇局联合发布《关于规范金融机构资产管理业务的指导意见》。该文件被称为"最强监管政策"，从此我国金融市场资产管理行业迈入了新时代。资管新规打破我国金融机构长期存在的"刚性兑付"；同时，要求所有金融机构对理财产品的期限错配现象进行整改。资管新规还规定了非标资产的具体定义、募集方法，投资产品穿透原则和投资者的门槛等等内容。资管新规的出台抑制了我国金融机构向散户兜售的刚性兑付的收益率，减少了金融市场的非理性行为。同时，资管新规砍掉了金融链条中的资金通道，强行挤出虚拟经济中的泡沫成分。

同时，我国政府在对金融机构强监管政策以外，也加大了对泡沫化的资产市场的监管力度。在 2016 年中央经济工作会议提出"房子是用来住的，不是用来炒的"之后，2017 年开启了限购限贷的房地产政策调控，从而抑制了我国资产价格过快上涨的趋势。同时，我国颁布对外直接投资新规，打消了投机性资金向国外转移的冲动。为了全面监管系统性金融风险，我国不断完善宏观审慎框架，建立了宏观审慎评估体系（MPA），从资本和杠杆、资产负债、流动性、定价行为、资产质量、跨境融资风险、信贷政策执行情况等七大方面对金融机构的行为进行多维度的引导。此外，自 2016 年 5 月起将全口径跨境融资宏观审慎管理扩大至全国范围的金融机构和企业，对跨境融资进行逆周期调节，控制杠杆率、降低货币错配风险。全口径跨境融资宏观审慎政策不仅是我国宏观审慎政策的重要组成部分，也是我国新时代金融开放背景下的政策稳定器。我国政策可以合理有效地监测和管理外部资金流动，这是我国金融开放与稳定的重要制度保障。

针对同业业务和资产价格实施的监管政策，一方面控制住市场流动性向虚拟经济领域"漫灌"，杜绝虚拟经济过度膨胀。同时，资产价格的控制可以有效抑制投机性资金对投资性资金的挤出效应，恢复金融系统支持实体经济的基本功能。另一方面，杜绝金融机构的同业通道可有效降低商业银行的资产负债表扩张程度，缓解系统重要性银行的杠杆压力，防止系统重要性金融机构的崩溃；同时，强监管政策可以有效推动商业银行表外资产的表内化，提高我国广义货币数量和广义信贷数量的统计准确性，修复货币宏观调控政策传统的传导渠道效率，提高我国货币宏观调控的能力。传统的货币信用扩张机制是，中央银行扩张基础货币，在微观审慎监管条件下通过商业银行扩张为广义货币和信用。而监管缺失下的货币信用扩张机制是，中央银行扩张基础货币，在商业银行和影子银行"双重渠道"下扩张为广义货币和信用。在这种情况下，影子银行成为商业银行的替代机构，货币和信用数量扩张的不确定性干扰了货币扩张的准确性，抑制了货币政策调控职能的发挥。在嵌入了宏观审慎工具以后，杜绝了影子银行的渠道，基础货币无法通过影子银行途径实现扩张，货币创造功能又回归商业银行，从而确保了货币创造中的稳定性。

因此，双支柱框架下我国金融监管政策的全面实施可有效修复传统货币政策的传导渠道，促使扩张的货币信用进入实体经济领域，强行推动我国货币供给向"脱虚向实"的路径转移。同时，金融监管措施的实施可有效抑制资产价格迅猛上涨，缓解金融风险积聚的速度，有效化解系统性金融风险，防止全面系统性金融危机的爆发。

3.4.4.2 双支柱框架对我国传统货币政策修复效果的现实分析

上文理论分析提出了双支柱框架对我国传统货币宏观调控政策的修复作用，下文利用现实数据对该修复作用进行检验，提高理论的说服力。影子银行体系对商业银行资产负债表产生的影响主要体现在社会融资规模和广义货币数量扩大两个方面，所以选取广义货币 M_2 和社会融资规模总量两个变量作为研究对象。

M_2 与社会融资规模总量其实是一个硬币的两个面，M_2 指标体现为商业银行的负债端的总量，体现为居民持有的商业银行的负债工具的量。商业银行具有低风险的特征，变现成本较低以及变现速度较快决定了商业银行负债工具极强的流动性特征，因此，其负债工具往往成为市场流动性的代表工具，成为一国广义货币的象征指标。然而，随着金融创新的不断推进，金融市场的货币等价物层出不穷，M_2 作为货币统计量的准确性越来越低，许多中央银行开始将部分货币市场工具也纳入货币总量统计的范畴，形成了范围更广阔的 M_3 货币统计量。社会融资规模主要指的是微观个体融资过程中形成的负债，在金融机构资产负债表的体现则是与居民、企业有关的资产端工具。比如，商业银行通过贷款的形式给予居民、企业资金，那么信贷总量就会计入。如果信托机构对企业进行投资，那么投资总量也应计入社会融资规模总量。因此，社会融资规模就是每一笔金融机构向企业给予资金交易的总额，体现在金融机构的资产端。

通常情况下，广义货币总量与社会融资规模总量的变动趋势是一致的。由于我国所有市场交易的清算中心均是以商业银行为中介而实现的，因此，金融机构的信用扩张，往往伴随着市场广义货币的增长。例如，商业银行把一笔流动性资金贷给居民或企业，就增大了社会融资规模总量；同时，居民、企业所获流动性的增加并非现实货币的增加，更多的则体现为银行存款数量的增加。因此，金融机构对实体经济融资数量的增加值等于金融机构对实体经济负债工具数量的增加值，两者呈现相对应的基本关系。

但是，在特殊情况下，两者的未来预期走势也可能发生显著差异。社会融资规模数量的增加只有在金融机构与实体经济发生金融交易的时候产生，而脱离了实体经济，社会融资规模的数量将不会变化。广义货币统计中不仅包括实体经济在金融机构体系中的负债，同时也包括金融机构之间的同业存款。一旦金融机构之间的存款增加，而金融机构与实体经济的金融交易行为不变，那么就会出现广义货币数量增加、社会融资规模数量不变的情况。因此，金融加杠杆必然使得金融机构之间的链条延长，表现出来就是信用货币的扩张、同业存款数量的增加，而社会融资规模总量是不发生变化的。因此，这种单纯的金融加杠杆而实体融资规模总量不变化的现象，被称作"金融空转"怪象。金融加杠杆的反面则是金融去杠杆。在金融去杠杆的过程中，金融机构之间的链条逐渐被压缩，同业存款数量减少，广义货币数量减少；同时，实体经济的社会融资规模总量可能不会变化。这种现象也被称为"金融实体化"现象。

在上文对金融加杠杆和去杠杆的理论研究基础上，结合我国经济脱实向虚和金融去杠杆两个阶段的现实背景，分析我国广义货币总量和社会融资规模总量的变动趋势。在影子银行体系的影响冲击下，一方面，商业银行通过通道业务将不可贷款的项目变成可贷款项目，同时增大了信贷的总量，进而增大了社会融资规模总量和广义货币数量。另一方面，金融机构之间的同业存款数量增加，促使我国广义货币总量的增加。随着我国三大攻坚战和供给侧结构性改革措施的推出，去杠杆和强监管成为新常态下经济改革任务的重中之重。伴随着金融去杠杆的步伐，地方融资平台以及过剩产能企业的可贷资金迅速减少，金融机构之间的通道业务和同业存款数量大幅缩减，社会融资规模增量和广义货币增量均出现大幅度减少，体现了我国高质量发展条件下有效配置金融资源的经济要求。

图3-9和图3-10分别表示2015年至2018年我国社会融资规模增速和2009年至2018年广义货币总量月度增速。可以看出，除了2009年中央银行采取货币扩张政策使得广义货币数量增大外，2017年以前社会融资规模增速和广义货币增速均保持了一个稳定的水平。但随着2017年金融强监管政策的不断推出，金融领域去杠杆成为经济工作的主要任务。因此，伴随着无效投资行为的减少和金融链条的缩短，委外投资项目和同业存款项目的数量均呈现出递减的趋势。

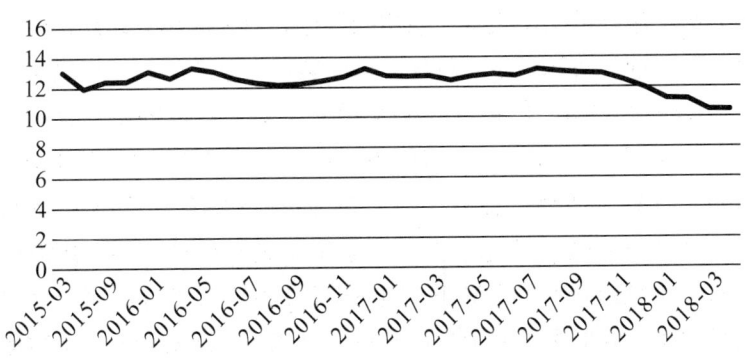

图3-9　2015年至2018年我国社会融资规模增速

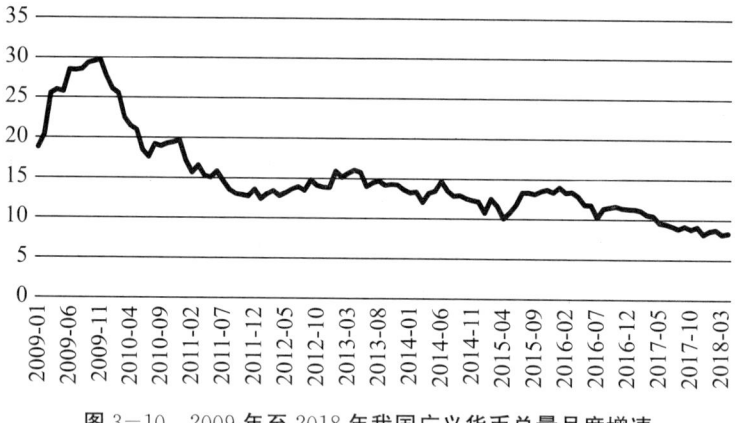

图 3-10　2009 年至 2018 年我国广义货币总量月度增速

从图 3-9 和图 3-10 中可以看出，进入 2018 年以后，我国社会融资规模总量增速和广义货币总量增速均出现了下降的趋势。社会融资规模增速降到了 2018 年 4 月份的 10.5%，广义货币增速降到了 2018 年 4 月份的 8.34%，成为了历史增速的低点。明显的增速下滑说明了金融去杠杆政策的有效性，证明了我国监管政策对金融空转现象遏制的成效，表明了商业银行表外资源表内化的趋势，同时促使我国金融资源实现由"脱实向虚"转向"脱虚向实"的发展目标。

在我国进入经济金融"三大攻坚战"的时期，社会融资规模增速和货币增速下降是经济运行的普遍规律。但是，社会融资规模增速和货币增速下降的幅度则是无法预测的，因为两者均是监管政策作用的结果，而政策作用的力度和幅度是无法预测的。因此，在金融去杠杆的背景下，制定固定数值的货币数量增长目标或社会融资规模增长目标都将会造成经济不确定的增大，甚至会阻碍我国金融去杠杆重要任务的完成。比方说，货币总量的实际值低于中央银行公布的目标，中央银行就会扩大货币信用的供应，增大市场流动性；随着市场流动性的增大，企业又可以开始加杠杆，从而破坏金融政策去杠杆的基本原则。

2017 年以前的政府工作报告都对 M_2 和社会融资规模的增长有一个明确的数字目标。但到了 2018 年，政府工作报告不再提广义货币 M_2 和社会融资规模的具体目标，只是说明要"保持广义货币 M_2、信贷和社会融资规模合理增长，维护流动性合理稳定。"这实际上明确了金融去杠杆条件下货币总量目标和社会融资规模目标的不稳定特征，同时也是我国货币政策促进金融支持实体经济发展的要求。在脱离了制定货币总量增速和社会融资规模总量增速的具体目标值以后，我国货币政策将金融货币政策支持实体经济作为了政策框架的最终目标,即由是否支持薄弱环节、重点领域以及是否保证短期市场流动性的稳定来作为判断货币政策宏观调控绩效的标准。

同时,社会融资规模增速和广义货币增速的降低说明了金融监管政策的实施对货币政策的修复作用渐显成效。资产价格的不稳定性和影子银行体系的扩张严重干扰了我国货币政策的传导,形成货币扩张过程"脱实向虚"的倾向。随着我国金融监管逐渐加强,金融链条的萎缩和资产投机行为的抑制导致金融同业交易行为和金融市场投资行为的减少,具体表现为社会融资规模总量的增速和广义货币增速双双下降。

3.4.4.3 双支柱框架下货币政策与宏观审慎监管政策的协调

传统意义上的货币政策是中央银行调控宏观经济金融的重要工具,是我国经济稳定的第一支柱。然而,传统的货币政策由于存在资金传导漏损的问题,货币传导的"虚拟化"降低了实体经济的资金来源,抑制了我国资本的形成。为了解决单支柱效率低下的问题,我国政府引入宏观审慎政策对货币政策传导机制进行修复,以阻塞过度虚拟化的传导,疏通实体经济的传导渠道,构建经济稳定的第二根支柱。由此,逐渐形成货币政策和宏观审慎政策的"双支柱"框架。

货币政策与宏观审慎政策存在一定的相似性,两者都可以对经济实行逆周期的调节。货币政策通过调控利率价格的变化来调节经济。当经济高涨的时候,中央银行通过提高利率水平抑制消费和投资,最终实现经济的软着陆。在经济萧条的时候,中央银行则通过降低利率水平刺激社会投资,以此来带动经济走出低谷。同理,宏观审慎政策通过数量指标来限制资产交易行为,以此抑制金融膨胀现象。当资产价格泡沫化问题逐渐严重,监管当局则利用首付比、动态资本准备金比率等指标限制特定资产的交易行为,以此来打击资产的投机交易。

当然,货币政策与宏观审慎政策又存在明显的差异性。货币政策属于间接调控政策,主要通过利率或货币量的变动来影响实体经济的运行,其调控效率的关键则在于政策传导的有效性;一旦利率价格信号遭受冲击,货币政策的利率传导渠道则会严重受阻,货币政策呈现出失效的特征。同时,货币政策的调控常常存在严重的时滞效应,政策传导的时间间隔较难预测,在极端情况下,甚至会加深经济周期的波动程度。而宏观审慎政策则属于直接调控政策,一定程度上伴有行政化的调控色彩。它的针对性强,着力点明确,即针对某一特殊市场、某一特殊产品而实行数量限制政策。因此,宏观审慎政策不需要传导,也不必考虑政策的时滞效应。但是,宏观审慎政策属于数量型政策,其执行的存在较低的灵活性。极端情况下,强制的数量控制可能会严重干扰市场交易的价格机制,扭曲价格形成过程。在价格扭曲的条件下,就会出现部分商品和资产的短缺,为获取该种短缺资产和商品可能就会花费额外的成本。然而,如果单纯依靠利率政策去解决金融市场资产泡沫问题,又可能会严重打击实体经济的运行。因此,软约束和非理性的经济个体对资产价格的追逐,可能需要极大地提高市场利率才能得到抑制;而市场利率的极大提高可能会极大地提高实体经济的融资成本,反过来抑制实体经济中的投资和消费。因此,需要引入另一政策支柱:宏观审慎政策。利用扭曲的价格机制去抑制本身就非理性的泡沫价格,可以控制系统性金融风险的积聚。

间接调控的货币政策和直接调控的宏观审慎政策应在实践中相互配合,以形成稳定协调的"双支柱"框架。

一方面,宏观审慎政策对货币政策具有辅助作用。货币政策属于总量政策,较多关注经济增长、就业和物价水平的稳定。货币政策调控较难控制结构性的因素,难以将扩张的货币和信用投入到特定的局部经济领域。相反,货币收缩的时候,流动性风险最大的领域往往遭受的冲击最大。而货币政策的调控常常要"顾全大局",不能大起大落,最终的政策定位于预调微调,即将稳定作为政策的第一要义。宏观审慎政策则可具体针对局部价格泡沫实施,可以缓解货币政策在调控局部价格泡沫的时候对整体融资环境和金融流动性造成的冲击。所以,在金融领域的局部出现"毒瘤"的时候,宏观审慎工具成为货币政策的"手术刀",具有处理局部问题并修复货币政策的功效。

另一方面,货币政策应保证宏观审慎政策执行的外部稳定性。宏观审慎政策常存在"过硬"的特征,实施中存在较难回调,难以估计政策执行的力度。因此,宏观审慎政策可能存在政策过猛的特征,货币政策则应配合审慎政策的调控,对外部经济稳定形成支撑作用。例如,宏观审慎政策对商业银行机构实行强监管政策,商业银行的货币创造能力受到限制,广义货币的流动性出现收缩特征。这时,融资能力最弱的"三农""小微"等领域的流动性可能会严重偏少,造成局部市场的流动性紧缺。此时,中央银行就应该扩大资产负债表的规模,对薄弱环节的融资需求形成政策支撑,利用基础货币替换广义货币,以防止普遍存在货币短缺局面,保证薄弱环节和技术创新领域的流动性稳定。

总之,双支柱框架的基本内涵是利用货币政策调控整体的实体经济的运行,利用宏观审慎政策去调控局部的金融市场发展,保持一致的政策发力方向,选择好不同政策条件下的工具篮子,保证我国经济金融的协调发展。

3.4.4.4 双支柱框架下货币政策目标转型的动态路径

四十年来,我国货币政策目标制度的改革大体分为两步走。(见图3-11)首先,逐步淡化国际收支平衡的目标,加入资产价格稳定的金融稳定目标。其次,中国人民银行进一步完善物价和金融双支柱稳定的目标制度,并以此促进经济增长与充分就业。随着经济和金融双稳定面局的逐步形成,经济增长与充分就业不再作为货币政策考虑的直接目标,而是纳入长期考核的间接目标集合。

第一步,由"旧四目标"转为"新四目标",该阶段伴随着我国汇率制度的改革。在经济的快速增长期,我国以出口为导向的外向型经济发展模式,创造积累了大量的外汇储备;而且在较为僵化的汇率制度以及强制结汇制下,我国货币政策常常受制于"外汇—基础货币"的紧密联系。因此,放弃国际收支平衡目标的前提是循序渐进地推进汇率制度改革,逐渐增大汇率变动的灵活性,由较为全面的资本管制逐渐转型到部分资本项目的自由兑换。这样,可以充分利用国内和国际两个汇率市场的价格发现机制,提高国内外资金配置的效率;另一方面,我国货币政策可以更加集中解决国内的各种经济发展问题,以此来应对不同层面的经济冲击。

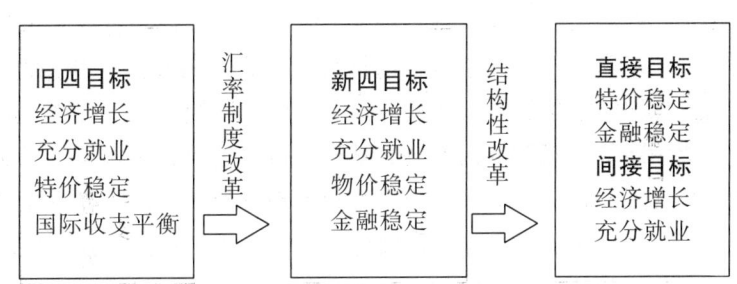

图 3-11 我国经济新常态下货币政策目标制度动态转型图

第二步,则是由"新四目标"逐渐过渡到"双支柱"目标制度,即中国人民银行以"物价稳定"和"金融稳定"为货币政策调控的主要目标。经过四十年的改革开放,我国逐渐由"计划经济"转向"市场经济"。但时至今日,经济结构仍然存在一定的扭曲,价格机制并未完全理顺。在"新常态"下的经济结构性改革中,价格可能会由于转型的冲击而出现波动。如果在这个阶段中国人民银行只是"僵硬"地盯住物价稳定,则可能加大我国经济转型的成本,甚至可能造成比较大的风险。因此,在我国价格形成机制及市场制度还没有完善的情况下,单纯地以名义通货膨胀指标作为中国人民银行的唯一货币政策目标是不科学的，应该根据经济改革的阶段、经济金融发展的程度逐渐过渡到"双稳定"的目标制度。

一旦结构性改革彻底完成，我国就可以实行"物价稳定"和"金融稳定"的双目标制度，同时关注长期经济的可持续增长。由于物价稳定和金融稳定，社会投资会形成较为稳定的预期，而且以风险投资、私募股权投资为主的科技金融会推动全要素生产率的提高。这样，通过投资优化和技术创新，可以实现我国经济长期可持续增长。

3.5 小结

货币政策目标作为政策执行的方向性指针，成为四十年改革开放下我国货币政策宏观调控体制改革转型的重要参照系。一方面，政策目标的选择依托于我国社会的核心价值观，不同的发展理念决定了政策执行的不同目标集合。另一方面，目标集合的设置要符合经济运行的基本规律，超越规律的目标往往是不切实际的。

社会主义核心价值观决定了我国重视科学发展与和谐发展的政策目标选择，同时，体制转轨的特征决定了我国货币政策多元化的目标集合安排，涵盖经济增长稳定、就业稳定、物价稳定和国际收支平衡。但，目标之间往往存在一定的矛盾性，不同时期目标矛盾性的特征又会发生改变。在快速增长时期，房地产价格泡沫严重干扰了我国货币政策传导机制，缺少资产价格的最终目标集合将导致货币政策宏观调控的失效。基于物价稳定的通货膨胀目标制则存在严重的理论与实践的缺陷。上文对马克思货币理论的进行扩展，系统地分析了货币传导的实体经济渠道和虚拟经济渠道，并研究了货币扩张条件下投机性资金对投资性资金的挤压，从而破坏了货币政策的传导。

上文还分析了我国影子银行体系，探讨商业银行货币信用扩张对货币政策宏观调控效率的影响。研究发现，影子银行体系拉长了商业银行的金融链条，使其可以绕开微观审慎监管而增大信贷规模，从而造成我国货币数量和社会融资规模统计准确性的降低。而推动影子银行体系形成的源动力则是我国微观主体软预算约束和普遍的市场非理性行为。接下来分析了近年来去杠杆条件下宏观审慎政策对我国货币政策调控效率的修复作用，以保证我国最终目标的实现。还论证了货币政策与宏观审慎政策的内在协调的机理，以提高我国"双支柱"框架下的货币政策宏观调控效率。

4

货币政策宏观调控传导机制的变动

货币政策传导机制是政策中间目标与最终目标连接的"桥梁",传导机制的效率决定货币调控的有效性。在货币政策宏观调控体系的各个组成部分中,传导机制的功能效率几乎完全依托于外部市场经济的成熟条件,依赖于一定生产力水平决定的经济运行规律,这种规律具有历史客观性。因此,经济发展的阶段、经济体制的特征以及制度条件的完备程度决定了货币政策传导机制的效率。

在分析我国货币政策传导机制变动之前,先梳理相关货币政策传导机制的经济理论。这些理论是对特定历史条件下各国中央银行货币政策宏观调控实践经验的总结,对我国改革开放四十年来货币政策调控的研究具有一定的借鉴意义。

4.1 理论基础

4.1.1 利率传导理论

古典经济学中不存在货币传导机制的分析,这是受"货币中性"或"经济学二分法"理论支配的缘故。古典经济学认为,货币唯一的功能是决定物价的绝对水平,因而是"中性"的。货币量的变动会很快反应在物价上,并不需要经过漫长的调整过程。在这种情况下,货币政策并不会影响真实经济,也就不存在货币政策的利率传导问题。[1]

---

[1] 默瑞·N. 罗斯巴德:《古典经济学》,商务印书馆,2012年。

随着凯恩斯学派和以弗里德曼为代表的货币主义学派对货币理论的发展，人们开始认识到货币政策和利率在其中的作用，货币政策利率传导机制开始受到关注，其中最具代表性的就是凯恩斯学派的货币传导机制理论。

凯恩斯学派的货币政策传导机制理论，即利率传导机制理论，使用 IS-LM 模型分析货币政策的传导过程。在这一模型中，货币当局操纵货币供给的变化使 LM 曲线移动，引起利率变化，从而改变投资行为，最终影响实体经济。具体而言，货币政策通过利率渠道发挥作用，当货币供给增加时，利率会相应下降，进而降低融资成本，刺激投资，从而刺激产出的增加。相反，当货币供给减少时，利率会相应上升，融资成本上升，从而抑制投资，避免高通货膨胀带来的经济增长的不稳定性。①

现代利率理论主要指的是利率期限结构理论，主要研究某个时点不同期限的即期利率与到期期限的关系及其变化规律。② 该理论阐明了各种不同的国债即期利率存在差别的原因，并指出这种差别会随着期限的长短而变化。在这一理论中，流动性偏好理论、市场预期理论以及市场分割理论是最重要的支柱。

流动性偏好理论认为，人们更倾向于持有流动性高、变现能力强的资产，在此基础上，持有长期资产的人们在某种程度上牺牲了流动性，就需要更高的收益率作为补偿，从而形成短期利率与长期利率之间的联动关系。

市场预期理论，又称"无偏预期理论"，认为利率期限结构完全取决于对未来利率的市场预期。如果人们预期未来利率上升，则利率期限结构会呈上升趋势；如果预期未来利率下降，则利率期限结构会呈下降趋势。这一理论中，某一时点的各种期限的债券收益率虽然不同，但是在特定的时期内，市场上预计所有债券都取得相同的即期收益率，即长期债券是一组短期债券的理想替代物，长、短期债券取得相同的利率时，市场是均衡的。

市场分割理论认为，预期理论的假设条件在现实中是不成立的，因此也不存在预期形成的收益曲线。事实上，整个金融市场是被不同期限的债券所分割开来的，并且不同期限的债券之间完全不能替代。根据这个理论，证券市场并不是一个统一的无差别的市场，而是分别存在着短期市场、中期市场和长期市场，不同市场上的利率分别由各个市场的供给和需求决定。

4.1.2　货币传导理论

关于货币传导，最早的古典经济学派认为货币不存在任何传导作用，其理

---

① 约翰·梅纳德·凯恩斯：《就业、利息和货币通论》，中国社会科学出版社，2009 年。
② 周荣喜，杨丰梅：《利率期限结构模型：理论与实证》，科学出版社，2011 年。

论的假设建立在价格完全灵活和市场完全出清的基础之上。该学派认为商品市场、资本市场和劳动力市场价格的灵活性可以促进经济一般均衡状态的实现。因此，在古典经济学学派的分析中，没有纳入货币因素，实物资源的配置则是通过实际价格完成的。货币作为一种交易工具，不进入资源配置的供求竞争过程。因此，古典学派的货币分析方法是建立在"二分法"基础之上的：即实体经济的影响因素由实体经济要素决定，虚拟经济的影响因素则由虚拟经济的基本要素决定。货币只能在名义上对经济产生影响，对实体经济无任何影响。

关于货币传导的分析，较为关键的当属费雪方程式。费雪方程式从货币交易需求出发，研究作为交易工具的货币与实体经济的具体关系。该方程式认为，货币作为一种交易性的工具，具有基础价值的功能。而商品产出在市场交易过程中存在货币化的现象。因此，货币的数量应满足于商品货币化的过程，即名义商品价值总额等于货币数量的流通总额。

在凯恩斯主义对货币交易速度不稳定的观点进行批判以后，货币主义重拾货币数量的研究方法。由于货币作为一种典型的金融资产，持有该金融资产的利息必定存在其他金融资产利息的机会成本；同时，个人消费具有一定的平滑性。正是由于个人消费依赖于永久收入，而非个人当期收入，货币主义因而认为，居民的货币需求取决于个人的未来预期永久收入和金融资产之间的利率差额，而非凯恩斯主义认为的短期利率和当期收入。货币需求决定了交易速度的稳定，而在此稳定的条件下，货币数量与经济运行会存在紧密的关系，货币数量的控制将会有效地调控经济增长和物价水平的未来基本走势。

4.1.3 风险传导理论

风险传导理论主要建立在金融市场的信息不对称的假设基础之上。最早讨论的市场信息不对称的例子是二手车市场。信息不对称对交易行为造成的影响将会体现在交易价格和交易数量上。在交易价格上，无法甄别优劣商品导致市场平均报告失效，消费者根据平均价格交易只能获得劣质商品。如果大部分的交易都无法通过合理价格筛选出优质产品，购买者获得信息的准确性就会打折扣，那么该商品市场的规模就会逐渐萎缩，从而影响交易数量。

同理，信息不对称在金融市场交易中会出现"道德风险"和"逆向选择"的问题。道德风险和逆向选择都是交易双方无法获取充分信息而产生的扭曲行为，两者最大的区别在于道德风险是事后风险，而逆向选择是事前风险。由于信息不对称导致金融交易的定价机制扭曲，从而误导金融交易各个主体的行为。特别是在金融行业中，金融机构经营的资产大部分是通过负债的形式借入的，并不是完全利用自身的权益资本。因此，金融机构开展的资产业务往往存在过度冒险的特点，即投资成功的利润由投资者获得，而投资失败的绝大部分成本由储蓄者甚至全社会承担。大型金融机构的破产难度更大，存在"大而不倒"的问题，所以，大型金融机构道德风险发生的概率和逆向选择的概率更大，导致的金融风险波动的程度更大。

金融行业严重依赖信息收集与处理的行业，如果金融市场的信息秩序出现混乱，就会严重扰乱货币政策的正常传导。例如，在经济危机爆发的条件下，金融市场主体出现极大的悲观情绪，市场上会出现普遍的"惜贷""慎贷"现象，从而导致市场流动性的极度萎缩。中央银行大力扩张的基础货币，都在进入金融机构和微观个体以后，形成储备金滞留而停止了流通。因此，信息获取的正常化是保证货币政策宏观调控传导机制正常化的重要条件。

4.2 快速增长期货币政策宏观调控传导机制

4.2.1 我国快速增长期货币政策传导机制概述

我国改革开放的四十年实现了平均 9% 以上的经济增长奇迹，成为世界经济总量第二大的国家。然而，我国经济长期处于体制转轨的过程中，经济增长也存在阶段性的目标，货币政策传导机制随着阶段性的体制转轨而发生着变化。

改革开放初期，市场化改革目标初步确立，各种经济运行的制度条件和市场条件欠缺太多，传统的计划经济的结构依然存在。在该阶段，货币政策的主要目标就是配合财政政策实行资金的统一调配，以稳定我国各部门、各领域的经济活动。因此，改革开放初期的中央银行主要为我国财政部提供货币和配合走账，实质体现为财政部的"出纳员"，较少拥有对市场流动性和融资成本控制的权力。

随着我国改革开放的深入，国有经济为主的存量逐渐缩小，而民营经济为主的增量部分逐渐扩张，统一资金调配的难度逐渐增大。在这一阶段，控制资金调配的方法难度较大，对部分企业实行定量资金配给的方法逐渐失去效率，形成了一部分效率较高的企业短缺资金，而另一部分效率低下的企业不断获得资金"苟延残喘"。定向配给资金的方法存在严重的错配问题，降低了资金配置的效率。同时，伴随着我国产权制度的改革和价格体系的健全，体制外的经济运行逐渐市场化，竞争机制条件下推高了资金在体制外市场的价格，体制内外存在了资金融通的套利条件。在这样的"双轨制"资金配置体制下,市场主体容易产生投机倒卖、贪污腐败等行为,从而造成社会的混乱。

1984 年,中国人民银行独立出来,开始发挥中央银行的特殊职能,其他银行继续保留商业银行的职能,开展储蓄信贷业务。自此,我国金融体系的资金配给方式逐渐由财政部门计划拨调向商业银行市场自主贷款转变。这不仅提高了我国资金配置的效率,同时还理顺了体制内外资金竞争的价格机制。同时,贷款机制的建立也为货币政策宏观调控的传导机制转变奠定了基础。1984 年以前,中央银行的货币调控主要受制于财政部的行政指令;1984 年以后,中央银行开始从事货币发行和信贷规模管理的基础性工作。在新的经济条件下,信贷机制成为我国货币政策宏观调控传导的主要机制。

随着我国金融市场的不断深化,商业银行经营管理能力逐渐提升。商业银行的资产管理业务逐渐由单一的信贷转向多元化资产业务形式。同时,商业银行贷款的对象逐渐由企业单一主体转向了企业、居民个人等的多主体。金融创新不断丰富,金融市场不断开拓。1992 年召开的十四大在党的历史上第一次明确提出把社会主义基本制度和市场经济结合起来,建立社会主义市场经济体制。在此背景下,我国中央银行体制改革也进入深化的阶段。1995 年,我国正式颁行《中华人民共和国中国人民银行法》,将中央银行与财政部门分离开来,保证了中央银行的独立性。在中国人民银行独立性提高和商业银行经营自主性增强的背景下,1996 年中国人民银行将货币供应量作为货币政策的中介目标,弱化了信贷规模管理的宏观调控方法。1998 年,取消了信贷规模管理,重启以逆回购为主的公开市场操作。自此,我国货币宏观调控政策摒弃了传统信贷控制的行政手段,货币政策传导机制演变成市场导向的数量型传导机制。中国人民银行通过投放基础货币,经过商业银行的货币创造过程,最终形成社会物资流通和支付清算的广义货币量,以此来影响整个经济体系的运行。

利率市场化改革也在同时推进,利率传导机制效率也逐渐提高。2012 年以前,我国经济增速一直保持在高位,金融深化过程持续推进。价格作为资源配置的信号,决定了资源配置的效率。利率是金融市场资金供求的价格,利率市场化程度成为衡量我国金融市场改革进度的重要标准。2000 年以前,我国放开了金融市场的利率管制,实现了金融市场的利率市场化。2004 年,我国将利率管制模式变成了存款上限、贷款下限的利差管理模式;2007 年,正式引入 Shibor 货币市场基准利率。虽然在此阶段我国利率市场化仍不彻底,但利率作为市场资金供求的价格信号,已经具备了一定的灵活性。以各种期限和风险的利率联动效应为特征的利率传导机制也具备了相对成熟的条件。

4.2.2 主要传导渠道

在改革开放的较早阶段,中国人民银行一方面采用数量型货币政策工具,通过调整存款准备金率和公开市场操作来调控货币供应量的变化,进而影响实体经济的其他指标;另一方面则采取利率管制措施,通过规定及调整银行存贷款利率上下限来影响实体经济的其他指标。在这种情况下,货币政策调控的利率传导过程存在两条不同的渠道,分别为 M→i→I→Y,以及 i→I→Y。[①]

如 4-1 所示,我国传统的货币政策利率传导主要包含两条途径:一是通过货币市场利率传导。中国人民银行的货币政策工具首先影响货币供应量,而货币供应量的变化会引起货币市场利率的变化,进一步引起居民与企业投资的变化,最终影响实体经济的产出,从而实现货币政策目标。二是通过银行贷款利率传导。一方面,中国人民银行通过法定存款准备金率以及利率管制来调控银行贷款利率的变化,另一方面货币市场利率的变化也会对银行贷款利率的变化产生一定的影响,而银行贷款利率的变化会影响居民以及企业的投资,进而影响实体经济的产出,最终实现货币政策目标。[②]

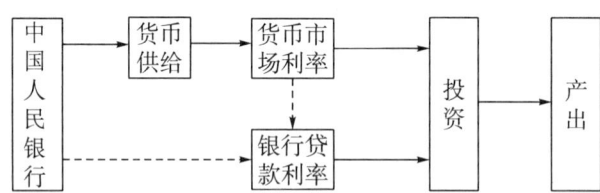

图 4-1 我国货币政策利率传导途径

4.2.3 传导效率的决定因素

货币是商品流通和支付的基础性工具,是社会信用的基本支撑。货币传导机制政策则是通过中央银行信用货币工具的创造,来推动经济变量的一系列变化的过程,是打开货币政策工具与货币政策最终目标连接的"黑匣子"的钥匙。

货币政策传导机制的效率依赖于经济体制的具体客观条件。如果将整套经济体制比喻成一个完整的人,那么货币系统就是这个人用于运输养料的血液系

---

① 朱烨,陈勇:《我国货币政策利率传导机制研究》,《经济经纬》,2005 年第 2 期,第 134 页。
② 岳意定,谢文:《利率市场化进程中货币政策传导实际利率渠道的实证检验》,湖南大学学报,2009 年第 5 期。

统。而传导机制就是造血器官到血液系统的传导路径，通货膨胀、流动性和利率指标就是血液系统的血脂、血压等显示机体是否"健康"的指标。人的发育阶段决定了血液系统运行的不同特征。所以，经济运行的市场条件和制度条件是决定货币政策传导机制效率的重要因素。

市场条件又称为经济运行的物质条件，是经济机制有效运作的硬件设备系统。它的涵盖范围较广，一方面包括市场的技术条件，比如，信息信号传递的通讯能力、国家和社会的统计能力、交易行为的报价系统效率等等。现实中典型的例子就是互联网技术的发展使我国信息传递和统计计算的技术条件大大改善。另一方面包括市场中人的客观条件，人口的数量和结构、人口的区域分布、人口的变动趋势等等，现实中的典型例子就是以老年人为主和以年轻人为主的金融市场特征存在显著差异。

制度条件常常是无形的，是经济体制运行的软件设备系统。从世界范围看，就跟国际政治经济规则、国际治理有关。在一个国家内部，就跟其政治经济规则有关，体现为国家的法律、法规。在生产组织层面，就跟公司企业法律、企业章程有关，体现为不同组织形态的企业结构。通俗地讲，金融市场的制度条件决定了金融市场中"谁在交易、如何交易、在哪里交易"，体现为组织形态、交易规则和交易平台等等内容。

总之，货币政策传导机制的效率受经济运行的市场条件和制度条件的共同影响。市场条件主要是由国家技术水平决定，而制度条件则受一国的历史、文化等因素影响。探索经济体制特征的转变对于研究货币政策传导效率具有重要意义。

4.2.4 传导效率衰减的理论分析

自 20 世纪 90 年代以后，中国人民银行采用货币供应量作为政策操作的中介目标，逐渐完善数量型货币政策调控总框架。

数量型货币政策调控总框架的确立符合我国经济体制转型的具体要求。在 20 世纪 90 年代的经济环境下，信贷控制的难度越来越大，经济发展出现了严重的结构性失衡。另一方面，商业银行的信用创造能力增强，商业银行具有良好的货币管理能力。同时，金融结构主要以商业银行为主体的特征，决定了信用创造的可测性和可控性。以基础货币向广义信用货币传导的政策机制具有极高的效率，建立以 M_1 和 M_2 为中介目标的货币政策宏观调控对疏通我国货币传导机制具有极大的帮助。但是，随着我国经济金融改革的深入推进，数量型的货币传导机制效率逐渐降低，原因有以下四个方面。

一是，利率市场化改革加快，利率作为货币政策中介目标的有效性逐渐增强。2015年政府彻底放开对存款利率上浮的限制，在政策层面已经基本实现了利率市场化。

二是，金融市场多元发展。商业银行业务规模在金融总规模的占比逐渐降低，市场中各种金融机构的多元业务对商业银行的资产业务构成外部冲击。2014—2016年，我国社会融资存量规模从123万亿元稳步升至156万亿元，年均复合增长率为12.6%，显著超过国内生产总值的年均增幅。在社会融资存量结构中，以股票和债券为代表的直接融资比重呈现逐年上升趋势，从2014年的12.6%稳步升至2016年的15.2%；以本外币贷款、委托贷款、信托贷款、承兑汇票等为代表的间接融资比重呈下降趋势，两年间从87.4%小幅降至84.8%。①

三是，金融创新不断推进。金融市场中产生了大量的货币等价物，M_2难以作为市场流动性松紧的具体衡量指标。同时，M_2的统计工作往往较为复杂，官方的数据公布常常存在时滞。中央银行通过扩张基础货币，难以根据产生时滞的M_2指标判断货币政策实施的力度和合适的时机。因此，M_2的灵活性和准确性逐渐低于利率的灵活性和准确性。

四是，影子银行体系膨胀。影子银行体系中同业拆借数量的急剧扩张对货币政策传导机制的冲击增大。同业存款作为金融机构之间的储蓄行为，对实体经济不构成任何影响。但是，同业存款的增加会增大M_2的统计数据。M_2的波动可能只是同业存款的波动，而无法引起实体经济的同向同幅度变化。因此，M_2与实体经济的相关性逐渐降低，其作为中介目标的货币政策传导机制效率逐渐降低。2018年3月，我国政府工作报告不再规定2018年广义货币M_2的增长率指标的具体数值，以此淡化数量型中介目标的指引功能，此举证明了我国政府对货币政策传导机制变化的科学认识和正确把握。

下面借用普尔（1970）的分析框架研究我国经济体制转型与货币传导机制变化的数理关系。② 普尔的公式建立在凯恩斯主义的分析范式基础上，将实际产出的波动因子u和货币需求的波动因子v引入IS-LM模型之中。同时，在IS-LM方程关系式的基础上，加入了中央银行的损失函数，目的是求出损失函数最小条件下的政策选择。

---

① 《中国金融结构出现五大趋势性变化》，载中国金融网，网址：http://www.financeun.com/News/2017425/2013cfn/92810256000.shtml。

② Poole W: "Optimal choice of monetary policy instruments in a simple stochastic macro model", Board of Governors of the Federal Reserve System (U.S.), 1969.

$$Y = a_0 + a_1 r + u$$
$$M = b_0 + b_1 + b_2 r + v$$
$$L = E[(Y - Y_f)^2] \tag{1}$$

将变量因子带入损失方程中，求出一阶方程。得出公式（2）。其中，如果保持利率的稳定性，那么经济波动的所有不确定性均来自产出自身 u。如果保持货币供应量的稳定性，那么经济波动的所有不确定性不仅来自商品市场的产出自身波动性（如消费需求），同时来自金融市场（货币需求）的波动性，但可以利用金融市场的波动分散一部分产出自身的波动。因此，货币政策规则的选择取决于两种波动率大小的比较。

如果产出自身的波动性较大，而金融市场的波动较小，也就是货币需求相对稳定，则控制货币总量的政策具有更小的损失。通过货币总量的控制来满足金融市场的基本交易和支付需求，同时让利率紧随产出波动以适应经济波动。同理，如果产出自身的波动幅度小，而金融波动（如货币需求）的幅度大，则应控制市场利率以稳定产出和金融环境。因此，控制货币抑或控制利率，取决于经济运行自身的客观因素。

$$L_r = \delta_u^2$$
$$L_M = (a_1 b_1 + b_2)^{-2}(a_1^2 \delta_v^2 - 2\rho_{uv} a_1 b_2 \delta_u \delta_v + b_2^2 \delta_u^2)$$
$$\frac{L_M}{L_r} = (a_1 b_1 + b_2)^{-2}(a_1^2 \delta_v^2/\delta_u^2 - 2\rho_{uv} a_1 b_2 \delta_v/\delta_u + b_2^2) \tag{2}$$

结合上文对我国货币政策宏观调控实践经验的总结可知，在高速增长阶段，我国金融深化程度较低，货币需求较为稳定，而经济体制转轨导致的经济自身因素波动的幅度较大。如果选择稳定利率，则会造成货币和信用扩张或紧缩的失控，从而造成严重的经济过热和过冷现象。随着我国金融体制改革的深入，金融深化程度增加，经济自身的稳定性逐渐提高，金融创新条件下货币需求逐渐变得不稳定。如果仍然保持对货币供应量的宏观调控，则会使利率价格波动较大，增大利率对产出波动的影响程度，削弱货币政策对宏观经济调控的效率。

如果在高速增长阶段，我国政府将政策重心放在了利率为主的传导机制上，试图通过影响利率来影响最终产出，最终可能会形成利率是稳定的，而货币供应总量极度扩张的局面。这种扭曲会严重削弱中央银行的调控效率。20世纪80年代至90年代均出现了在利率稳定的条件下我国信贷扩张导致投资失控的问题。因此，高速增长阶段条件下我国货币传导机制比利率传导机制存在更优的效率。

同理，在经济进入新常态的背景下，如果过分强调货币传导机制，中央银行通过货币总量控制稳定经济波动，将会造成市场利率的较大震荡，从而影响居民、企业消费和投资的稳定性。产生如上问题的原因在于，改革过程中的金融创新导致货币总量的统计越来越缺乏准确性，货币总量指标的不准确性导致利率波动的不稳定性，使得数量型的货币传导机制充满了更大的不确定性。所以，经济进入新常态的条件下利率传导机制比数量传导机制有更高的传导效率。

综上所述，货币政策传导机制的畅通与否决定了货币政策宏观调控效率的高低。货币传导机制畅通或数量型货币调控有效的基本条件是，基础货币的扩张能在商业银行体系以稳定的比例创造广义信用货币。特别是，金融体系要有稳定的货币需求或稳定的货币乘数，最后将中央银行信用担保的基础货币转化成广义货币总量或信贷总量来支撑实体经济。而在金融创新条件下，由于企业可以利用中央银行发行的货币以外的货币等价物完成交易和支付，经济活动可以通过非银行系统创造广义货币，因此 M_2 的统计难以描述所有实体经济运动的流动性需求。在货币数量控制能力下降的时候，只有通过控制经济主体的融资成本来控制融资量，通过价格的变动以实现数量的均衡。利率传导机制或价格型货币调控是通过将直接融资或间接融资的利率成本与平均投资收益做比较，以此来影响微观主体的投融资决策，从而影响支撑实体经济运行的消费和投资的规模。

总之，我国货币政策传导机制的变化是由经济体制转型中市场条件和制度条件变化决定的。经济体制机制的变化最终倒逼中央银行在我国经济发展的不同阶段制定适合该阶段条件的货币政策宏观调控框架。

4.2.5 传导效率衰减的实证分析

上文已经对我国传统的货币政策利率传导渠道进行了理论探讨，接下来利用 VAR 模型对其进行实证分析，进一步研究我国传统货币政策传导渠道的运作及其效率。

(1) 变量选择与样本数据说明

此处使用的 VAR 模型包括以下指标变量：货币供应量、货币市场利率、银行贷款利率、产出变量以及通货膨胀变量。货币供应量以广义货币供应量 M_2 为代理变量，货币市场利率选取七日银行间同业拆借利率 i_1 为代理变量，银行贷款利率选取一年期银行贷款利率 i_2 为代理变量，产出以国内生产总值 GDP 为代理变量，通货膨胀以居民消费价格指数 CPI 为代理变量。同时，为消除异方差的影响，对 GDP、CPI 和 M_2 取对数。

在数据的选择上，以 2002 年 1 月至 2013 年 12 月的季度数据作为研究样本。这一选择基于两方面的考虑：一是 2001 年 12 月加入 WTO 之后，我国的经济发展进入了新的阶段，中国人民银行对货币政策的运用以及货币政策的利率传导机制也发生了一些变化；二是自 2014 年 5 月以来，我国经济进入"新常态"，传统货币政策利率传导渠道开始发生转变。样本数据来源于国家统计局、中国货币网等网站。

（2）平稳性检验

在对利率传导变量进行协整分析之前，采用 ADF 检验方法，对各变量进行平稳性检验，滞后阶数由 AIC 法则自主决定，检验结果如表 4-1 所示。

表 4-1 ADF 单位根检验

变量	检验类型	ADF 统计量	临界值			稳定性
			1%水平	5%水平	10%水平	
lnGDP	(c, t, 9)	0.329991	−4.219126	−3.533083	−3.198312	非平稳
lnCPI	(c, t, 8)	−2.452467	−4.211868	−3.529758	−3.196411	非平稳
lnM_2	(c, t, 4)	−2.102131	−4.186481	−3.518090	−3.189732	非平稳
i_1	(c, t, 6)	−1.539818	−4.198503	−3.523623	−3.192902	非平稳
i_2	(c, t, 1)	−2.626830	−4.170583	−3.510740	−3.185512	非平稳
ΔlnGDP	(c, t, 4)	−4.204340	−4.192337	−3.520787	−3.191277	平稳
ΔlnCPI	(c, t, 7)	−5.457181	−4.211868	−3.529758	−3.196411	平稳
$ΔlnM_2$	(c, t, 1)	−6.077135	−4.175640	−3.513075	−3.186854	平稳
$Δi_1$	(c, t, 5)	−4.541758	−4.198503	−3.523623	−3.192902	平稳
$Δi_2$	(c, t, 0)	−4.394851	−4.170583	−3.510740	−3.185512	平稳

从表 4-1 所示的检验结果可知，各变量均经过一阶差分后平稳，均为 I（1）平稳过程，它们之间可能存在协整关系。

（3）货币市场利率与货币供应量的协整检验

因为仅存在货币市场利率与货币供应量两个变量，所以采用 EG 两步法进行协整检验，其结果如表 4-2 所示。

表 4-2　货币市场利率与货币供应量的 EG 检验结果

变量	EG 统计量	0.05 水平临界值	结论	协整方程
$\ln M_2$ 和 i_1	-2.128963	-1.947975	存在协整关系	$i_1 = 0.91 \ln M_2 - 9.20$

由表 4-2 的结果可知，货币市场利率与货币供应量之间存在协整关系。但是观察协整方程可以看出，货币供应量和货币市场利率之间呈正相关关系，这表明传统货币政策的利率传导渠道存在阻滞。自 2002 年我国加入 WTO 以来，人民币一直处于预期升值的环境中，导致国际游资进入我国，引起货币供应量增加。中央银行为实现降低通货膨胀的目标，需要通过利率管制的方式来提高利率以回笼货币，进而产生传统货币政策的利率传导渠道阻滞的问题。

（4）货币市场利率与银行贷款利率的协整检验

对货币市场利率与银行贷款利率之间的协整检验仍采用 EG 两步法来进行，检验结果如表 4-3 所示。

表 4-3　货币市场利率与银行贷款利率的 EG 检验结果

变量	EG 统计量	0.05 水平临界值	结论
i_2 和 i_1	-1.863526	-1.947975	不存在协整关系

由表 4-3 可知，货币市场利率与银行贷款利率之间不存在协整关系，表明我国的银行贷款利率并不受货币市场利率的影响。究其原因，在我国实行利率管制的政策之下，银行贷款利率的变化更多的是由中国人民银行直接制定的，而不是通过利率的传导形成的。在这种情况之下，货币政策的利率传导渠道自然会受到严重的影响，无法发挥应有的作用。

（5）物价、货币供应量和利率以及经济增长的 Johansen 协整检验

由于 EG 检验仅适合于两变量，针对 CPI、GDP、i_1、i_2 和 M_2 多变量做 Johansen 协整检验，以判断这些变量之间的关系，最大滞后阶数按照 AIC 准则确定，结果见表 4-4。

从表 4-4 的检验结果可知，货币供应量、经济增长、货币市场利率以及银行贷款利率之间存在长期的均衡关系，其中货币供应量与经济增长呈正相关关系，货币市场利率与经济增长呈负相关关系，银行贷款利率与经济增长呈正相关关系。这表明在传统的货币政策传导中，货币供应量是最重要的传导途径，货币市场利率的传导途径处于效率低下的状态，而银行贷款利率因受到银行管制的影响呈现出反常状态。此外，货币供应量、物价、货币市场利率以及银行贷款利率之间也存在长期的均衡关系，其中货币供应量与物价呈正相关关

系，货币市场利率与物价呈负相关关系，银行贷款利率与物价呈正相关关系，这表明在传统的货币政策传导中，货币市场利率向 CPI 的传导处于低效状态，银行贷款利率向 CPI 的传导处于反常状态。

表 4-4 Johansen 协整检验结果

变量	H_0	Trace Statistic	0.05 Critical value	Max-Eigen Statistic	0.05 Critical value	协整方程的正规化形式
M_2、GDP、i_2、i_1	$r=0$	86.74984	47.85613	56.85010	27.58434	$\ln GDP = 0.088 i_2 - 0.021 i_1 + 0.90 \ln M_2$
	$r \leqslant 1$	30.66744	29.79707	24.39004	21.13162	
	$r \leqslant 2$	7.905884	15.49471	10.76369	14.26460	
M_2、CPI、i_2、i_1	$r=0$	57.56910	47.85613	34.77942	27.58434	$\ln CPI = 0.013 \ln M_2 - 0.006 i_1 + 0.011 i_2$
	$r \leqslant 1$	22.78968	29.79707	10.62977	21.13162	

综上所述，在传统的货币政策传导过程中，货币供应量是最主要的传导途径，对 GDP 和 CPI 的影响较大，而利率传导途径中的货币市场利率对 GDP 与 CPI 的影响较小，传导效果较弱，银行贷款利率在中央银行管制之下对 GDP 与 CPI 产生反向的影响。

(6) 脉冲响应分析

为了研究传统货币政策传导过程中的滞后性问题，将通过脉冲响应方法分析货币供应量、货币市场利率、银行贷款利率对 GDP 和 CPI 的影响。从图 4-2 中不难发现，在本期给货币市场利率一个冲击后，其作用大致在第三期达到最大，在第四期之后基本处于稳定状态，并且对 GDP 的作用为负，这表明货币市场利率的升高将引起 GDP 的降低，不过其影响程度相对较小。同样的，货币供应量的增加在第三期会引起 GDP 的较大增加，最终为 GDP 带来较为平稳的小幅增长。不同的是，银行贷款利率的上升最终带来的是 GDP 的增加，这一反常状况的存在是由于贷款利率的管制。

从图 4-3 可以看出，货币市场利率的增加对 CPI 的作用大致在第二期达到最大，最终对 CPI 的影响趋于 0；银行贷款利率的增加对 CPI 的作用大致在第三期达到最大，最终对 CPI 有一个稳定的负影响；货币供应量的增加对 CPI 的作用大致在第四期达到最大，最终对 CPI 的影响趋于 0。这表明货币市场利率、银行贷款利率以及货币供应量对 CPI 的作用都有一个明显的时滞，不同的是，货币市场利率与货币供应量对 CPI 的影响符合货币政策的理论，而银行贷款利率对 CPI 的影响却呈现出反常状态，这一现象的存在归根结底还是源于我国利率的非市场化以及中国人民银行的利率管制。

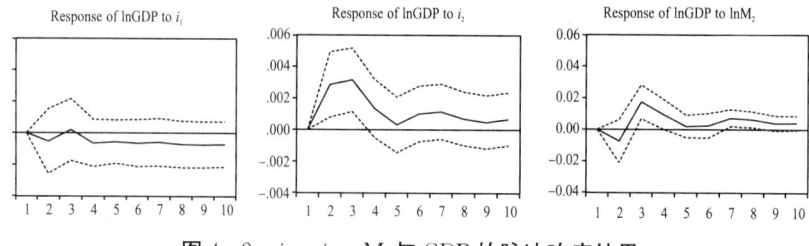

图 4-2　i_1、i_2、M_2 与 GDP 的脉冲响应结果

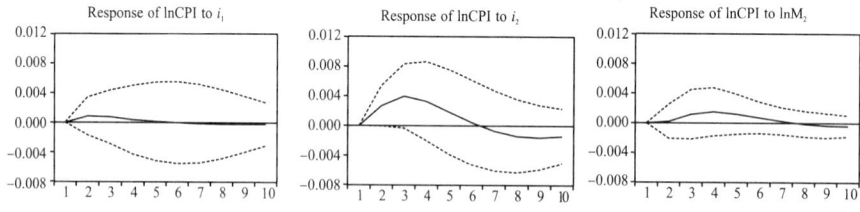

图 4-3　i_1、i_2、M_2 与 CPI 的脉冲响应结果

总之,在传统的货币政策传导过程中,利率传导渠道的货币市场利率途径所起的作用很小,存在较为严重的阻滞,而银行贷款利率途径由于中央银行利率管制的存在也难以发挥应有的作用。除此之外,传统货币政策的利率传导过程还存在明显的时滞,不利于货币政策的实施。

(7) 小结

通过以上的实证研究发现,传统的货币政策利率传导渠道存在着一些缺陷,主要表现在以下三个方面。第一,可控性差。在传统货币政策的利率传导过程中,中国人民银行采用的是数量型调控工具,是通过货币供应量来影响利率进而影响产出的。在这种情况下,中央银行较难控制货币政策的效果,容易出现超调的状况,不利于我国货币政策目标的实现。第二,传导渠道不畅。在我国原有的两条利率传导途径中,货币市场利率对于产出和物价的影响较弱,难以发挥有效的作用,而银行贷款利率受中国人民银行的利率管制措施影响,对产出和物价的影响不仅变动剧烈而且呈现出反作用状态,难以产生应有的效果。此外,银行贷款利率与货币市场利率之间不存在协整关系也在一定程度上表明了我国利率传导渠道的不畅;第三,时滞效应。脉冲响应分析显示在本期的货币供应量、货币市场利率以及银行贷款利率等变量的冲击对最终产出和物价的作用均有若干期的滞后,这表明传统的货币政策利率传导渠道存在较明显的时滞效应,影响着货币政策的实施以及货币政策目标的实现。

总而言之,我国传统的货币政策利率传导渠道存在着一些缺陷,而随着我国经济发展水平的提高以及利率市场化进程的不断加快,这些缺陷对货币政策宏观调控效果的影响也愈加显著。加快完善货币政策利率传导渠道已成为我国亟待解决的问题之一。

4.3 经济新常态下货币政策宏观调控传导机制模型

4.3.1 新常态环境变化与传导机制转换

改革开放四十年，经济体制转型始终是我国经济工作任务的重中之重。传统条件下，我国体制转型主要是充分释放要素的生产力，扩大我国经济增长的规模，实现经济总量上的扩大。但随着我国经济进入"新常态""新时代"，传统的、高速的粗放型增长模式已经不再适应未来经济的持续发展。以大规模投资和低成本劳动力为特征的粗放型发展模式无法兼顾经济发展中的质量问题，不再符合我国新时代高质量发展的要求。面对经济形势的变化，党中央高瞻远瞩，科学地做出形势判断，并对未来经济发展作出具体部署。十八届三中全会报告指出，未来我国资源配置的方式要充分发挥市场的决定性作用，同时更好地发挥政府的宏观调控作用。

经济体制的变化决定了各个市场运作子机制的变化，机制的变化导致货币政策传导效率的改变，从而倒逼货币政策宏观框架的变革。随着市场化改革的深入，传统的、数量型的货币政策宏观调控工具在政策执行过程中效率逐渐衰减，市场化的政策调控方式逐渐成熟，价格型传导机制逐渐畅通，货币宏观调控政策体制急需转型。

货币政策是宏观调控政策的重要组成部分，其传导机制同样随着外部体制转型而发生变化。并且，传导机制的畅通性成为判断新的经济条件下我国货币政策调控框架是否足够成熟的重要标志。畅通的传导机制可以高效率地完成政策目标，从而更加精准地、及时地稳定经济；而受阻的传导机制往往会干扰货币政策的执行，甚至会严重扭曲政策对经济的调控。

利率作为我国资金配给的价格信号，具有促进金融市场竞争、提高资金配给效率的重要作用。同时，利率的灵活性决定了利率传导机制的畅通性和利率政策的有效性。随着我国经济进入"新常态"，体制机制的变化决定我国已经具备了利率传导机制的成熟条件。一方面，中国人民银行加快了利率市场化改革速度，基本实现了制度和政策层面的利率市场化。2012 年，中国人民银行允许存款利率上浮，2015 年 10 月彻底放开存款利率的浮动限制，2016 年取消贷款利率管制。自此，中国人民银行不再对所有市场利率实施管制措施。另一方面，金融市场的发展促使市场利率形成机制逐渐完善。基于FTP的贷款定价模式已经得到普遍采用，商业银行的存贷款定价能力逐渐提升；货币市场和资本市场的价格灵活性和市场流动性逐渐提高。同时，我国对利率市场化改革的步伐并没有停止，十九大报告提出了深化利率和汇率市场化改革的要求。以利率传导机制为基础的利率政策框架转型的时机已基本成熟。

在经济进入"新常态"和"新时代"的背景下，下文对我国利率传导机制进行全面的研究，并提出进一步疏通利率传导机制的改革措施。

4.3.2　时间和空间范畴的利率传导机制研究

下面主要从时间轴和空间轴两个维度上，研究货币政策利率传导的基本原理。利率作为资金供求的价格信号，成为市场流动性松紧判断的指标变量。经济理论中讨论的利率变量，是将社会储蓄者与社会融资者相联系的，并在储蓄者的"节俭行为"与生产者的"投资行为"完全匹配条件下实现供求相等的价格信号。

利率与资源的跨期配置有关，也就是说，利率发挥着资源在时间轴上优化配置的引导作用。关于利率与资源跨期配置的分析，德索托在《货币、银行信贷与经济周期》进行了系统地讨论。[①] 消费的跨期推延会对消费者偏好产生贴水效应，需要利用金融市场的利息来作为弥补消费跨期拖延的报酬。而跨期资源配置最为重要的，则是跨期的生产安排。部分经济项目具有生产时间长、研发风险大以及未来报酬大的特征，而另外一些项目则具有生产时间短、研发风险小和未来报酬小的特点。因此，对于前一种项目就需要一种长期成本和资金流量稳定的金融支持，对于后一种项目的资金就无须前一种的金融保障。这样，利率成为引导经济中长期项目和短期项目的重要参考指标。如果市场利率降低，企业家就会觉得长期项目有利可图，原因借入资金进行长期项目投资，产业结构就会向资本类投资为主的趋势发展。如果市场利率提高，企业家就会觉得长期项目风险增大，借入资金只会进行短期项目投资，产业结构就会向消费类投资为主的趋势发展。

利率引导社会生产结构变化的基本作用主要体现在利率在时间轴上的规律性运动。同时，资金交易的市场平台又存在多样性，不同的交易主体以不同的交易方式实现资金的融通，就会产生不同的交易市场平台下的价格信号，从而体现为利率价格的多样性。然而，金融资源的流动能力是极强的，套利机制导

---

① 赫苏斯·韦尔塔·德索托：《货币、银行信贷与经济周期》，上海财经大学出版社，2016年。

致市场平台之间资金流动不存在时间和数量的限制,金融资金的流动一般均是瞬时的和数量巨大的。因此,利率的传导也会迅速地在空间轴上展开。

因此,一个经济体中的利率,不只是单个市场和单个时点上的部分利率,而是整个利率体系,即利率在时间和空间的双重轴上运动而最终形成的一套完整的利率体系。利率传导机制则是通过利率体系的变动来影响经济金融变量的变动规律。

图4-4 我国短期利率向长期经济变量的传导途径

因此,利率传导机制本质上来说是利率体系的传导机制,即货币当局通过货币政策工具影响短期市场利率,然后通过利率体制之间的联动关系来影响长期利率,最终作用于经济总量(例如经济增长、就业量等)和经济结构(资本类和消费类)的变化。

利率在时间轴上的传导体现为短期市场利率向长期市场利率和长期实际经济变量的影响。基本的利率传导链条包括政策利率、短期市场利率、长期市场名义利率、长期市场实际利率和实际经济变量五个部分。五部分之间又存在四个主要的传导过程,包括政策利率向短期市场利率的传导、短期市场利率向长期市场名义利率的传导、长期市场名义利率向长期市场实际利率的传导以及长期市场实际利率向长期实际经济变量的传导。

首先,政策利率向短期市场利率的传导手段主要指的是中央银行的加息政策(图4-4中的第一步骤)。中央银行首先通过货币政策委员会制定短期的政策利率,并通过公开市场操作委员会利用短期金融工具对市场流动性进行调节,从而使得市场短期基准利率向政策利率逼近。这个调控过程的操作主要通过在中央银行和金融机构之间展开交易来完成。

交易成功的关键点在于中央银行是否拥有足够丰富的工具以及金融机构是否对流动性具有合理的需求。发达国家的货币政策工具主要是短期国债,中央银行通过国债的买卖来调节市场流动性。政策工具的丰富与否决定了中央银行吞吐货币的能力到底有多大。其次,商业银行的流动性需求是否合理,关系到基础货币投放以后,大量的货币是滞留在金融系统内部还是通过机构投放出去的问题。例如,在美国经济大萧条期间,货币市场极度紧缩,所有的机构都在不计成本的争夺短期流动性。资金流入了金融机构以后,就无法再流入到市场中，商业银行体系均担心挤兑风险。这种现象被凯恩斯称作"流动性陷阱"，描述了金融机构的异常的流动性囤积行为。面对此种情况，中央银行只有发挥最后贷款人的作用，无限制地扩张流动性以缓解市场流动性恐慌，防止流动性危机升级为全面的经济危机。

其次，市场短期名义利率向市场长期名义利率的传导主要指的是利率曲线的运用（图4-4中的第二步骤）。其基本原理是利用不同利率期限和风险之间的套利空间，在不同性质的债券交易中实现利率结构的均衡。例如，发行短期债券来融资，然后买入长期债券，以实现加权以后的短期利率与长期利率的相等关系。

短期利率向长期利率传导的理论基础是：期限结构理论、风险溢价理论以及流动性溢价理论。公式（3）即是利率结构理论的简单模型，即长期利率等于预期未来短期利率的平均加上流动性溢价和风险溢价的总和。即影响长期利率的不仅是当期利率的大小，还包括未来预期的短期利率大小、未来资产的预期变现成本和风险溢价。

$$i_n = \frac{i_1 + \cdots + i_n^e}{n} + l + \partial \tag{3}$$

确保金融市场的短期利率向长期利率传导的关键点在于以下两个方面。

第一，是否具有规模足够大的、足够多样化的债券品种以及是否拥有深度市场化的衍生融资工具。债券的规模和品种是保证市场交易者可以在足够数量的工具之间实行利率套利，以实现利率结构之间均衡关系的必要前提。如果债券的规模和品种不足，将会导致投机方无法买入或卖出足够数量的债券，数量调整的不到位将会造成利率期限价格的扭曲。而衍生融资产品作为价格发现的工具，可以迅速实现利率结构的调整，缩短利率调整的时间，减少利率调整中所需要花费的市场交易成本。

第二，长期流动性溢价和风险溢价是否正常。长期流动性溢价主要指的是未来某种资产变现所需要花费的所有成本，风险溢价指的是该资产未来收益的可靠程度。如果一项资产已经预期到未来某个时期变现成本较大，那么该资产贴现率就会大幅上升，资产价格会大幅下降。例如，政策限制出售资产的行为将会严重破坏资产价格的形成。风险溢价主要跟市场主体的未来盈利能力有关，也是一种预期因素。例如，在金融危机的条件下，社会普遍担心部分金融机构的持久经营能力，这时市场对此机构的风险预期就会增大，风险贴现率就会增加，长期名义利率就会居高不下。此时，中央银行应利用大量流动性降低短期市场利率预期，降低货币市场的短期流动性风险；同时，中央银行通过购买与系统性金融风险有关的资产,展开结构性的货币政策操作,降低该类资产未来变现的流动性成本。而且,政府机构须利用财政政策、货币政策以及其他政策对系统性金融风险进行集中清理,降低长期风险溢价以调低长期名义利率的未来走势。

接着,长期名义利率向长期实际利率传导主要指的是名义变量与实际变量的联动性(图4-4中的第三步骤)。由于居民、企业的长期消费和投资决策是以实际变量为参照基准,因此,利率需要由名义值向实际值传导,才能保证货币政策利率传导机制的有效性。可以根据费雪方程式来研究长期名义利率与长期实际利率的关系,如公式(4)。公式(4)表明,长期名义利率等于预期未来通货膨胀率与长期实际利率的总和。因此,降低长期实际利率的方法可以通过推高未来预期通货膨胀率的方法来实现。例如,在金融危机期间,社会普遍存在的通货紧缩预期条件下,社会长期实际利率一直居高不下,社会消费和投资在较高实际利率成本条件下遭受严重抑制。中央银行只有通过持续的、大量地投放基础货币,推高未来通货膨胀率,来实现长期实际利率的降低。

$$i_t = E\pi_t + r_r \tag{4}$$

最后,金融与实体经济对接的关口就是实际利率向消费和投资的传导过程(图4-4中的第四步骤)。实际利率向实体经济传导的关键是微观主体的资金可得性和微观主体的激励机制。首先,如果微观主体存在预算"软约束"的问题,那么不论利率上升下降,微观主体均会在不考虑投资质量的情况下大量融资以增大投资规模。另一种情况,如果市场资产价格导致市场投融资行为的严重非理性,那么实际利率的提高不会抑制投资,市场主体会在不关心成本的条件下大量融入资金进行资产投机。最后,如果微观主体在金融市场中是存在融资限制的,其可得资金数量不足,那么利率的变动将不会对该微观主体的投融资行为构成影响。中国人民银行要解决以上三个问题,提高货币政策宏观调控的能力,需要引入更多的政策工具,涉及范围更广的政策部门。这需要在经济体制改革的顶层设计上下功夫。

以上四个步骤解释了利率在时间轴上的传导过程,每一个步骤的断裂或阻碍都将严重影响利率体系的传导。在我国经济新常态背景下,疏通利率传导的步骤就成为货币政策转型中的改革重点。

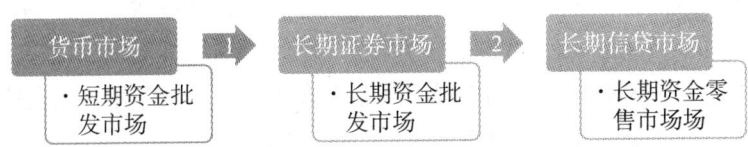

图4-5 我国批发市场与零售市场的利率传导途径

利率体系除了在时间轴上的传导，在空间轴上也存在传导路径。只有在时间和空间上均实现畅通的传导，才能保证利率体系的完备性和有效性，才能真正建立起以利率体系为链条的货币政策利率传导机制。图4-5解释了批发市场与零售市场的利率传导途径，表示的是利率传导的路径是由金融市场向部分零售型金融市场的传导。

首先，短期资金利率向长期资金利率的传导从空间上看是货币市场向资本市场的传导（图4-5中的第一步骤）。该传导过程的本质是，流动性资金的变动引起投资性资金的变动。如果金融机构的短期流动性资金成本增大，体现为货币市场利率上升，那么金融机构的长期资金投资成本和流动性风险就会增大，金融机构就会把一部分长期投资资金转化为短期储备资金，以降低自身的流动性。反过来，长期投资性资金也会影响短期流动性资金。如果长期投资效益增大，金融机构就会同时在长期和短期资金市场上融入更多的资金用于高效益的投资，那么，货币市场利率由于需求的增大而升高。

其次，证券市场利率向信贷市场利率的传导是表示批发型向零售型的资金传导（图4-5中的第二步骤）。在成熟的金融体系中，标准化的批发型市场的交易量远远高于非标准化的零售型的交易量，证券交易的流动性远高于信贷业务的流动性，因此，证券市场的利率成为长期利率定价的基准，引导着信贷市场的利率定价。也就是，商业银行的信贷利率基准主要参考利率曲线结构的长期端。而证券市场与信贷市场依然存在相互影响关系，其影响机制是商业银行通过资产组合的选择而实现两个市场资产配置的无套利均衡。如果信贷市场的收益率高于证券市场相同性质产品的收益率，商业银行就会释放一部分债券到金融市场，从而将资金配置到信贷市场中；同理，如果信贷市场的收益率低于证券市场，商业银行就会减少未来信贷数量，将可贷资金投入到证券市场中，以实现两个市场的均衡。不同资产组合之间的套利，使得不同市场的长期利率在空间上实现高效传导。

利率体系在空间轴上传导的关键点在于金融市场的完备性。一方面，金融市场中是否存在完备的金融工具篮子。利率联动机制的核心是市场参与者通过金融工具的交易行为来赚取产品之间存在的套利差价，如果产品数量不足或产品结构缺失，将会导致交易行为的受阻，从而无法在价格体系中得到均衡的结果。另一方面，金融市场的交易是否存在限制性行为。转型国家的金融市场发育常常不健全，因而将不同的金融机构限制在不同的市场范围内进行交易，这样的市场分割现象，阻碍了利率价格在空间上的传导。

4.3.3 "新常态"下我国利率传导的现状分析和实证研究

新常态经济下，我国加速了利率市场化改革的进程。2015 年，我国彻底放开了存款利率的浮动限制，在政策层面实现了利率市场化。

一个国家利率市场化的程度，并不是完全依据利率管制政策的开放程度来作为判断标准的。利率市场化的成熟度依赖于传导机制背后的制度和市场条件。上文的理论研究中已经论证过，一套完整的利率传导机制应该具有时间和空间的双重效率性质。研究一国的利率市场化程度，应重点考虑支撑货币政策在时间轴和空间轴均有效传导的制度和市场条件。

改革开放四十年，我国经济始终处于转型的过程中，市场发育的不健全是由我国生产力发展水平决定的。同时，制度运行的惯性决定了计划经济时期遗留的旧法规、旧章程依然存在。因此，生产力不发达和制度惯性等因素导致我国货币政策利率传导机制的效率不是很高。在改革开放四十年之际，全面、科学地分析影响利率市场化传导机制的制度和市场因素，是综合评价我国利率市场化整体推进水平的重要标准；也是深化金融市场改革、提高政策传导效率的必要条件。

首先，中国人民银行的货币政策工具不断丰富，货币政策的调控弹性不断增大，但金融深化的程度仍然不足。货币政策工具的数量和种类决定了中央银行宏观调控的灵活性。近年来，我国新增国债发行规模不断扩大，国债的期限结构不断优化。国债产品的规模扩大和品种的多元化有助于提高中央银行对政策利率的控制。但相比于发达国家，我国国债发行的广度和深度仍然不足，国债利率仍难以对利率期限结构发挥基础性的引导作用。

其次，我国利率区间制度逐渐完善，基础利率波动性逐渐降低，但仍然存在异常波动。以常备借贷便利利率为利率上限、超额准备金率为利率下限的利率走廊机制逐渐完善，利率区间对利率波动的控制能力逐渐增强，市场基准利率的波动性逐渐降低。但常备借贷便利的交易范围较为狭窄，金融机构的利率管理能力不强，市场短期利率的波动常常突破利率的上下限区间。基准利率的稳定性仍有待进一步增强。

再次，利率浮动的限制完全放开，商业银行定价能力增强，但基准利率的界定仍不明确。自利率管制政策放开以后，我国金融机构的对金融产品的定价能力逐渐提升。商业银行全面采用了 FTP 的贷款定价方法，增强了市场利率对贷款定价的影响。但是，市场上普遍存在着短期市场基准利率和存贷款基准利率"双轨制"的问题；而且，后者还受到中央银行的意见指导的制约。因此，进一步深化利率市场化改革，就需要将市场基准利率与存贷款基准利率"双轨"并轨，确定唯一的利率基准。同时，提高金融机构的激励约束能力，培养金融机构主体自主的资产定价能力。

最后，各个金融市场之间的连通性逐渐显现，利率的空间传导能力逐渐增强，但市场分割问题仍未彻底解决。近年来，我国金融机构的混业经营逐渐打破了金融市场分割的现象，商业银行负债业务和资产业务逐渐丰富，利率的空间传导能力逐渐增强。不过，我国市场管制仍较严格，市场分割现象仍然十分显著。一方面，货币市场由于参与者业务限制，被分为了银行间市场和场外市场；另一方面，我债券市场的发行主体受到限制，企业债无法在资本市场上形成一定的规模。同时，资本市场的扭曲造成不同的企业性质拥有不同的资本融资权利。

综上所述，在经济新常态背景下，我国利率传导机制改革的制度与市场条件逐渐成熟，利率传导机制的政策宏观调控效果逐渐显现，但利率传导机制的畅通性仍需通过深化改革的途径逐步实现。下面，将利用经济数据对我国利率体系联动特征进行深入探讨，实证检验我国经济体制转型过程中利率传导机制效率变化的阶段性特征。具体选取的数据为2000年至2008年我国同业拆借市场7天平均利率和银行间债券质押式回购交易7天平均利率，数据来自中经网数据库。同时，选取2002年至2007年中债国债1年期、3年期、5年期、10年期和20年期的收益率数据，数据来自Wind数据库。

图4-6显示出2000年至2018年我国银行间同业拆借利率和银行间债券质押式回购交易加权平均利率的历史走势。由于我国金融结构以商业银行为主体，其存量增量资金的巨大导致商业银行交易行为成为金融市场的动态风向标，因此，银行间的市场利率可作为我国金融市场的基准利率。短期银行间市场利率包括同业拆借利率和质押回购利率，前者是银行主体依靠银行信用融通短期资金的利率，后者是银行之间通过质押回购方式融通资金的利率，两者均近似于无风险利率。从基准利率的走势可以看出，两者的走势基本相同，但依然存在差异性。同业拆借利率与质押回购利率的差额则由图4-6中第三条曲线表示。可以看到，同业拆借利率普遍高于质押回购利率，一定程度上说明了质押回购比同业借贷的融资手段更具有稳定性。原因在于，质押回购交易中需要提供债券抵押物，而同业拆借业务仅仅凭借商业银行的主体信用融通资金，前者以银行信用和债券信用共同担保，后者只有银行信用担保，因此同业拆借利率需要更大的风险补偿。

图 4-6 2000 年至 2008 年我国两种基准利率的历史走势

从 2000 年至 2018 年我国基准利率走势上来看，2000 年以后利率波动较为平稳，说明了利率管制对利率浮动的显著抑制作用。随着 2005 年商业银行股权分置改革的完成，市场基准利率的波动幅度逐渐增大，金融市场的利率灵活性逐渐增强。2008 年金融危机爆发以后，强刺激政策推动了我国利率较大幅度的下降，政策主导下的利率稳定性维持了较长的时间。我国经济进入新常态后，中国人民银行通过提高市场利率来消化前期流动性充裕下的大规模投资，以期通过提高融资成本的方式挤掉市场泡沫。

随着高利率阶段的持续，我国工业和房地产行业均进入下行期，中央银行通过降低利率来防止经济的"硬着陆"。同时，中国人民银行不断完善利率区间制度，利用常备借贷便利利率和超额储备准备金利率作为区间上下限。利率区间制的完善使得 2015 年至 2016 年利率波动幅度大幅下降。宽松的利率政策促使我国房地产又迎来一波高峰。随着我国新一轮金融去杠杆政策的推进，金融链条的缩短导致市场流动性收紧，量的减少必然会导致价的提高。2017 年以后，强监管政策下市场流动性的紧缩促使我国基准利率出现上涨的趋势。总之，四十年的改革开放历程说明了，我国市场基准利率的走势基本上与宏观经济改革与发展的大事件紧密联系，利率信号对经济条件变化的灵敏性逐步增强。图 4-7 表示的是 2002 年至 2017 年我国国债各期限利率与基准利率的差额。其中包括 1 年期、3 年期、5 年期、10 年期和 20 年期国债收益率与市场基准利率的差额。在成熟的市场经济条件下，期限长的金融产品收益率大于期限短的金融产品收益率。因此，随着国债收益率的期限的延长，其债券的收益率也会逐渐提高,其与基准利率的差额应该越来越大。但是,由于我国国债发行体制的不健全,国债品种和规模的不足导致国债市场收益率并不具有完全反映长期利率的能力。而银行间债券质押回购市场属于银行短期资金融通的平台,融资总量和交易频率均较大,银行间债券质押回购市场的市场化程度较高。

2005年以前,我国商业银行产权改革不彻底、利率管制依然较严的条件下,利率差额根据中央银行的安排而逐渐递延。随着2005年股权分置改革的完成,商业银行在短期资金市场交易的自主性逐渐增大,短期利率市场更加灵活地反映流动性变化的特征。资本市场管制依然严格,国债中长期市场发育程度仍然不高,决定了其利率市场化的程度不高。

2011年以后,为消化2008年金融危机后强刺激政策的不利影响,中央银行将广义货币的供给由高速增长调整到中速增长。市场紧缩的流动性导致短期市场利率的高企,例如,2013年货币市场普遍出现了"钱荒"等现象,货币市场利率瞬间突破了两位数。在长期资本市场利率不变而短期流动性市场利率高企的条件下,2011年以后的强监管政策导致短期利率与长期利率的倒挂现象,降低了短期利率向长期利率传导的效率。图4-8描述的就是2002年至2017年我国基准利率与长期国债利率的走势。从图中可以看出,所有利率的时间走势基本一致,即均保持一致的峰谷特征。这在一定程度说明了各金融产品的利率高低均受到宏观经济的总体影响。在经济繁荣阶段与经济萧条阶段,各利率走势基本保持一致。同时,国债收益率曲线按期限的长短来决定利率的大小,期限长的国债利率处于图中利率更高的曲线位置。但是,国债利率的波动率和基准利率的波动率差异性较大,基准利率的波动更大而国债收益率的波动较小。具体的原因可以解释为,金融市场的短期脆弱性高于长期,金融机构可能对市场资金流动性的变化更为敏感,说明我国短期市场利率的自由化程度高于国债利率的自由化程度,长期利率对实体经济的反应可能存在严重的误差。

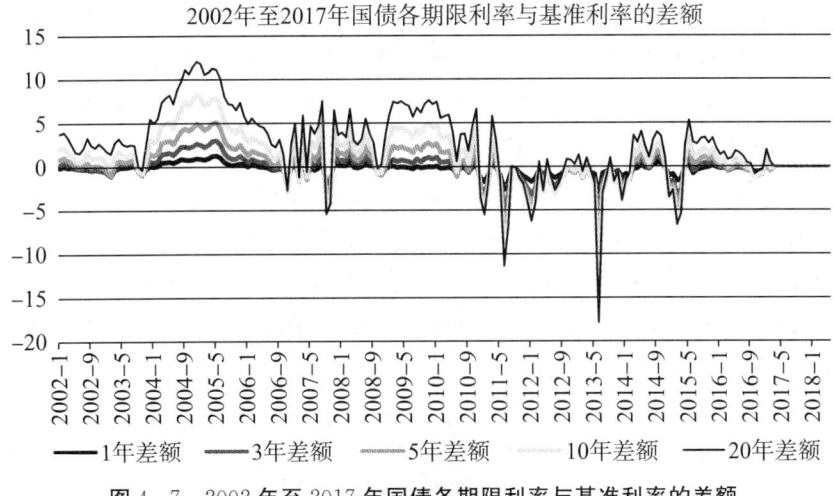

图 4-7 2002 年至 2017 年国债各期限利率与基准利率的差额

短期利率的波动充分反映了我国短期市场流动性的充裕程度。2008 年以后，我国利率出现了幅度较大的波动。2008 年金融危机背景下，中国人民银行施行了强刺激政策，短期利率迅速降到谷底。

随着我国经济进入新常态，政策着力点放在了供给侧层面，中央银行的货币政策恢复稳健中性。利率由谷底回复到了较高位置，在去杠杆的金融背景下，出现了多次的利率波峰，说明去杠杆的政策对短期资金市场的冲击。总体来讲，在数量型货币政策宏观调控框架下，金融市场利率的波动程度较大，导致基准利率和长期利率的稳定性较弱，难以建立稳定的利率结构曲线。随着利率市场化的推进，利率的稳定性对我国高质量经济发展具有越来越重要的作用，基于利率的价格型政策框架转型时机逐渐成熟。

图 4-8 2002 年至 2017 年我国基准利率与长期国债利率的历史走势

为了研究我国利率传导机制在时间上的效率变化,下面对国债各期限利率与市场基准利率做了回归分析,探究短期利率与长期利率相关系数的时变性。表4-5展示了我国高速增长期和经济新常态阶段的短期利率与长期利率的相关系数,通过系数可以发现除了1年期的相关系数在时间轴上是递减的(高速增长期0.52,新常态0.46),其余各期限的利率相关系数均在区制上是递增的,也就是说,短期利率与长期利率的相关系数随着时间的推移而逐渐增大。1年期相关系数的异常说明在2013年以后,我国短期资金市场出现了大量的投机性资金,资金流向的非理性程度增大,则市场基准利率与一年期利率的敏感程度随着投机因素的增大而减弱。不管利率怎么变动,投机性资金都会对泡沫资产进行交易,利率对短期投机行为的控制力不足。其余的相关系数增大,说明随着我国利率市场化程度加深,长期投资性资金的成本更加依赖于短期流动性的变化。利率市场化的推进增大了短期利率对长期利率的影响能力。总之,我国利率传导机制在2002年至2017年有效性逐渐增强,金融改革的深化对利率传导机制的畅通具有促进作用。

表4-5 高速增长期和经济新常态时期短期利率与各长期利率的相关系数

时间段		1年期	3年期	5年期	10年期	20年期
高速增长期 2002/01 至 2012/06	基准利率对各期限的回归系数	0.52	0.42	0.33	0.19	0.10
新常态 2012/06 至 2017/02		0.46	0.48	0.36	0.34	0.32

4.3.4 利率传导机制转变的动态路径

虽然货币政策利率传导机制的转型是我国亟须完成的任务之一,但是受到利率市场化发展程度的影响,这一转型的实现并非一朝一夕可以完成的。以利率市场成熟度为基础的渐进式动态转型路径,是适合我国经济发展实际的利率传导机制转型的必然选择。

所谓渐进式动态转型路径,就是在由市场供求决定的利率形成机制尚未完全建立之前,仍旧由中国人民银行对利率传导进行适当的干预。但是,随着利率形成机制的不断完善,中国人民银行应逐渐减少干预,一步步实现利率传导机制的转型。具体的路径设计见图4-9。

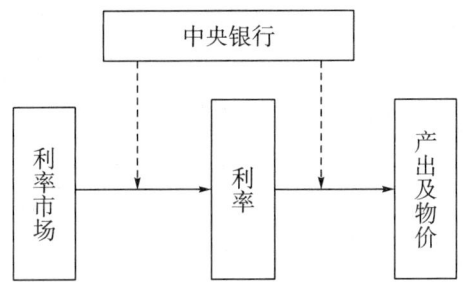

图 4-9 利率传导机制转型动态路径图

除此之外,中国人民银行决定干预程度的基础是资金市场发育的成熟度。与利率直接相关的资金市场成熟度的指标主要有三个:第一,资金市场的竞争程度,由资金市场的参与者数量以及交易量衡量。第二,资金市场有序度,由市场交易的规范程度衡量。第三,资金市场运行机制的灵活度,由利率对供求关系的反应程度衡量。中国人民银行需要对利率市场成熟度保持关注,并随利率市场成熟度的变化调节干预的方式和程度,保证利率传导机制的有效运行。

总而言之,货币政策利率传导机制的转型应采用动态调节机制,建立市场成熟度与中国人民银行调节程度之间的长效关联机制,确保利率传导机制转型的稳步有序推进,最终实现利率传导渠道的畅通和高效。

以市场发育成熟度为基础的利率传导机制动态转型,单凭中国人民银行一个机构的改革与创新是不能够完成的,这需要各个方面、各个环节的系统化改革。具体的改革措施包含以下几个方面。

第一,大力推进利率市场化改革。利率传导机制的渐进式动态路径转型是以市场成熟度为基础的,而市场成熟度又是以利率的市场化程度为基础的,因此,大力推进市场化改革是促进这一路径实现的重要对策之一。虽然中国人民银行已经基本取消了存贷利率的上下限,但要真正培育完善成熟的利率市场决定机制,不可能毕其功于一役,需要进一步做好以下三个方面的工作:一是,鼓励金融机构积极参与市场交易,增强金融市场的竞争性,逐渐健全、完善由供求决定的市场利率形成机制。二是,逐步构建完善的基准收益率曲线,并引导金融市场参与者依据基准收益率曲线来确定合理的利率水平,提高金融市场的利率传导效率。三是,鼓励金融市场参与者不断推出利率相关的市场产品,丰富利率相关的产品种类,完善金融市场的产品结构。

第二,构建以市场成熟度为基础的中国人民银行干预机制。在利率传导机制转型的动态实施过程中,中国人民银行的合理干预能够保证货币政策的稳定性和有效性。但是干预时间及程度的选择需要根据利率传导机制转型所依赖的金融市场的变化进行不断的调整。因此，为保证利率传导机制的动态转型，中国人民银行需要建立以市场成熟度为基础的干预机制。在构建这一干预机制的过程中，中国人民银行需要从以下三个方面进行考虑。首先，建立针对市场成熟度的估算模型，并以此模型对市场成熟度进行监测，为干预程度的选择提供参考依据。其次，构建市场成熟度与中国人民银行干预程度之间的联动机制，针对不同时期市场成熟度的变化相应调整中国人民银行干预的力度，保证利率传导机制动态转型稳步推进。最后，加强对金融市场的监测力度，并在此基础上选择中国人民银行干预措施实施的时机。

第三，完善利率传导机制转型的法律法规。为保证货币政策的稳定性与有效性，利率传导机制的转型必须在规范化的条件下进行。为配合渐变式动态转型的实施，需要完善与之相关的法律法规，为利率传导机制的转型提供良好的法制环境。具体做法需要从以下三个方面着手。首先，逐步完善金融市场利率的相关法律法规体系，使金融市场的运行更加规范化，为利率形成的规范化、合理化提供制度支持。其次，健全中国人民银行实施干预措施的法律法规体系，确保中央银行干预措施施行的合理性和规范性，保证利率传导机制转型的稳步推进。最后，完善金融市场的相关配套法律法规体系，规范金融市场其他价格形成机制以及运行机制，以提高这些市场的利率变动敏感度，为利率传导机制转型效率的提高提供保障。

4.3.5 双支柱框架对利率传导机制的修复作用

在上文的实证检验中，得出我国短期基准利率与 1 年期国债利率的相关性在时间轴上逐渐降低的结论，说明了短期投机性资金对利率传导机制的干扰作用。下面将进一步探讨投机性资金对利率传导机制的影响及其政策修复措施。

改革开放的前三十年，我国货币政策宏观调控体制转型的主要论题是政策框架的选择到底是数量型的还是价格型的。货币政策传导机制的效率决定货币政策工具的性质。同时，我国货币政策的制定和执行受到西方货币理论的影响。凯恩斯主义认为，只要货币供给扩张，经济总量就会增加。但事实上货币刺激到一定程度以后，利率扩张可能并不能带来经济增长。因此，传导机制效率一定程度上依赖于政策调控的限度。货币主义认为，货币总量的控制可以保证经济的持续增长。然而，货币量的控制导致市场利率和经济增长波动幅度增大，在金融创新条件下调控数量指标也出现失效的问题。所以，货币主流学派既否定了凯恩斯主义的利率框架，也否定了货币主义的货币数量框架。经济学界普遍认为，基于泰勒规则的微调预调政策是货币政策宏观调控的最好方法。

改革开放四十年，结合我国经济发展的水平和阶段，中国人民银行不断探索货币政策宏观调控的改革方向，努力建立并完善一套高效的泰勒规则。这样，一方面可以有效约束过度刺激的政策对经济发展的不利影响，另一方面可以保证指标变量选择的科学性和灵敏性。

但是，泰勒规则施行的前提是，成熟市场条件下的利率传导机制是畅通的。其实，在成熟市场条件下，利率传导机制可能并非总是畅通的。在对次贷危机等进行的理论研究中发现，即使市场成熟的，市场信息传导的失效、市场恐慌情绪等也将导致利率价格功能的失效，利率传导机制严重受阻。同时，在反思次贷危机的形成原因上发现，危机前出现了资产价格泡沫膨胀和物价水平稳定并存的局面，货币扩张产生的流动性并没有注入实体经济；也就是在非危机的正常经济时期，低利率也没有造成实体经济的膨胀，反而影响了虚拟经济的价格形成，即低利率与实体经济增长的关系相对松弛。因此，中国人民银行通过观测利率来判断整体经济运行质量的方法，忽略了虚拟经济的稳定，判断存在严重偏误。因此，在投机性资金的存在条件下，利率传导机制的效率可能大大降低。

随着我国经济进入新常态，中国人民银行货币政策转型的主要任务变成：在完善价格型政策调控框架、深化利率体制改革基础上，反思传统利率政策的调控失效的问题。一方面，坚持利率传导机制效率的优先地位；另一方面，分析投机性资金对利率指标的干扰，研究对传统利率传导机制失效的修复方法。

投资性资金和投机性资金在金融体系中并存，货币扩张的过程带来了投资性领域和投机性领域的双重信用增长。利用利率政策在保证经济稳定的同时，可能造成严重的系统性金融风险的积聚。单纯盯住经济稳定来判断利率传导机制的效率并不是完美的方法。利率传导机制的有效性要在金融稳定的条件之下，没有金融稳定的利率传导实质上是无效的。在制定利率政策时如何同时保证经济稳定和金融稳定，才是彻底实现利率传导机制有效性的本质内容。也就是说，如果不解决投机性资金流动的问题，利率传导机制的效率就可能无法得到保障。相反，一旦弱化投机性资金的影响，利率政策可能又成为最优的政策选择。

但是，利率政策很难同时保证实体经济与虚拟经济的双重稳定。而评判利率传导机制有效性的标准又是经济稳定和金融稳定，然而，光凭利率机制一种政策来稳定两个目标则是不切实际的。效率标准要求双目标的稳定，而利率政策却没有调控双目标的能力。面对这个棘手的矛盾，要解决投机性资金的问题，必须另辟蹊径。所以，不应再局限于传统的货币政策领域，而应在货币政策框架之外寻求其他政策的配合,来修复传统利率政策的传导机制。在对货币政策宏观调控改革的理论和实践进行深刻总结和反思的基础上,中国人民银行在货币政策框架之上、更高的顶层设计中纳入了宏观审慎监管工具,形成了货币政策与宏观审慎政策相结合的双支柱制度结构。

中国人民银行货币政策的利率调控政策属于总量政策,目标是为了保证经济总体的稳定与发展;宏观审慎政策则偏向于结构性政策,着重于部分系统性重要领域的监管。宏观审慎政策的实施,可以有效防止投机性资金的泛滥和局部系统性金融风险的积聚,有效地"堵住"货币扩张中的投机性资金的货币漏损。也就是说,在堵住了市场流动性向投机性领域流入的渠道以后,利率政策与实体经济的相关性就会增大。调低利率不会造成虚拟经济泡沫膨胀和实体经济稳定同时存在的局面,而会立刻引起投资量和消费量增多等实体经济膨胀现象。在双支柱的新调控框架下,货币政策不再担心虚拟经济的货币漏损,中国人民银行可根据宏观审慎条件下的经济指标来判断利率的高低,从而为政策制定提供反馈信息。因此,宏观审慎政策可有效修复传统利率机制,促进市场流动性"脱虚向实",减少货币扩张中的货币漏损。

综上所述,未来我国货币政策改革的基本方向是:一方面,坚持价格型货币政策宏观调控的改革方向不变,进一步深化利率市场化改革,完善利率机制的形成,增加利率相关金融产品的数量和种类。另一方面,在货币政策框架之外,利用金融监管政策工具对传统货币政策的利率传导机制进行修复,进一步创新宏观审慎工具和操作方法。党的十九大报告明确将"深化利率和汇率市场化改革"和"健全货币政策和宏观审慎政策双支柱调控框架"作为我国未来货币政策改革的双重任务。

5

货币政策宏观调控工具的演进

货币政策工具是中国人民银行进行宏观调控的政策手段,是有效传导中国人民银行货币委员会指示的具体表现和量化指标。因此,货币政策工具是中央银行货币调控执行意志的体现。工具选择的科学性决定了货币调控的精准性。如果是价格层面出现的问题,使用价格型货币政策工具可能事半功倍。如果金融市场处于发展的初级阶段,数量型货币政策可能具有稳定经济的更高效率。下文继续从货币政策工具的选择研究我国改革开放四十年来货币政策工具的演变及其调控效率。

5.1 传统的常规性货币政策工具概览

如果将货币经济的运行状况看作是一个人的健康状况,那么货币政策工具篮子就是人的医疗箱,而货币政策工具则是治病的药片或医疗工具。人在成长的过程中难免会遇到感冒等小疾病,同理,一国的经济在运行中总会面临外部冲击。因此,在经济面对冲击而不稳定的时候,就需要打开货币政策工具篮子,对症下药。同时,经济体制和经济环境的不同决定了货币政策工具在不同国家、地域和阶段中的"药效"存在差异性,而这种差异性对于了解"药效"是至关重要的。

5.1.1 货币政策工具的选择原则

关于货币政策工具选择的研究需要嵌入特定的历史条件中,原因在于,不同经济条件下政策工具的可控性和传导机制存在差异。因此,中国人民银行对良好政策工具的评价标准包括,中国人民银行是否对政策工具拥有完全的控能力，以及这些的政策工具是否可以通过传导机制得到有效传导，并有效作用于政策目标。

对货币政策工具的良好控制能力主要取决于中国人民银行的独立性和政策金融产品的规模和种类。首先，中国人民银行的独立性可以保证其在做出政策工具选择的决策时，不受其他部门的干扰。这种干扰可能严重地削弱中国人民银行对货币政策工具的控制力。例如，当中国人民银行准备控制货币总量而释放国债的时候，财政部却命令中国人民银行保持国债的稳定性，那么，中国人民银行减少货币供给的宏观调控决策就受到了财政部的干扰，导致以国债产品为主的公开市场操作工具的可控性降低，货币政策调控目标无法实现。其次，货币政策工具涉及的金融产品的规模和品种也是掣肘中国人民银行对政策工具完全控制的另一重要原因。金融产品规模和种类的不足会导致中国人民银行在公开市场操作中缺乏足够的交易数量，导致货币数量的吞吐和交易价格的浮动不到位。例如，在缺乏无风险利率债券的金融市场环境中，中国人民银行公开市场操作在达到目标规定之前就要因为交易不足而被迫停止，无法完成货币政策委员会下达的调控任务。同理，如果金融市场的产品种类稀少，中国人民银行将会失去与这些金融产品有关的一系列政策指标的控制力。假如一国金融市场中缺少 3 年期的国债产品，中国人民银行就无法在 3 年期国债市场中进行公开市场操作，也就无法对市场 3 年期无风险利率进行有效调控。这样，就会削弱中国人民银行对各期限基准利率的调控能力。因此，金融产品的完备性决定了政策工具的完整性，从而决定了中国人民银行宏观调控的政策范围。

货币政策工具的调控效率还取决于传导机制的阶段性特征。政策工具调控的目的是对目标变量的有效控制，然而，由于政策工具到目标变量并非一对一的稳定关系，中间会经历较长链条的传导步骤，可能出现传导时滞和结构扭曲，这些情况均会严重干扰货币工具的传导，导致政策工具操作无法有效实现既定政策目标。因此，政策工具的效率取决于机制传导的畅通性，中国人民银行的政策工具选择均会根据传导机制的变化而做出改变。数量型货币政策传导机制的畅通性决定了中国人民银行偏向于选择数量型货币政策工具，而价格型货币政策传导机制的畅通性促使中央银行选择价格型货币政策工具。货币政策传导机制又是在不断变化的。经济膨胀期、稳定期和萧条期的传导机制特征均有所不同。特别是，在转型经济体中随着金融深化的发展将会产生数量型和价格型传导效率的差异性，一种机制的作用在逐渐弱化，而另一种机制在逐渐强化。同时，历史文化、法律法规也影响着货币政策传导机制的效率。所以，货币政策工具的选择并不是单独依据某种工具自身的性质而决定，还应更多地考虑当期的经济背景和体制特征。

5.1.2 数量型与价格型货币政策工具

改革开放四十年，我国始终处于经济体制转轨阶段，价格机制逐渐健全完善。货币政策调控工具的选择从数量型工具向价格工具逐渐转化。

数量型货币政策工具是指通过调节货币的数量来调控经济的货币政策工具。传统意义上的货币数量工具一般包含法定存款准备金、公开市场业务以及再贷款、再贴现等。货币数量工具的调控标的是具体的货币数量，涵盖基础货币和货币供应量等，调整的目标对象主要是诸如GDP、CPI及FAI的宏观经济变量，而对微观因素较少观测。支持中国人民银行使用数量型政策工具调控经济的代表是货币主义学派，他们认为货币的数量传导机制效率明显，因此，利用数量型货币政策工具符合工具选择的效率原则，有利于中国人民银行的宏观政策调控的目标实现。

货币价格工具是指通过改变标的资产的实际价格来进行调控，这样会在一定程度上影响各微观主体自身经营的财务成本及预期收益，从而促使市场各主体根据政策走向来调整自己的经济行为。典型的价格工具变量包含利率类和汇率类货币政策工具。该类工具会促使微观主体被动地根据中国人民银行的调控来改变自身经济决策，是一种间接调控宏观变量从而引导微观主体进行调整的手段。价格型政策工具相对于数量型政策工具的最大区别在于，价格型政策工具通过价格的引导来带动数量的变动，将中国人民银行的主动行为变成了中国人民银行影响利率条件下的市场主动行为。通过设定贴现、贷款的利率数值，促使金融机构自愿地在该利率成本下确定交易的金融数量，以此来调控整个社会的数量指标。特别是在数量指标的统计能力越来越弱的时候，利用价格来撬动整个社会的信用扩张或收缩，将具有极高的政策调控效率。

改革开放四十年，我国货币政策工具与货币政策传导机制的变化规律保持一致。改革开放初期，我国金融市场发育不健全，资金的配给通过信贷的方式传递，货币政策传导机制以数量型的信贷传导为主。那时，中国人民银行调控宏观经济金融的工具以信贷控制为主，甚至仍带有一定的行政色彩。随着改革开放的深入，1994年确立了我国社会主义市场经济地位以后，金融市场的发展达到了一定的成熟度，信贷控制的方法反而造成了部分地区投资过热的现象。因此，中国人民银行对宏观经济的调控方法由控信贷转变为控货币，对商业银行的贷款业务管理变成了对其基础货币的管理，即负债管理。这不仅是以货币量为基准的货币传导机制效率提高的结果，也是我国市场化改革的重要组成部分。1996年,我国正式确立了货币供应量为货币政策中介目标,同时重新开启了公开市场操作的政策工具。随着金融市场改革的不断深化,我国的金融深化的不断发展,利率市场化逐步完成。在这一背景下,货币政策宏观调控的利率传导机制的效率逐渐显现。中国人民银行政策工具也由货币量等数量工具转向了利率等价格工具。一方面,中国人民银行通过指导存贷款基准利率来引导商业银行的信贷总量和结构的变化;另一方面,中国人民银行创新多种利率工具来调节期限结构和产业结构的资金供求。例如,中国人民银行创造了短期流动性工具(短期流动性调节工具SLO、常备借贷便利SLF)和中期流动性工具(中期借贷便利MLF、抵押补充贷款)等。中国人民银行越来越重视将利率工具作为未来货币政策操作的主要政策工具。2018年政府工作报告不再对M_2和社会融资规模总量目标进行规定,自此我国政府不再局限于货币数量的限制,弱化了数量型货币政策工具的调控功能。

5.1.3　传统货币政策工具及其缺陷分析

传统货币政策工具主要包括法定存款准备金、公开市场业务和再贴现政策。这三项工具均是国内外中国人民银行常用的一般性货币政策工具。

法定存款准备金政策是指中国人民银行利用法定权力,规定和调整商业银行存款准备金比率,从而改变货币乘数和银行信用创造能力,最终实现间接调控社会货币供应数量的目的[①]。法定存款准备金政策具有明显的行政和法律效力,自身带有的强制性能够有效地进行货币调控,同时其调控效果也较明显,因为通过货币乘数和超额准备金的作用,即使很小的调整也会促使货币供应产生巨大的改变。但另一方面,法定存款准备金政策由于较低的灵活性和较强的影响程度,会对货币供应产生极大的冲击,所以一直以来都被谨慎使用[②]。

公开市场业务是指中国人民银行自身作为市场交易的参与主体,在证券市场上公开地进行各种政府证券的买卖,从而对货币供应量及利率水平产生影响和调控。公开市场业务可以让中国人民银行主动地参与到货币调控中,在规模上也能根据实际需要进行灵活适度的调整。而中国人民银行通过市场交易者的身份参与又能尽量避免对市场施加过多的行政影响。但公开市场业务在客观上要求一个成熟健康的经济金融环境和有效的市场交易体系,否则中国人民银行

[①] 黄金老:《对我国存款准备金制度的分析和思考》,《金融研究》,1996年第3期。
[②] 高谦,何蓉:《我国存款准备金理论上限测算及应用研究——基于货币政策使用空间的视角》,《经济研究》,2012年第10期,第13—17页。

在作为主体直接交易的过程中也难以有效地影响市场,并使其朝着目标方向变化[①]。

再贴现政策是指中国人民银行从商业银行或其他金融机构处买进其持有的通过贴现获得的未到期票据而向目标机构提供融资的政策。中国人民银行可以通过再贴现率来对市场利率施加影响,从而调整货币市场的供求关系,最终改变货币供应量[②]。再贴现政策的本质是通过改变金融机构向中国人民银行寻求融资的成本来影响这些金融机构的信贷规模;同时,再贴现率的变动在一定程度上也反映了中国人民银行的政策走向。但再贴现政策的局限性在于只能直接地对寻求融资的商业银行或其他金融机构施加影响,对于市场中的其他交易主体而言只能产生间接作用。该政策效力的大小还取决于向中国人民银行寻求融资的商业银行等金融机构的行为和反应。

近年来,中国人民银行采用传统的一般性货币政策工具的调控效率逐渐降低,货币政策调控工具的选择存在种种难题,比如,高准备金率的制约、多样化目标削弱政策独立性、信贷政策的市场化程度较低以及公开市场业务操作的局限性等。

中国人民银行长期以来对商业银行的存款准备金都给予了高额的利息,这种利息收入促使商业银行愿意更多地持有超额存款准备金,因为这不仅能为其带来可观的利息收入,还能保证满足突发的大额支付需求。然而过高的准备金率使得银行间同业拆借的规模和需求大大缩减,在一定程度上阻碍了中国人民银行对商业银行资金的有效调动,最终导致中国人民银行的调控方式难以从直接转为间接。另外,较高的存款准备金率还对公开市场业务的操作造成影响:一方面因为中国人民银行对存款准备金支付的利息构成了其货币基础供给的组成部分;另一方面,存款准备金率日渐成为金融机构在套利的行为中所形成的市场利率下限,因此中国人民银行的公开市场业务对市场利率所起到的引导作用大大削弱。

改革开放四十年以来,我国经济体制经历了多次重大的调整和转型,复杂的市场环境在客观上要求货币政策要兼顾多方面要求。因此,我国货币政策的宏观调控目标具有多重性质。在货币宏观调控政策实施的过程中,由于各种矛盾难以协调,导致追求多目标的结果是使得各类货币政策之间相互影响甚至冲突,致使调控效果相互削弱甚至抵消,最终的货币政策宏观调控的实际效果难

---

① 戴国强:《论我国货币市场发展的目标及路径》,《经济研究》,2001年第5期。
② 鲁钟男,周逢民:《货币政策工具比较与发展再贴现业务的研究》,《金融研究》,1997年第5期。

以达到预期。

我国货币政策传导的主要渠道目前仍然是信贷渠道。相关统计显示在信贷规模巅峰时期,例如2005年和2006年的上半年里,作为我国非金融机构主要融资方式的贷款融资占比分别高达86.8%及87.8%。[①] 但是相较于发达国家将信贷政策主要用于窗口指导而不是赋予调整经济结构的重大任务,我国的信贷政策带有较强的行政色彩,例如近几年对房地产市场的调控、对中小企业发展的支持以及对经济结构的调整等等。行政命令式的信贷政策可能对宏观经济有一定的调控作用,但由于不是通过经济手段,市场对其反应并不一定敏感,政策效果在很大程度上有可能被抵消掉。

目前,我国金融市场尚未进入发达阶段,中国人民银行采取公开市场业务操作受到很大的局限。就中国人民银行的资产结构而言,其中因外汇占款所投放的基础货币仍然占比最大;相比之下,对于地方政府的债权只占到了基础货币投放中很少的部分。因此,中国人民银行的货币调控更多地依赖中国人民银行票据。中国人民银行的央行票据净投放量从2015年的700亿元跃升到了2016年的17272亿元,年增幅明显[②]。但过多的票据发行无疑会给中国人民银行造成很大的支付压力,而相应的货币资源被票据占据后也会影响市场上其他金融工具作用的发挥。

5.2 基础货币投放规律的变化及其工具选择

5.2.1 信用货币创造的机理

金属货币时代结束以后,世界经济进入了信用货币时代。商品流通的一般等价物由具有价值的黄金白银转变成了无价值的信用纸币,国家信用成为国家货币流通的唯一支撑。纸币替代金属货币可以在经济运行中节约大量的交易成本。一方面,纸币的全面流通可以将社会生产资源从成本巨大的金矿开发中转移出来,投入到利于消费和投资的行业;另一方面,交易的过程不再需要大量的金属运输成本,金属货币数量不足不再是威胁国家货币紧缩的重要因素。总体来讲,信用纸币的流通有利于商品生产和商品流通,是一次巨大的社会进步。

---

① 中国人民银行货币政策分析小组:《2006年第二季度中国货币政策执行报告》,中国金融出版社,2006年。
② 《2016年中国中央公开市场操作情况》,载中国金融信息网,网址:http://rmb.xinhua08.com/zt/gksc/2016/。

但是，信用货币的创造依然会受到价值约束的限制。如果信用货币的运动脱离了价值基础，那么信用货币的无限发行将会严重地损害社会信用体系，造成恶性的通货膨胀。因此，价值约束成为信用货币体系稳定的必要条件。

价值约束的现实体现就是中央银行的资产负债表。我国中央银行是法定货币发行的唯一机构，具有垄断的货币发行权。但中央银行的货币扩张无法自发地完成，也就是位于中央银行资产负债表负债方的基础货币无法在资产项目不增加的情况下扩张。因此，中央银行的资产负债表扩张必然伴随着货币发行与资产购买的双重行为。传统的经济理论强调中央银行通过购买国债，为财政融资来发行货币，即货币的信用体现为财政机构的信用，财政部门用未来财政能力为中央银行的信用做担保。同时，外汇资产的结汇将会增加中央银行资产，导致中央银行增大主权货币的发行量，该过程中的货币价值是以稳定的外币价值作为信用担保，利用他国信用为本国信用形成支撑力量。因此，中央银行基准货币的创造一定伴随着中央银行资产规模扩大的行为，以此为中央银行负债方的主权货币提供担保，该过程即为价值约束的过程。

广义的社会信用创造不仅包括中央银行的基础货币发行，也包含商业银行的信贷创造机制。如果把中央银行发行货币的过程称为主权信用创造的过程，即用中央银行的资产为其负债作担保，发行主权信用货币。那么，商业银行就是在中央银行的主权货币创造基础上，进行广义货币的信用创造。商业银行吸纳基础货币以后，将货币所有权通过贷款的方式转给贷款者，自此商业银行的货币存款就由原来的储蓄者转换成了现在的储蓄者和贷款者二人。储蓄者拥有了原来的存款货币，而贷款者又获得了商业银行的货币使用权。同一份基础货币衍生了两份信用货币的使用权。那么，此时多出来的一份信用货币则是用商业银行的贷款资产进行信用担保的。即商业银行的两份存款货币等价物的负债项，用的一份担保品是中央银行的基础货币，另一份担保品是企业贷款资产的未来价值。而广义的企业贷款资产的未来价值则指的是整个实体经济的未来产值。

总之，中央银行的信用创造背后的支撑力是国家财力（国债）和他国货币信用（外汇）；而商业银行信用创造背后的支撑力则是中央银行的基础货币（主权货币）和实体经济的未来价值（信贷资产、投资资产）。广义地看，国债、信贷资产和投资资产等项目表示该国信用货币创造的过程，是以国家未来经济增长的实力作为信用的支撑力量。[①] 而外国货币、外国国债等外汇项目表

---

① 广义信用包括中央银行的主权货币和商业银行的存款货币，因此，计算广义信用的时候，要将中央银行负债端的基础货币与商业银行的基础货币消平，避免信用的重复计算。

示国家信用货币的创造是以他国货币价值为基础,这出现在一国经济实力不足,国家信用稳定性不强以及货币管理能力较弱的时期。利用他国的货币价值作为本国信用和货币价值的支撑,一方面可以降低本国货币不稳定对国家信用体系和实体经济造成的冲击;另一方面,可以为国家的货币和信用管理经验的积累争取时间。甚至在货币混乱时期,他国的信用可以迅速为本国信用体系的建设提供一个稳定的"锚",有利于币制改革的顺利推进。

但是,随着经济的发展,外汇资产作为国家货币信用创造支撑力的效益逐渐衰减,而成本逐渐上升。首先,国家经济发展必然伴随着经济价值的增大,作为一般等价物的货币,其体量必须要与经济增长的速度保持一致。与货币总量增大的客观要求相适应,国家必须囤积大量的外汇资产,而外汇资产的管理成本会大大增加。其次,随着外汇资产规模的扩大,两国经济金融的紧密性逐渐增大,他国的风险冲击将会导致本国风险增大,增大了外部风险。再次,大量的外汇储备意味着大量的资源都用于了别国的投资,造成了金融资源的外流。最后,中央银行与外汇储备相联系的货币发行制度,将严重干扰本国的货币政策调控的独立性。例如,当本国所需货币小于外汇储备增长,在不存在中央银行对冲行为的条件下,将会造成国内主权货币的数量超过实体经济运行的需要,形成通货膨胀。

因此,随着本国经济实力的增大,在增量层面,中央银行应将货币发行的信用担保由他国货币信用支撑极向本国经济实力支撑极转变。一方面,利用国债作为信用货币创造的价值担保,将货币创造中的资源转入国家财政中,提高国家财力和宏观投资水平;另一方面,中央银行应根据经济增长的快慢来制定货币创造的速度,提高货币政策自主调控的能力,严格防止外汇储备的波动对国内货币环境的冲击。

如果本国国债管理能力不足,国债规模较小,中央银行通过购买国债实施货币创造的机制受阻,又如何使货币创造的信用担保,由他国货币信用支撑极向本国经济实力支撑极转变呢?本文的观点是可以降低存款准备金,下放货币创造权,用商业银行的广义货币弥补中央银行基础货币创造不足的缺陷。虽然该过程没有通过国债交易进入到财政部门,形成财政投资;但广义货币的创造可以通过向企业贷款的过程,使资源进入到实体经济部门,形成社会投资。总之,支撑极的转变可以优化我国货币创造机制,提高我国投资水平和中央银行货币管理的能力。

5.2.2 快速增长期外汇规模与信用货币创造

改革开放四十年，我国基础货币的创造一直是通过外汇储备的增长来实现的。1978年，我国基本确定了改革开放的方针。一手坚持深化国内市场化的改革，一手大力对外开放，让中国产品走出去。2001年我国成功加入WTO，迎来了经济增长和外汇储备增长的"黄金期"。

20世纪90年代以后，随着我国经济进一步对外开放，低廉的劳动力成本和土地成本吸引了大量的外商投资，完成了参与国际价值链分工的过程，大量劳动密集型企业在中国集聚。随着资本流入的增大和开放的扩大，我国经济成功由进口导向型转型为出口导向型。大量的贸易顺差导致外汇储备累积量增大，从图5-1、图5-2可以看出，2001年加入WTO以后，我国外汇储备逐年增长，而且增长的趋势近似于指数的，巅峰状态接近四万亿之巨。同时，人民币汇率的市场化改革也在不断深化，但由于我国出口增速太快，外汇储备增长太猛，高速增长时期（2012年以前），人民币汇率一直处于升值通道（见图5-3）。因此，高速增长时期，我国一直面临出口强劲、储备剧增以及汇率升值的状况。

由于我国实行强制结汇制度，外汇储备的激增导致高速增长期我国基础货币投放的快速增长，由图5-4可知，M_0的平均增长率基本上处于10%以上。该阶段我国面临着货币发行过量的问题，金融市场面临流动性过剩的风险。鉴于此，我国提高了商业银行的存款准备金率，利用紧缩广义货币的方法来对冲基础货币的过剩。

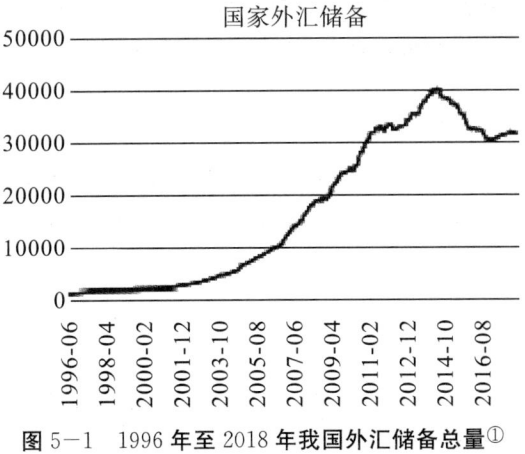

图5-1 1996年至2018年我国外汇储备总量①

---

① 数据来自中经网数据库。

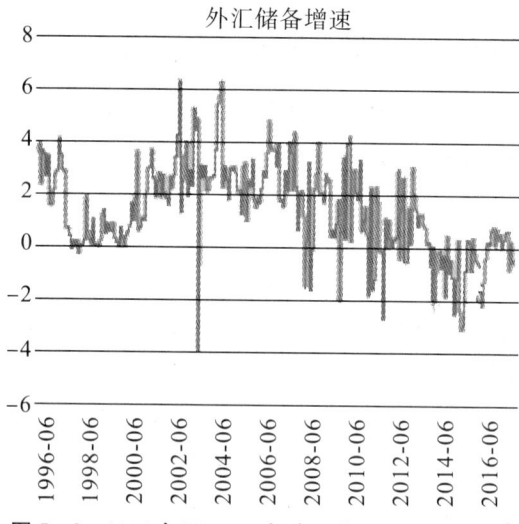

图 5-2 1996 年至 2018 年我国外汇储备增长率①

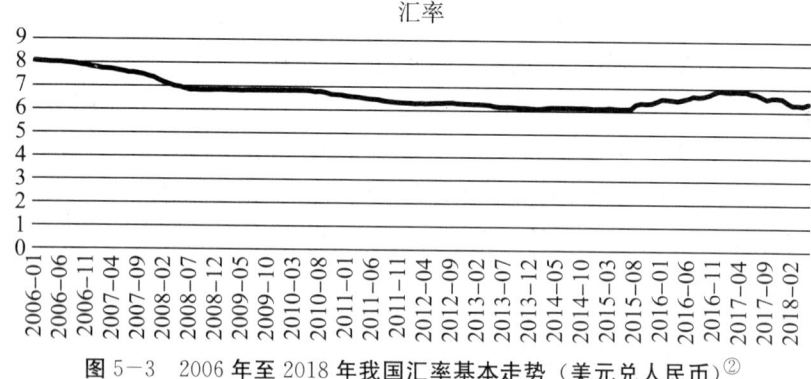

图 5-3 2006 年至 2018 年我国汇率基本走势（美元兑人民币）②

---

① 数据来自中经网数据库。
② 数据来自中经网数据库。

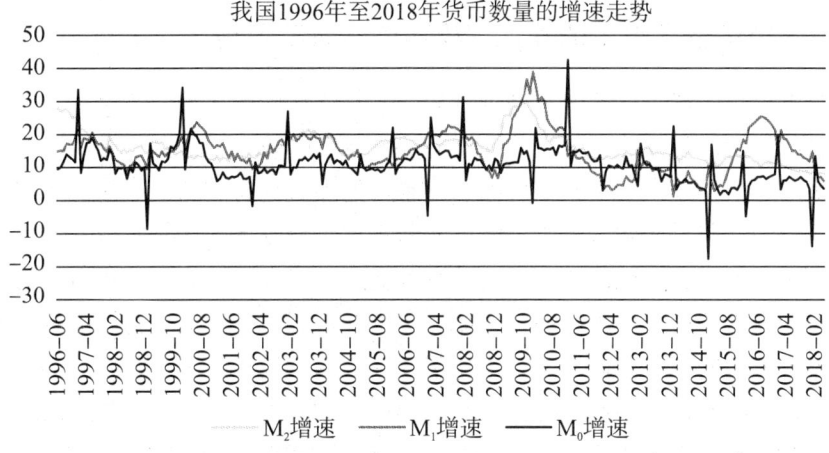

图 5-4　1996 年至 2018 年我国 M_0、M_1 和 M_2 增速的基本走势[①]

2007 年开始，我国在四年时间中将商业银行的存款准备金率提高到了 20% 的高度，形成了商业银行存款准备金的高压政策。高存款准备金率严重削弱了商业银行的信贷配给能力，等价于政府强制性地对商业银行征收了税收，造成了银行业务与债券业务的不平等地位。同时，为了解决国债市场不健全而公开市场操作失效的问题，中国人民银行发行了大量央行票据，大力回收泛滥的市场流动性。央行票据成了我国独有的收放流动性的应急性货币政策工具。同时，由于存款准备金率的变动较为频率，商业银行滞留了大量的超额准备金来应对政策的不确定性。

总之，该阶段货币政策投放的规律是：首先，外汇储备的迅猛增长导致我国基础货币较快增长。其次，中国人民银行通过提高法定存款准备金率、抑制广义货币创造的方法来对冲基础货币的较快增长。最后，中国人民银行使用了非常规的政策工具，利用央行票据来对冲市场过剩的流动性。以上几点足可以看出，在利用他国货币信用作为本国货币发行的支撑锚时，我国货币政策宏观调控常常受到外汇储备变动的掣肘，造成货币政策调控的成本增加。当然，借用美元来推动改革我国币制对于改革开放初期货币的体系的建设是有促进作用的。随着我国经济的快速增长，量变引起质变，当经济实力增大到一定程度、金融能力增强的时候，过度增长的外汇储备可能并不能带来改革初期的效益，反而可能增大经济金融发展的成本。

---

① 数据来自中经网数据库。

5.2.2 经济新常态下的外汇规模与信用货币创造

政策工具的选择依赖于经济金融运行的具体环境，环境的变化将会导致政策面临的问题发生变化，从而政策工具的选择就会发生变化。2008年国际金融危机爆发，导致发达国家经济陷入萧条，世界市场需求的下降使得我国出口动力的减弱。同时，随着我国经济进入新常态，粗放型的、外向型的增长模式已经不再适合于我国现阶段的国情。一方面，经济发展要立足于国内的消费市场，拉动内需的增长动力；另一方面，要进一步深化供给侧结构性改革，抑制过剩的产能。同时，我国又进入深化利率和汇率市场化改革的阶段。2015年8月11日，我国对汇率制度又进行重大的改革，推出一系列汇率自由化改革的措施。"8·11"汇改以后，人民币汇率出现了双向浮动的趋势。2016年，人民币经历了贬值的过程。同时，我国提出"一带一路"倡议，大力鼓励对外投资，这也是造成外汇储备不增反减的原因之一。2017年我国外汇储备总量跌入谷底，减少近一万亿美元，最终停留在三万亿美元的水平上。

我国经济增长的外部环境也进入了"新常态"：外汇储备的增速减缓和人民币汇率的双向浮动。外部环境变化促使我国货币投放方式的改变。外汇储备增速减缓，使得基础货币被迫增长的压力也随之变小。从图5-4可知，2013年以后，我国基础货币M_0的增速平均位于10%左右，显著低于高速增长期M_0的增长率。同时，中国人民银行回调了高速增长期的紧急政策措施，这些措施都具有过猛的特征。首先，降低了存款准备金率，释放了银行流动性，增强了银行的信贷管理能力。图5-5可以看出，2012年以后，我国存款准备金率逐年下降，速度下降的态势比较稳健。其次，2013年我国停止央行票据的发行，中国人民银行不必通过票据发行来对冲过剩的流动性。

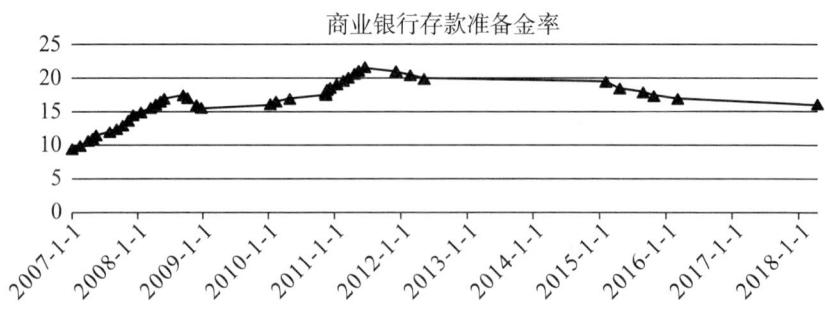

图5-5 2007-2018年我国商业银行的存款准备金率

但是，由于国债产品种类不齐、规模较小，中国人民银行通过国债吞吐来释放基础货币的操作仍不成熟。虽然中国人民银行可以通过结构性货币政策工具（SLF、MLF）等再贷款方式来投放基础货币，但在展开政策操作时，难以有效识别高效益交易对象，于是往往向大型国有商业银行发放再贷款，中小型银行很少被选作交易对象。准备金率政策则是针对所有银行的政策，存款准备金率的下降直接导致国有大型银行和中小银行货币创造能力的同步增强，增大了资金供给的竞争程度，促进了金融资源的优化配置。[1] 因此，中国人民银行通过降低存款准备金率来释放流动性，是货币投放效率较高的一种方式。"我国未来的国际收支盈余逐步下降，外汇占款的增加不再是创造流动性的主要来源，必须通过降低存款准备金率才能提高货币乘数，保持合理的流动性增长速度。"[2]

由此可以看出，我国商业银行体系信用创造速度增大，而中国人民银行的信用创造速度降低。其中，M_0 和 M_2 的增长趋势缓慢下降，而 M_1 的增长表现较为强劲。一方面，说明了存款准备金率的下降对商业银行流动性的释放，提高了 M_1 的增长率。另一方面，说明金融去杠杆过程中金融链条的收缩使得 M_2 的增速下降而 M_1 的增速上升。

在市场总流动性不变的条件下，利用商业银行的货币创造来替代中国人民银行的基础货币创造，具有如下三个方面的优点。

首先，商业银行的货币创造主要以贷款的形式实现。其货币投放的对象基本上是实体经济中的企业和消费者；同时，统一地降低存款准备金率对于所有的商业银行都是一个标准，几乎不存在非对称的效应。相反，中国人民银行的货币创造常常以公开市场操作的方式进行，这种货币投放的对象常常是大型金融机构，中小型银行经常被忽视。

其次，广义货币创造能力的提高可以通过竞争机制，促进银行信贷管理能力的提升。银行通过观测市场中的优良企业和消费者，通过成本效益分析和风险控制，最终才完成信用创造过程。不同银行分析判断企业是否优良的能力和方法是不同的，因此，不同银行在信用创造的过程中常常存在差异性。正是这种差异性增强了银行与银行之间的竞争，最终提升了银行的信贷管理和风险管控能力。

商业银行可根据市场的冷暖，自由地选择超额准备金数量，来应对市场流

---

[1] 冯明、杨赫：《基础货币创造机制转型》，《中国金融》，2018年第8期，第29—30页。
[2] 马骏、纪敏：《新货币政策框架下的利率传导机制》，中国金融出版社，2016年，第151—152页。

动性的冲击。在高额的存款准备金条件下，银行信贷行为就是经营基础货币的行为，较少存在货币创造的弹性，银行缺乏弹性应对的工具。相反，在存款准备金较低的条件下，商业银行可自由选择货币乘数的大小，以此来提高市场流动性冲击下的风险对冲能力。

5.3 新常态下的货币政策工具创新

5.3.1 我国货币传导机制的基本特征

中国人民银行货币政策工具的选择与传导机制的效率有紧密关系，传导机制的畅通与否决定政策工具宏观调控的效率高低。也就是说，传导机制是客观的现实条件，政策工具则是该客观条件下可选择的方法。如果现实经济条件不具有相应的客观基础，那么选择不匹配的工具进行调控则是无效的。

改革开放初期，金融资源存量的总量较为稀缺，以国有企业为主的存量经济需要资金配给来完成生产。该阶段商业银行的业务发展刚刚起步，信贷管理能力较弱。因此，该阶段货币政策传导最为高效的工具是信贷配给。一方面，可以有效地为存量经济融通资金，避免存量经济因资金短缺而导致生产停滞；另一方面，在商业银行经营管理能力不足的条件下，利用行政手段来配给信贷的方式可有效提高金融的稳定性。

随着改革开放的深入，我国价格改革和产权改革初具成效。同时，增量经济的发展倒逼我国推进深层次的市场化改革。一方面，我国民营经济的发展使得金融需求多元化，融资者的范围扩大，以行政手段配置金融资源的难度增大。另一方面，高储蓄下的资金积累规模急剧扩张，金融资源的配置由注重数量均衡转向了注重质量效益的方向。因此，到了20世纪90年代，我国金融资源的配置逐渐由指令控制转向了银行信贷的竞争性配置。商业银行资产业务的多样性导致信贷指标越发难以衡量广义金融活动，货币政策的传导机制逐渐由信贷传导向货币数量传导转型。1996年，我国确定将货币供应总量作为货币政策中介目标，同时重启了中国人民银行的公开市场操作政策工具，完善市场化的货币政策框架。

21世纪初，商业银行体系一直是我国金融资源配置的主体，数量传导机制成为我国货币政策传导的主要渠道。历年的政府工作报告都将每年的货币指标 M_2 作为判断我国货币松紧的重要指标。但是，金融资源优化配置的目标倒逼我国深化金融市场改革。一方面，继续深化商业银行激励机制改革，2005

年完成股权分置改革,提升了我国商业银行的经营自主性和市场竞争性;另一方面,不断完善多层次资本市场,推动间接性融资向直接性融资转型。同时,深化金融市场价格机制改革,推进利率市场化和汇率自由化改革。2007 年,我国成功推出 Shibor 指标,不断完善金融市场的利率基准。在价格机制逐渐完善的背景下,利率形成机制逐渐成熟。

随着我国进入新常态,金融体制改革进入了加速期。2012 年,我国重新开启了利率市场化改革,2015 年,我国政府彻底放开了对存款利率的浮动限制,政策层面基本完成了利率市场化。自此,商业银行可根据市场资金成本来制定信贷资产的利率价格,以反映市场资金供求情况。同时,政策层面也加快了我国金融体制改革的速度,十八届三中全会报告提出,确立了市场机制在资源配置中的决定性作用。十九大报告中指出,要深化利率和汇率市场化改革。在以上金融改革的背景下,利率形成机制的成熟提高了我国货币政策利率传导机制的效率。

但由于经济运行存在一定的惯性,体制机制的彻底转型仍需要经历较长的一段历史时期。利率管制的废除并不能立即实现货币政策利率传导机制的畅通,金融市场利率体系的形成需要经历较长时间的培养过程。在传导机制形成的初期,金融市场会出现部分利率的市场化程度较高而部分利率的市场化程度较低的结构性特征。同时,不同期限结构的利率之间的相关程度较低,利率在时间轴上的传导可能存在严重滞后的问题。

传统意义上的利率传导机制指的是,中国人民银行利用公开市场操作的政策手段,调节市场短期利率,以此来影响长期利率的未来走势。但在我国经济转轨的现实背景下,利率体系不健全将严重削弱传统利率传导机制的效率。中央银行急需在利率传导机制受阻的地方创新结构性的政策工具,利用结构性工具来实现货币调控的最终目的。

5.3.2 利率传导机制阻碍与结构性工具选择

从上文对利率传导机制的研究可知,利率传导机制的关键是中国人民银行利用政策工具影响短期利率,推动短期利率向长期利率的传导以及长期利率向实体经济的传导,最终达到货币政策目标。

货币政策利率传导机制的基本条件包含:一是,短期利率与长期利率存在紧密的相关关系。二是,长期利率对实体经济的影响是均匀的。但在我国经济转轨的背景下,利率传导机制的基本条件并没有完全达到。

一方面,我国金融市场存在分割现象,货币市场与资本市场无法形成良好的资金流通。资金流通受阻将影响价格机制正常发挥作用，造成货币市场利率与资本市场利率的相关性较弱，利率无法在两个市场之间有效传导。另一方面，我国商业银行的资金供给存在非对称现象，商业银行将更多的贷款配置给国有企业、地方融资平台和房地产行业等政府担保的领域或投机性领域，而对我国经济薄弱环节却慎贷、惜贷，造成我国国有企业和房地产行业的融资量较大，而民企、三农、小微等领域的融资量较小。也就是说，货币政策的传导受制于经济结构的扭曲，导致货币政策的传导存在严重的非对称性。

因此，我国货币政策传导机制存在两大难题，一是短期利率向长期利率传导受阻；二是货币政策向经济领域传导的非对称性。面对我国传导机制的扭曲，中国人民银行审时度势地对货币政策工具进行创新，以提高政策工具的调控效率。一方面，中国人民银行加大了期限结构性的工具创新，开发了常备借贷便利、中期借贷便利等工具；另一方面，中国人民银行加大了产业结构性的工具创新，如定向贷款、特种抵押品的贴现。同时，中国人民银行对商业银行的信贷方向进行窗口指导，防止商业银行的信贷行为偏误。

首先，利用期限结构工具来弥补利率机制在期限传导上的缺陷。由于国债市场的规模和种类不足，中国人民银行的短期流动性操作常常受交易规模和交易品种的限制。面对短期流动性不足，中国人民银行创新了短期流动性工具，分别是常备借贷便利（SLF）和短期流动性调节工具（SLO）。

随着美国次贷危机的蔓延，国际金融市场波动增大，国内金融流动性出现异常波动。2013年，中国人民银行为了应对短期流动性冲击的风险，设计推出了常备借贷便利的政策工具。首先，常备借贷便利发挥着再贷款的功能，但与再贷款存在重要区别。常备借贷便利指的是，商业银行或政策性银行可以通过抵押的形式向中国人民银行融通短期资金，以调节机构内部的流动性。常备借贷便利的期限一般为1-3个月，合格抵押品包括高信用评级的债券类资产及优质信贷资产等。因此，常备借贷便利发挥着再贷款的功能。但常备借贷便利属于有抵押品抵押的正常短期资金融通行为，利率处于市场合理范围。但再贷款行为属于短期流动性救济行为，无任何抵押品作担保，利率处于惩罚性利率范围。因此，再贷款行为常常受到中国人民银行的筛选和限制，甚至伴随着中国人民银行开出的罚单。再贷款行为将会对社会公众带来金融机构流动性危机的信号警告，造成社会群体的恐慌。其次，常备借贷便利的利率成为利率走廊的上限边界，可有效缓解短期市场流动性的波动。一旦经济陷入流动性的恐慌，金融机构不必大范围的抛售资产而造成资产价格崩溃，机构可以将合格流动性提供给中国人民银行，以此来融通短期资金。同时，一旦市场资金成本大于常备借贷便利的利率值，机构会通过中国人民银行常备借贷便利融通资金，可有效降低市场高企的资金成本，减小市场利率的波动程度。

短期流动性调节工具是公开市场操作的补充，其调节短期流动性的主要方式是通过回购或正回购的方式。短期流动性调节工具主要以7天以内的工具操作，针对的是超短期的流动性调节。其中使用的原因在于，短期国家财政资金的大额变动、商业银行之间的支付清算以及商业银行自身资产负债表的管理等问题。相比于公开市场操作，短期流动性调节工具更具有政策弹性。公开市场操作是在货币市场上买卖金融工具，其交易过程完成了证券所有权的交割。因此，公开市场操作的弹性更弱，一旦购买以后，可能会存在出售的风险。而短期流动性调节工具中回购交易并没有完成证券所有权的交割，最长在7天以后就会恢复中国人民银行的资产负债表。因此，短期流动性调节工具拥有更大的回调余地，同时，逆回购对短期流动性的冲击是有限度的，市场主体也不会过度恐慌短期流动性调节的危害，可有效形成市场稳定的预期。

其次，中国人民银行通过中期政策工具来解决短期利率向中期利率受阻的问题。常规的利率传导机制是短期利率向中长期利率的传导，但由于我国金融市场发展仍不成熟，利率在期限结构上的传导常受阻。为了解决利率期限受阻问题，中国人民银行创新了货币政策工具，绕开短期利率的传导，直接利用政策工具对中期利率水平进行调节。其中重要的中期结构性工具包括：中期借贷便利（MLF）和抵押补充贷款（PSL）。中期借贷便利指的是中国人民银行通过商业银行、政策性银行提供的三个月的有价证券质押来调节市场三个月及以上的利率水平。其主要功能即是在利率期限传导受阻的情况下，控制金融机构的中期融资成本，以此来降低市场中期利率。而抵押补充贷款指的是中国人民银行通过商业银行提供合格的抵押品来投放基础货币，而这种流动性的投放期限为中期，以此来引导中期利率的变化。

并且，中期政策工具不仅可以引导中期利率的变化，还可以通过抵押品的设计来影响基础货币的投放方向。中期政策工具的抵押品一般是基础设施建设、民生支出类的信贷投放。例如，基础设施投资证券化产品、农业贷款类资产以及棚改货币化的贷款资产等。同时，通过设定抵押品的范围，可以有效地在调节市场流动性的同时，引导资金的正确流向，具有一定的结构性特征。2018年6月，中国人民银行决定适当扩大中期借贷便利（MLF）担保品范围。新纳入中期借贷便利担保品范围的包括：不低于AA级的小微企业、绿色和"三农"金融债券，AA+、AA级公司信用类债券（优先接受涉及小微企业、绿色经济的债券），优质的小微企业贷款和绿色贷款。以上债券种类足可说明了，中国人民银行在投放基础货币的时候，强调货币政策传导的机构性效应。货币扩张不再是"大水漫灌"，而是"滴灌"调节，即坚持定向调控的政策原则，坚持向小微企业、民营企业以及我国经济发展中的"薄弱环节"提供资金支持。

因此，为了解决我国货币政策传导的期限扭曲和结构扭曲问题，中国人民银行创造了流动性支持和中期引导的结构性货币政策工具，促进了我国货币政策的定向调控和精准调控能力。

5.3.3　资产价格膨胀与数量型政策工具

传统的货币政策调控模式建立在正常运行的经济环境之中，即国家既不存在资产投机的经济膨胀，也不存在资产价格崩溃下的经济萧条。在此背景下，价格机制可以有效发挥引导资源配置的作用，中国人民银行可以通过短期利率政策来引导长期利率的变化趋势，从而调控投资和消费变量。

正常条件下的货币政策调控主要依据泰勒规则为主，将产出缺口和通货膨胀缺口前瞻性地纳入中国人民银行的利率制定过程中。中国人民银行对短期利率的控制来有效控制产出缺口和通货膨胀缺口。因此，在泰勒规则中，资产价格没有进入到货币政策目标集合中，中国人民银行将政策实践范围局限在了实体经济，而对虚拟经济的价格波动施行了放任自由的政策态度。

然而，实体经济与虚拟经济并非是完全隔离的，金融市场的波动将会严重影响实体经济的运行。在资产价格膨胀阶段，市场流动性会随着社会投机情绪的高涨而大量流入到虚拟经济中，货币金融资源由投资性质转变成了投机性质。此时，基于泰勒规则的利率控制政策则会失去效率。泰勒规则的利率调控方法讲究"微调""预调"，即在经济稳定运行的条件下，利率的小幅度上调会缩小产出缺口和通货膨胀缺口，恢复经济各指标的正常状态。而一旦经济陷入资产价格膨胀的恶性循环，即资产价格上涨推动抵押品价值上升，抵押品价值上升又会创造更多的信贷资源，进一步推动资产价格上涨。因此，微调的利率政策将无法抑制金融膨胀的趋势，要想达到打压资产价格膨胀的目的，则需要将利率提高到极高的水平，实体经济又无法承受如此之高的利率水平。这样就会在打压资产价格泡沫的同时，严重抑制实体经济的发展。因此，在金融膨胀的阶段，货币政策利率工具的调控效率将会被削弱。基于泰勒规则的货币政策框架急需转型。

利率指标与虚拟经济和实体经济两个方面都有着紧密的关系。一方面，利率的变动将会影响金融市场的融资成本，导致资产价格的变动；另一方面，利率的变化会引起产出和通货膨胀缺口的变化,进而影响经济增长的速度。在资产价格变化平稳的条件下,利率政策还可较好的保持两个市场的稳定;一旦资产价格顺周期性显现,资产价格的急剧上涨则无法通过利率政策来有效调节。因此,宏观调控的政策新框架需要在泰勒规则的利率框架之中,加入数量型的宏观审慎政策,以此来抑制金融市场的顺周期性。

货币政策属于总量性政策,而宏观审慎政策属于结构性政策。货币政策是通过控制利率来影响社会整体的投资和消费水平;而宏观审慎政策则主要是限制投机性资金进入到风险领域,防止金融市场顺周期的出现。宏观审慎政策以首付比、杠杆率、动态准备金等数量型措施,抑制金融市场中的局部风险积聚问题,中国人民银行的利率政策恢复了平稳条件下的调控效率。

宏观审慎政策工具是在微观审慎监管工具基础上改进以后的升级版,主要包括宏观审慎的资本充足率、流动性指标、资产负债指标、跨境融资风险指标等等。监管机构通过增大金融机构的顺周期行为成本来抑制其投机性行为,减缓系统性金融风险的积聚。例如,宏观审慎资本充足工具中常包含逆周期资本缓冲①和系统重要性银行附加资本②等政策工具。这些货币政策工具通过增大时间上和空间上的资产扩张成本,来防止资产规模扩大以后对系统性金融稳定造成的冲击。

总之,宏观审慎工具提高了金融机构开展资产业务的成本,抑制了局部性的资产顺周期膨胀,解决了货币政策面对的局部金融风险与整体经济稳定的"两难"问题。因此,宏观审慎政策的实施可有效修复利率机制的传导,并恢复货币调控的效率,对中国人民银行的货币政策宏观调控起着辅助的作用。

为了进一步提高我国货币调控的总体效率,中国人民银行始终致力于完善宏观审慎监管政策的制度框架。美国金融危机以后,中国人民银行将系统性金融风险控制作为研究的重点。2011年,中国人民银行正式引入差别准备金动态调整机制,将信贷扩张的数量与实际经济发展的信贷需求量结合在一起,信贷扩张的规模不能大于实际经济增长所需要的信贷数量。2015年,我国建立了跨境资本流动的宏观审慎监管措施,将跨境宏观审慎工具设置为我国金融开放的稳定器。2016年,中国人民银行将差别准备金动态调整机制升级为宏观

---

① 逆周期资本缓冲的计算公式为:max $\{\beta_i \times [$机构 i 广义信贷增速 $-$ (目标 GDP 增速 $+$ 目标 CPI)], 0\}$。

② 系统重要性附加资本的计算公式为:$0.5\% + (1\% - 0.5\%) \times$ 机构 i 资产规模/最大机构资产规模。

审慎评估体系（MPA），将更多的金融活动纳入 MPA 体系。随后几年，中国人民银行会不断丰富 MPA 的内容，将表外业务、同业存单的监管也纳入该体系之中。十九大报告中正式提出健全货币政策和宏观审慎政策双支柱的框架，夯实货币政策宏观调控的制度基础。

6

货币政策宏观调控进一步改革的风险及稳定措施

6.1 市场流动性风险及其稳定措施

市场流动性风险本质上属于短期金融风险，是市场各个主体短期内过度追逐流动性资产而造成市场流动性的极度短缺，从而出现市场主体的短期违约行为。

流动性一般分为市场流动性、企业流动性和资产流动性。三者的标的指标都与货币及货币等价物有关，但三者的区别产生于流动性所涉及的范围。市场流动性指的是微观个体可以从金融市场中融入资金的能力和成本，体现为资金融通的数量变化和价格变化。如果市场流动性收紧，货币市场的短期利率会呈现上升趋势，价格上升会抑制部分融资行为，造成市场流动性交易量的降低。企业流动性指的是企业日常经营中的货币及货币等价物，主要体现在现金流量表的项目上。企业的流动性需求产生于日常生产和流通中的货币结算，例如，原材料购买、短期债务偿还以及债务利息支付等等。资产流动性指的是该资产在未来变现的能力与成本，如果资产未来变现的能力下降，则资产所能贴现的现金数量是下降的，那么资产的需求就会减少。因此，市场上不同主体面临的流动性问题也是不同的。

所谓的流动性预警，指的是市场主体面临的流动性状况出现了不同寻常的逆转。一般情况下，正常范围内的流动性波动是经济运行的自然规律。但是，如果流动性异常波动出现，就可能导致较大的信用问题。不过，一般情况下，资产的流动性不足只会导致某种资产的价格下跌，企业流动性不足也只会导致该企业出现违约行为。也就是说，微观的流动性风险一般情况下只会导致局部的信用危机。但是,网络技术日新月异的发展和其在金融领域的广泛运用使得各个金融市场日益交织在一起,金融交易的复杂性决定了诸多流动性风险也纷繁复杂、盘根错节地叠加着。一种流动性风险的爆发将会造成各种流动性风险的预警。例如,系统重要性金融机构的流动性如果出现问题,就会导致与这些机构有关的各种金融交易链条出现问题,社会投资和融资活动均会受到阻碍,企业流动性问题就转化成了市场流动性问题,造成整个金融市场的混乱。

因此,流动性风险问题是极其复杂的。其复杂性决定流动性问题存在极强的感染性。一种局部资产的价格下跌,将会连带与此种资产有关的其他资产价格下跌;一个企业流动性出现危机,将导致与此企业相关联的交易链条断裂。同时,作为影响短期交易行为的社会情绪,也会在流动性危机中推波助澜。例如,系统重要性金融出现了程度较轻的流动性波动,该金融机构的信用就会受到打击,其信用评级得分可能就会出现下降趋势。同时,该机构信用评分下调后的信用信息就会快速向金融市场各个方向迅速传播,敏感性较强的市场主体就会集中对该金融机构实行撤资行为,撤资行为又反过来损害该机构的信用。这种恶性循环会很快使得市场恐慌情绪抬头,群体效应导致社会撤资数量一反常态地剧增。社会的整体流动性会在恐慌情绪中受到强烈冲击,流动性危机就在这样的社会群体行为中"自发实现"了。

为了防止局部流动性风险转化为整个市场的流动性风险、限制社会流动性危机的"自我实现",中央银行应充分发挥货币宏观调控"最后贷款人"的功能。即中央银行通过对特定对象投放流动性,隔断局部流动性危机向整体市场流动性危机的传递过程。1913 年,为了解决美国频繁发生的银行挤兑危机,美国政府正式成立了美国联邦储备系统(简称美联储),确立了中央银行的"最后贷款人"地位。2013 年,我国金融市场出现了重大的流动性危机,称作史上最大的"钱荒"。2013 年 6 月,金融市场短期利率出现了飙升。其中,1 天的利率按年折算最高可达 30%,相当于 1 年期贷款基准利率的 5 倍。这种异常现象可能在无中央银行条件下会形成全面的金融危机,但由于中国人民银行作为"最后贷款人"的存在,及时为市场各主体提供了流动性以稳定信心,才防止了全面危机的爆发。

因此,在货币政策宏观调控机制改革过程中,应充分考虑市场流动性的松紧情况,防止政策改革过激导致的流动性危机,以保证我国体制转型的稳定性。"稳中向前"一直是我国经济体制改革的基本原则,货币政策的改革要兼顾效率和稳定的双目标。随着我国经济进入新常态,传统的经济发展模式造成我国大量存量资源的闲置。面对新条件,我国政府推出了"三去一降一补"措施，将金融去杠杆放作为经济工作的内容重要。金融去杠杆，本质上是促进企业和居民偿还债务，降低杠杆比率。但是，偿还债务的过程需要大量的流动性，货币及等价物的累积需要足够的时间过渡。因此，在去杠杆的同时，资金链条的断裂风险增大，债务人的流动性风险也一并增大。面对我国金融监管对流动性的收紧，中国人民银行应时刻监测市场流动性的动向，防止局部资金链条断裂造成的市场金融秩序混乱。因此，在金融去杠杆的背景下，一方面，在短期内，中国人民银行应创新的政策工具（如常备借贷便利），保证市场的稳定性；另一方面，在长期内，不断完善宏观审慎政策，修复传统货币政策传导机制，利用金融监管去防止企业和居民的过度流动性扩张。

6.2 系统性金融风险及其稳定措施

系统性金融风险包括上文分析的流动性风险，但系统性金融风险所涵盖的面更为广泛。它不仅包括短期资金链条断裂而造成的流动性冲击，还包括长期收益率的下降所带来的永久亏损。系统性金融风险的形成机制更复杂、影响范围更广，且救助的难度更大。因此，对系统性金融风险的监测和防范成为各国中央银行最为关注的重点。

现代系统性金融风险最显著的特征在于金融资产泡沫的积聚及破灭。也就是说，围绕着金融资产存在大量顺周期性的经济行为。在极端的情况下，有可能一个利好消息，就会逐渐推动金融资产交易由活跃向狂热转变。

首先，社会情绪存在顺周期性。凯恩斯在分析美国大萧条时提出了著名的"动物精神"概念，即个人投资行为受到某种不理性的情绪所想影响。后来，经济学理论将其解释为羊群效应，即当社会公众都认为某物存在极大价值的时候，此物到底有没有价值已经不再成为价格上涨的驱动力，情绪成为主要的驱动力。因此，在社会情绪的顺周期条件下，投资者的计算能力就会被大大降低，理性行为逐渐变成了非理性行为。

其次，金融交易存在顺周期性。金融交易的顺周期性主要体现为资产价格与杠杆率之间的相互促进作用。当资产价格上涨时，投资者会把资产标的物拿去金融机构抵押并借出出资金；接着，投资者又将融入的资金投入到该种资产市场中，又进一步助推资产价格的上涨。最终形成了资产标的物的不断抵押，资产价格不断上涨以及社会杠杆率不断上升的"棘轮效应"。因此，在资产交易过程中，不仅产生了极为脆弱的资产价格，而且导致了社会杠杆率水平的增高，透支了社会未来的金融资源。在杠杆率奇高的背景下，一旦资产价格泡沫破灭，系统性金融风险将会由资产市场逐渐蔓延到信贷市场和债券市场，造成整个社会的融资系统崩溃。因此，控制杠杆比率是防止系统性金融风险蔓延的重要举措。

最为典型的系统性金融危机就是2008年的美国次贷危机。2008年，雷曼兄弟破产掀开了全球金融危机的序幕。资产价格下跌、流动性紧缩和机构破产以无限连环的方式向各个机构、各个领域蔓延。美国五大投行纷纷破产或被兼并，最大保险公司AIG遭到严重亏损而破产，汽车产业的龙头企业也出现破产预警。如果让危机一直蔓延下去，整个世界经济将会陷入严重的衰退。美联储率先推出了"量化宽松"政策。首先，将名义利率降至零；其次，通过中央银行投放巨量货币来稳定市场流动性；最后，通过改变中央银行的资产负债表结构，购买长期风险资产，来保证长期资本市场的稳定。虽然伯南克的量化宽松政策抑制了经济金融危机的蔓延，但系统性金融危机对经济的冲击力度太大，货币政策难以迅速抑制经济下降趋势。美联储在危机爆发后几年，一共推行了四次量化宽松政策。分别是2008年的第一次、2010年4月的第二次、2010年6月的第三次以及2012年12月的第四次。但是，四次量化宽松的效果并不是很显著，危机后好几年经济复苏的速度都较慢。

从次贷危机的前车之鉴，我们认识到系统性金融风险形成机制之复杂和风险爆发损害程度之大，因此，我国中央银行将系统性金融风险的监测和防治作为工作的重点。次贷危机以后，我国施行了强刺激的货币政策，广义货币总量的扩大造成了我国金融市场大量的流动性堆积。房地产作为我国居民偏好的资产产品，其居住属性在退化，投资属性大大增强。因此，金融市场的大量流动性进入到房地产市场，造成了我国房屋交易数量增大以及房价指数上升。面对复杂多变的金融形势，我国政府审时度势地推出了一系列房地产调控政策和金融监管政策。首先，我国在经济新常态的背景下，推出"三去一降一补"的供给侧结构性改革措施，将去杠杆作为我国经济运行的重要任务。同时，十九大以后，我国开启了三大攻坚战，将防止发生系统性金融风险作为三大攻坚战之首。其次，在政策操作，一方面，加强房地产市场的限购政策，明确"房子是用来住的，不是用来炒的"这个重要原则；另一方面，加大治理社会资金来源的影子银行体系，我国分别颁布了"三三四十""资管新规"等重要文件，抑制了我国理财资金流向过剩产业的乱投资行为。

因此，在我国货币政策改革过程中，货币投放的虚拟化将会造成系统性金融风险的积聚，应加强政策措施以保证金融改革与金融稳定的双重目标实现。首先，完善货币政策与宏观审慎双支柱的制度框架，利用数量型的金融监管政策来保证价格型货币政策转型中的效率与稳定。其次，完善我国宏观审慎监管体系，将更多的金融产品纳入宏观审慎监管之中。同时，健全房地产长效机制，让房子彻底成为满足居民消费属性的生活必需品，而非用于发财致富的投机品。最后，深化财政体制改革。土地财政很长时间以来是我国财政收入的主要来源，而房地产市场改革的阻力也一定程度与财政收入相关。因此，深化财政体制改革，规范地方政府融资行为，通过市场化的方式来实现财政收入的合理增长。

6.3 汇率和外资不稳定风险及其稳定措施

十九大报告指出，推动形成全面开放新格局。开放带来进步，封闭必然落后。中国开放的大门不会关闭，只会越开越大。在新时代背景下，全面开放成为未来我国经济改革的重要任务之一。而金融开放作为全面开放的核心，成为衡量我国未来开放成本的重要因素。

四十年来，我国的对外开放一直是稳健的、渐进的，开放的主要方向是贸易开放，而金融领域的开放则慎之又慎。这是由改革开放初期的基本国情决定的。随着我国经济总量增大，国内经济融入全球经济的程度逐渐加深，金融的相对封闭逐渐抑制了国内经济的进一步发展。贸易开放程度高而金融开放程度低的局面导致我国贸易部门效率相对较高，而金融部门效率相对较低。金融的垄断性抑制了金融资源的优化配置。在这样的结构失衡背景下，利用金融的扩大开放来促进国内金融效率的提高，具有重大意义。

但金融开放的难度比贸易开放的难度更大，金融开放过程中的外部冲击力度也更大，国内经济消化吸收外部金融冲击的能力更弱。亚洲金融风暴就是在金融改革不到位的条件下全面开放国内金融市场造成的。20世纪90年代，东南亚国家遵循西方金融开放理论，将西方发达国家金融开放的模式照搬到自身并不是那么发达的国内金融领域。开放初期，大量资金涌入东南亚等新兴国家的国内市场，形成其国内市场一片繁荣的景象。同时，东南亚国家金融机构借入大量的外债，造成严重的本外币错配。另一方面，东南亚国家又强制施行了固定汇率加资本项目开放的组合政策。结果，一旦这些国家国内经济衰退倒逼其中央银行扩张货币供给，固定汇率的稳定性就遭受冲击，外部投机性资金就会大规模撤离这些国家，形成巨量的资金外流。同时，实力雄厚的国际金融炒家利用东南亚国家完全不设防的自由化的金融市场，通过衍生品交易进行汇市、期市、房地产市场等的连环投机，不仅彻底摧垮了东南亚国家的固定汇率制度，而且造成了这些国家经济长时间的萧条。

资本外逃和货币错配导致了东南亚国家固定汇率制度的崩溃、内部经济的萧条以及金融机构的倒闭。亚洲金融风暴的教训历历在目：在金融监管能力不足的情况下，过快的金融开放将会造成国内金融机构的过度负债，从而造成严重的货币错配问题，进而可能引发严重的金融经济危机。

根据"蒙代尔三角理论"可知，固定汇率、资本项目可兑换以及独立的货币政策三者不可能同时实现，必须在三个目标中舍弃一个，才能实现政策的稳定。因此，金融开放目标的选择要完全依据本国国情，根据政策组合的收益与成本的综合考量，最终确定适合国情的政策组合。

由亚洲金融危机的惨痛教训可知，固定汇率制度在金融全面开放的过程中，将会限制国内货币政策的调控自主权，最终使得货币政策无法稳定经济金融。随着我国经济的不断发展，汇率稳定的作用越来越小，而资本项目自由流动下的金融开放和货币政策的独立科学实施的政策效益逐渐增大。因此，在新时代全面对外开放过程中，选择浮动汇率比固定汇率具有更强的风险对冲能力。

中国人民银行行长易纲提出我国金融开放中的"三驾马车"：金融对内对外开放、汇率机制市场化改革以及资本项目可兑换，三项政策相互配合、共同推进。在金融开放过程中，需要进一步提升我国金融监管的能力。因此，金融开放和金融稳定是一个整体的两个侧面。开放与稳定合二为一是我国经济改革"稳中向前"思想的具体体现，也是保证我国经济持续稳定发展的必要条件。

同时，汇率改革并不是完全放弃中央银行对汇率波动进行政策调控。汇率改革的主要任务是汇率形成机制的完善和中央银行汇率调控方法的变革。传统条件下，我国一直实行的是有管理的浮动汇率制度，中央银行通过参与外汇交易来调控市场汇率。"8·11"汇改以后，中国人民银行决定进一步完善人民币兑美元汇率中间价报价机制，增强其市场化程度和基准性。中国人民银行不再指导制定人民币汇率中间价，而是将定价权交给了银行间外汇交易市场，由市场的供求决定的人民币汇率。然而，外汇市场交易的非理性因素仍然较多。汇改政策实施以后，短时间内人民币汇率经历了大幅度的贬值，资金出现大规模的外逃的情况，人民币对美元汇率的贬值 7%，外汇储备由 4 万亿美元的峰值最后跌到了 3 万亿左右。正是在汇率异常波动的情况下，中国人民银行推出"逆周期调节因子"，缓和了汇率波动中的投机性情绪，保证了我国汇率形成机制的稳定。

面对金融开放过程中存在的风险，在进一步扩大金融开放的过程中要注意以下三点。

首先,逐步培育汇率形成机制,让市场机制决定人民币汇率。浮动汇率是开放经济中内外经济稳定的重要调节变量,其灵活波动可有效对冲外部经济震荡对内部经济的冲击。汇率的易变性决定了交易者预期的不确定性,一旦交易者预期进入非理性状态,汇率就会出现异常的波动状态。偏离均衡的汇率波动则已经失去了浮动汇率的风险对冲功能,反而会对内外经济造成重大危害。因此,实行浮动汇率绝对不是完全放任不管,在异常波动出现时,中央银行要及时、精准地进行干预,同时注意及适时地退出外汇市场,恢复市场机制的作用。中国人民银行设定汇率逆周期调节因子展开干预,是对汇率异常波动的有效调控,可以有效地防止重要变量的过度震荡。

其次,进一步开放资本项目,促进资金的自由流动。资本项目开放是金融开放的组成部分,是资金内外流动的制度保障。资本项目开放可以促进国外资金流入国内市场,提高国内融资规模,促进国内金融市场的竞争,激励国内金融机构提高效率。同时,资本项目开放也可以促进国内资金通过国际金融市场进行配置,以实现我国金融资产配置的全球化。然而,资本项目开放绝不意味着放弃金融监管。相反,资本项目开放的程度、速度必须与我国金融监管能力的提升相匹配。所以,资本项目开放必须是渐进的。如果在监管制度改革不到位的情况下,彻底放开资本项目,会造成我国金融市场极大的混乱,甚至有可能造成金融经济危机。东南亚国家的前车之鉴我们一定要牢记。

最后,在金融开放的背景下,我国货币宏观调控政策的改革要考虑开放经济条件下的宏观经济变量。以往的货币政策框架主要考虑国内因素,汇率制度相对固定,主要利用中央银行的外汇储备来保证我国汇率的稳定性。货币供应量、利率的制定主要以国内的经济增长为依据。然而,在金融全面开放条件下,货币政策的参考变量不仅要包括国内诸多经济变量,如国内 GDP、国内利率等,还要进一步探究开放条件下的变量关系,例如,货币供应量与汇率、利率与资本流动、利率与汇率等。

6.4 利益关系协调阻力风险及其稳定措施

人与人的交易往来会产生经济活动,必然出现利益在不同个人之间的分配问题。规则制度的不同就会导致人与人之间利益分配量的差异,因此,不同的利益主体就会为最优的规则制度而花费资源去竞争。竞争的过程需要耗费大量的社会成本(例如,政治选举成本、宣传与协商成本等),经过多方博弈,在相互妥协中形成最终的制度共识。

任何政策的制定和实施都需要经过一系列利益协调的过程。决定协调成本的因素有很多，其中最为重要的是组织的协调机制的形式。如果是垂直式的协调机制，各个利益部门只是向上表达相关意见，权力的分配依赖于上层的决策，其协调成本相对较低。如果是水平式的协调机制，各个利益部门就对主体自身的权力分配拥有竞争权，权力分配依赖于博弈的过程，其协调成本相对较高。前一种协调过程主要出现在政府部门的组织形式中。后一种协调过程主要出现在国家与国家之间的组织形式中。

我国货币政策改革的过程必然会打破原有利益分配格局，老体制下的既得利益者会或明或暗地反对改革，形成较大的利益协调阻力。这些阻力既可能来自国内，也可能来自国外。下面分析探究我国货币政策改革阻力的形成因素。

金融监管改革下的利益部门阻力是我国货币政策改革的重要阻力之一。近年来，资产市场的膨胀对我国货币政策的传导效率有负面的影响，基础货币投放的"虚拟化"扰乱了中央银行对实体经济的政策调控计划。货币投放虚拟化的原因在于，金融混业经营趋势已经十分明显，但金融监管还停留于分业监管的老体制。银监会、证监会和保监会如同铁路上的警察，分别负责各自领域的金融业务监管，对跨领域的业务监管则存在漏洞。因此，我国影子银行业务在监管的空隙中快速发展，通道业务成为规避金融监管规则的重要途径。银信合作、银证合作成为银行理财产品的资金流出途径，造成了过度的广义信用货币扩张，我国系统性金融风险因此增大。

十九大以后，我国政府科学认识到金融监管体制的不足，重启了金融监管体制改革。首先，党中央在多次财经小组会议中提到，要彻底防范系统性金融风险，从思想上统一进一步改革金融监管体制的基本方向，尽量降低思想认识不一致而造成的协调成本。其次，2017年11月，成立了国务院金融稳定发展委员会。该机构的重要作用是作为国务院统筹协调金融稳定和改革发展重大问题的议事协调机构。并且，该组织的办公室设在中国人民银行总部。国务院金融稳定与发展委员会成为我国货币政策与监管政策协调的重要中间连接点，降低了中央银行与监管部门之间政策协商的相关成本。同时，为了进一步完善金融监管体制，修复我国货币政策传导机制，2018年两会期间，对保监会与银监会进行了部门合并的改革，形成中国银行保险监督委员会。银监会与保监会的合并突出了我国混业监管的未来方向，有利于消除监管体制不完善的监管套利行为。同时，银保监会主席兼任中国人民银行党委书记、副行长一职，有利于建立货币政策与金融监管政策的沟通与协调机制，为健全我国货币政策与宏观审慎政策双支柱打下了制度基础。

另一方面，国际货币政策的协调也存在诸多的利益阻力，这种阻力主要来自国家与国家之间的货币博弈。

首先，国家之间的经济发展、历史文化和制度条件不同决定了货币政策存在分歧。欧洲货币政策的协调则是一个典型的例子。20世纪70年代，欧洲国家就开始了货币联盟的探索，到2002年，欧元正式取代欧元区成员国的主权货币，形成了欧洲统一的超主权货币，欧洲中央银行在欧元区推行统一的货币政策，刚开始的时候虽有争吵，但在经济没有遭受重大冲击的情况下，货币政策还能执行下去。次贷危机爆发以后，欧洲货币政策协调就陷入了僵局。作为受到危机冲击较大的国家，葡萄牙、意大利、爱尔兰等国希望欧洲中央银行实施更加激进的刺激政策，但高度厌恶通货膨胀的德国则否定了激进的货币政策。欧洲货币政策制定的协调成本显著上升。2016年6月23日，英国脱欧通过了全民公投，现全面进入脱欧程序。英国虽然不是欧元区国家，但其脱欧过程会对欧洲经济造成极大的打击，同时也会对欧洲货币与信用体系形成极大伤害。欧洲货币政策的协调成本在英国脱欧事件上又会呈显著上升的态势。因此，如何建立国家之间的区域货币协调机制，如何促进区域间的国际货币合作是进一步推进人民币国际化的重大课题。

其次，国际货币体系的结构特征决定了国家之间的利益协调成本。自20世纪70年代以来，布雷顿森林体系的崩溃促使国际货币体系演变为牙买加体系。美元成为国际储备货币，被全球各个国家持有。在美国经济正常运行的条件下，美元单一储备的国际货币体系可以有效减少国家之间的贸易成本和金融成本。一旦美国经济出现问题，以美元为储备货币的牙买加体系造成的成本冲击可能会迅速上升，加大了国家之间货币政策的协调成本。2008年，美国爆发次贷危机，美联储为了拯救国内经济施行了四轮"量化宽松"政策。过剩的美元流动性从国内市场向国外市场溢出，使得大多数新兴市场国家出现经济过热现象。近年来，美国经济出现复苏迹象，美联储为了调控国内流动性又实施加息和缩表的货币政策，新兴市场的大量短期资本回流，增大了新兴市场国家短期波动的风险。因此，美元垄断的国际货币体系加大了美国货币政策与其他国际的货币政策协调的成本。然而，美国与其他国家的经济发展水平、历史文化以及制度条件是完全不同的，美元垄断的国际货币体系则将美国国内的货币政策向其他国家输入，造成其他国家货币政策宏观调控的效率损失。因此，进一步完善国际货币体系，推进国际金融治理以及加强国际货币政策的协调则是未来货币理论与政策需要讨论的另一重大课题。

7

结论与展望

7.1 基本结论

改革开放四十年,我国经济总量迅猛增长,人民生活水平不断提高,创造了人类经济史上的增长奇迹。四十年来,我国经济增长率平均达到了9.4%,对外贸易额年均增长14.5%,人民生活水平"从短缺走向充裕、从贫困走向小康。"[①]同时,经济体制机制也发生了深刻的变革,由传统的计划型向现代的市场型经济体制转变,基本实现了市场机制在资源配置中起决定性作用的改革目标。

经济体制机制的变化决定了宏观政策效率的变化。货币政策是宏观调控政策的重要组成部分,随着我国经济体制机制的转变而发生巨大的变化。在梳理改革开放在经济领域取得的巨大成就的基础上,深入研究我国货币政策宏观调控演变轨迹的基本特征和货币政策执行的效率,在总结经验的基础上,进一步探索我国货币政策演变的未来方向。基本观点如下:

一是,经济体制改革的基本特征决定我国政策制度演变的基本轨迹。总体来讲,货币政策属于生产关系层面,制定和执行货币政策的最终目的是促进我国生产力的发展,因此,货币政策制度转型的速度要与我国经济体制改革的进程相适应。我国经济体制转型的双重特征决定了我国货币政策制度演变的双重主线:长期市场化改革和短期稳定化保障。一方面,坚持长期市场化改革的基

---

① 习近平在博鳌亚洲论坛2018年年会开幕式上的主旨演讲,载新华网,网址:www.xinhuanet.com/politics/2018-04/10/c_1122659873.htm。

本方向，提高货币政策的宏观调控效率；另一方面，坚持"稳中向前"基本原则，综合考虑政策改革的速度与短期经济的波动，保证经济增长的平稳性。两条主线共同决定了我国货币政策制度转型的演变轨迹。

二是，价格型货币政策成为发达国家中央银行货币实践的主流。经过历史实践检验，随着各国生产力的提高，成熟的市场经济国家均倾向于选择价格型货币政策框架。在不发达国家向发达国家过渡期间，货币政策框架逐渐由数量型向价格型转变。改革开放四十年，经济转轨的特征决定了我国货币政策的复合型框架特征，即货币政策操作中既存在数量型，又存在价格型特征。同时，市场化转型的长期目标决定了我国货币政策逐渐向价格型政策转变。

三是，随着我国经济进入新常态，数量型货币政策调控效率逐渐衰减，价格型货币政策效率逐渐提高，中国人民银行逐渐建立利率走廊机制的价格型货币政策框架。金融市场发展、金融创新推进以及利率市场化基本完成决定了我国数量型货币政策调控的难度和风险增大，货币政策边际效益递减；而金融市场利率信号的灵敏度逐渐增强，价格型货币政策的调控效率逐渐递增。同时，基于国内利率区间机制的实践经验，限定上下限幅度的利率走廊机制具有保证市场利率稳定、提高中央银行政策沟通能力及稳定市场利率预期等重要优势。

四是，金融资产的泡沫化膨胀会削弱货币政策宏观调控的效率，强监管政策有助于修复传统政策机制，货币政策目标体系应兼顾经济稳定和金融稳定双重目标。房地产价格泡沫化会使社会投资性资金转变为投机性资金，增强货币传导的虚拟化，削弱货币政策向实体经济领域的传导效率。为了解决金融泡沫化问题，我国政府对系统性风险源头——影子银行体系加强了监管。全面推行宏观审慎监管政策有助于抑制影子银行的发展，抑制资金价格的顺周期上升，避免金融市场出现交易主体的群体性过激情绪。为了保证我国经济和金融双稳定，十九大报告提出"健全货币政策与宏观审慎政策双支柱框架"的改革要求。双支柱框架的建立将有助于防止系统性金融风险的积聚，有助于修复传统货币政策机制、提高货币政策调控效率。

五是，随着我国经济进入"新常态"，市场化的经济体制机制逐渐健全，数量型货币政策传导效率逐渐衰减，而价格型货币政策传导效率逐渐提高。利率市场化的完成和金融创新的发展均有效地提高了利率价格的敏感度，促进了利率机制的形成。同时，金融市场货币等价物的创新增大了货币统计与管理的难度，货币供应量的可控性、可测性和相关性逐渐降低。另一方面，我国国债品种较少、规模不大，利率市场的基础工具发展仍不成熟，利率"倒挂"现象依然存在。经济新常态条件下，中国人民银行放弃货币政策数量型传导机制的时机不成熟，应兼顾货币政策传导的数量机制和价格机制，利用双重途径提高货币政策调控效率。

六是，改革开放四十年，中国人民银行审时度势地创新诸多货币政策工具。首先，世界经济环境的变化促使我国四十年基础货币的投放机制转变，由传统的外汇占款投放机制变成了现代的基于国内经济实力的货币投放机制。同时利用降低存款准备金的方式将货币交易和支付职能转移给广义信用货币，提高商业银行的资产管理能力。其次，利率机制的不成熟促使中央银行使用结构性货币政策工具，其中包括期限结构工具和产业结构工具。最后，在微观审慎政策工具的基础上，进一步创新宏观审慎工具，以修复传统货币政策传导的机制，提高传统货币政策工具的效率。

七是，四十年的改革开放不是一帆风顺的，在我国货币政策转型中也存在着诸多的风险，选择正确的时机、力度、范围可有效保证货币政策改革的顺利推进。货币政策改革中遇到的重要风险包括：流动性风险、系统性风险、汇率风险、外资不稳定风险、泡沫风险、部门利益阻力风险以及国际关系阻力风险。我国改革开放过程中的风险是多维的，单纯依靠货币政策来降低各种风险的大小是不切实际的，需进一步完善货币政策、财政政策、产业政策和区域政策等多种政策的协调机制，才能确保不发生系统性金融危机，货币政策改革才能继续深入推进。

7.2 展望

经济体制机制的转变并非一蹴而就，改革开放需要久久为功。随着我国经济发展到一定程度，旧体制的种种积弊虽已逐渐革除，新的矛盾却也渐渐冒头。经济总量扩大的条件下，新的矛盾又浮出水面，改革进入深水区。经济运行中形成的新问题、新矛盾并不是改革深化本身造成的，恰恰相反，是因为改革深化的程度不够、开放的力度不足。

面对新形势、新背景，改革的步伐不能停滞，只有将改革开放进行到底，才能从根本上解决我国现有的以及未来可能出现的问题。货币政策是我国政府进行宏观调控的一种手段，其目的是服务于我国经济改革、开放与发展的长远目标。在进入新时代的条件下，我国货币政策改革的深入应该注意以下几点。

首先，在坚持完善中国特色社会主义制度框架下下深化我国货币政策改革。四十年经济改革开放的实践经验证明，中国特色社会主义制度是保证我国经济持久健康发展的必要条件，是实现人民生活水平提高、促进社会公平正义的唯一保障。改革开放初期,在经济发展极度落后的情况下,我国也没有落入西方经济理论思想的窠臼而全盘照搬照抄,而是不断吸收西方经济理论的合理成分,坚持实事求是的基本原则,探索基于中国国情的社会主义市场化改革模式。四十年改革开放的巨大成就证明了中国特色社会主义的强大生命力,进一步增强了我们的道路自信、理论自信、制度自信和文化自信。任何改革开放措施,都应在坚持中国特色社会主义制度的前提条件下实行。脱离这项基本原则,可能会造成我国改革开放的停滞,甚至可能让已经取得的巨大经济成就得而复失。

一国的发展历史、制度条件和经济实力等客观因素共同决定了该国货币理论与政策实践的选择。改革开放初期,我国生产力落后,国情的复杂性决定了我国经济改革面临的多重问题。一方面,落后的生产力倒逼我国推行社会主义市场经济改革的基本方向;另一方面,庞大的计划体制下的存量经济问题决定了必须坚持"稳中向前"的渐进性改革原则。

我国基本国情条件决定了货币政策制度改革的综合性和复杂性。体制转轨、机制培育以及经济稳定等多重目标决定我国货币政策框架设定不能只以单一指标为最终目标,而应坚持制度改革服务实体经济的基本原则,依据经济阶段性特征的改变,不断调整多元的政策目标组合。同时,利率形成机制的不完善、货币传导渠道效率衰减的转轨特征决定了货币政策中介目标的选择应兼顾数量型和价格型双重指标,根据复合指标综合判断我国市场流动性的松紧。同时,在金融市场利率曲线仍不完善的背景下,创新期限结构和产业结构的货币政策工具,来解决货币传导的扭曲问题,促进货币政策在结构上的有效传导。

其次,体制转轨的渐进性决定了我国政策改革的阶段性。改革开放初期,落后的生产力决定了我国改革开放中应始终坚持以经济建设为中心的主线,不断解放和发展生产力。因此,改革初期的货币信贷政策强调总量上的扩张,在规模上保证社会生产的持续进行。该阶段的货币信贷政策推动了社会融资量的扩张,促进了企业规模和数量的增加,保证了经济增长的速度。然而,四十年的经济增长已经为我国积累了大量的生产能力和大量的生产资本,经济供求状况已经由短缺经济转向了过剩经济,经济发展的要求已经由高速度增长转向了高质量发展。因此,党的十九大报告中作出中国特色社会主义进入新时代,我国社会主要矛盾已经转化为人民日益增长的美好生活需要和不平衡不充分的发展之间的矛盾的重大判断。新时代我国主要矛盾的变化决定了我国货币政策改革的方向变化。传统的强调总量扩张的时代已经过去,现代的注重质量效益的时代已然到来。

首先，我国货币政策调控原则出现了重大改变。2018年政府工作报告对五年来我国货币政策实践做出了重要总结，报告指出，我国保持战略定力，坚持不搞"大水漫灌"式强刺激，而是适应把握引领经济发展新常态，统筹稳增长、促改革、调结构、惠民生、防风险，不断创新和完善宏观调控。"大水漫灌"式的刺激政策虽然可以在总量上保证经济增长速度的稳定，但会出现结构性的传导扭曲问题，无法保证货币供应的平衡性和充分性。为了解决新时代货币传导的非对称性，中国人民银行不断创新货币政策工具（SLF、MLF等），利用期限工具和结构工具对基础货币的投放实行定向调控、相机调控和精准调控，最终实现金融资源注入中小企业、三农领域等经济薄弱环境，促进我国经济平衡充分发展。

其次，不断完善利率市场化的价格形成机制，充分实现价格引导的市场配置作用。数量型货币政策常存在传导时滞、统计疏漏以及总量控制等缺陷，无法在市场上形成一个良好的信号传递和交易反馈。而利率作为市场资金的价格，反映着金融市场供求双方交易行为的信息变动。利率信号具有及时的反馈效应和极好的政策弹性。中国人民银行可以通过实时监测利率指标变化的方法，来判断市场流动性的松紧情况，以及判断货币政策执行的力度和深度。同时，利率作为企业和居民融资成本的重要指标，有利于公众对中国人民银行货币政策的理解，可以提高中国人民银行的政策沟通能力。因此，通过引导利率，就可以有效地引导社会资金的变动，同时通过利率期限结构来引导经济结构的变动，从而实现经济的高质量发展。

其次，金融开放成为我国货币政策未来改革的重要现实条件。习近平主席在2018年博鳌亚洲论坛上谈到，2018年我国将推出几项有标志意义的举措。在服务业特别是金融业方面，2017年年底宣布的放宽银行、证券、保险行业外资股比限制的重大措施要确保落地，同时要加快保险行业开放进程，放宽外资金融机构设立限制，扩大外资金融机构在华业务范围，拓宽中外金融市场合作领域。面对新的开放条件，易纲主席提出了开放进程中的三驾马车理论，即金融的对外对内开放、汇率形成机制的市场化改革、资本项目可兑换这"三驾马车"要互相配合，共同推进。同时，在金融开放过程中，中国人民银行应加强金融监管。因此，未来中国人民银行如何协调好金融开放与金融稳定的关系，是货币政策理论与实践的重大的课题。

最后，科技创新也是新时代我国经济发展的重要特征。传统的经济增长模式是以低成本的要素资源投入生产，并在分配中大量地积累经济增长的资本规模。然而，随着四十年的改革开放，要素成本的比较优势逐渐淡化，工资成本和环境成本的上涨倒逼我国经济发展模式转变。同时，四十年经济总量的扩大导致资本积累已经到了饱和的程度，大量的外汇储备、大量的财富资产决定了我国经济增长的投资效益已经处于较低水平。另一方面，互联网的发展、人工智能的诞生以及共享经济的普及成为社会经济发展的领头羊，科技创新对经济发展的贡献越来越突出。因此，新时代我国经济增长的动力源泉应重点放在科技创新上，通过创新的方式来促进经济平衡充分发展。中国人民银行是我国唯一的货币发行机关，货币政策是引导我国金融资源流向的工具手段。因此，如何促进我国货币信用创造流向创新科技行业，将科技创新与金融要素相结合，则是我国未来货币政策理论与实践的又一重大课题。

7.3 政策建议

7.3.1 制度层面的建议

一是，深化汇率制度改革。缺乏弹性的汇率制度削弱了我国货币政策调控效率。随着外部因素影响力的降低以及内部因素影响力的升高，我国已经到了深化利率和汇率市场化改革的阶段。因此，应进一步完善汇率形成机制，使汇率充分反映境内外资金供求情况。同时，逐渐放开资本项目，使我国投资资金和融资资金在更大的市场范围内分散风险和保值增值。稳步推动人民币国际化，增强货币政策内外两方面的调控效率。

二是，深化财政制度改革。财政政策与货币政策的协调，是保证我国宏观调控效率的重要前提。推进政府资金管理体制改革，减少政府资金对货币总量稳定性的影响；推进国债管理体制和预算管理体制改革，减少政府赤字对货币政策压力的影响；推进财政支出的结构性改革，减少财政无效投资中对货币政策结构性调控的干扰，以保证经济稳定。同时，深化财政收入改革，适当扩大国债市场的规模并丰富国债品种，完善房地产市场价格形成机制，降低地方政府对土地财政的依赖程度。同时，规范地方政府债务融资行为，防止部分企业软预算约束对货币政策利率形成机制的干扰。

三是，深化中央银行制度的改革。中央银行的可信度是货币政策有效传导的制度基础。因此，一方面，完善中央银行与社会公众之间的沟通机制，丰富中央银行与社会公众的交流形式，例如：中央银行记者招待会，月度中央银行工作报告会等，丰富中央银行对外公布的报告文件形势，提高《货币政策执行报告》和《金融稳定报告》的时效性和准确性，降低报告文件的理解难度；另一方面，提高中央银行承诺的可信度，增强全国人大管理中央银行的直接权力，增强中央银行独立性，建立长期目标的绩效评价机制，形成良好的市场预期。

四是，深化金融市场的改革。发达国家的货币政策都是通过金融市场来完成传导的，这是因为金融市场具有极高的价格传导效率。因此，进一步深化我国金融市场改革，有利于货币政策传导效率的提高。首先，扩大货币市场的规模、丰富金融工具的种类，扩大机构数量并提高其质量。推进资本市场的改革，严厉规范资本市场存在的大量违规行为，提高金融监管效率。限制二级市场中存在的大量过度投机性的行为。并且，逐渐消除资本市场与货币市场之间的分割现象，完善利率收益曲线，疏通短期利率向长期利率的传递路径。同时，完善金融法律法规，加强金融立法工作，规范市场交易行为，促进市场竞争，减少制度成本。

7.3.2 技术层面的建议

一是，提高我国货币供应量测量的精准性。金融产品创新和互联网金融的出现，导致电子货币和准货币的出现，削弱了 M_1 和 M_2 作为货币供应量测度的准确性。中央银行和研究机构应进一步丰富货币组成的概念范围，进一步研究我国货币供应量的测量方法，收集更大范围的货币数据，例如：利用大数据的分析方法对我国各领域货币总量进行测量（如互联网电子货币的测算）。

二是，不断丰富我国利率相关产品。种类完整的利率相关产品是利率收益曲线建设的基本前提之一，进一步丰富利率相关产品则是提高利率中介目标调控有效性的重要途径。推进我国国债产品市场的建设，丰富各种期限的国债产品；逐渐降低央行票据的存量规模，提高国债利率作为我国无风险利率基准的重要性；推进企业债产品的丰富，改革企业发债的行政限制，丰富各种产权下的企业债产品种类，建设不同风险下的利率相关产品体系。推进债券衍生品市场的建设，建立利率对冲机制，以提高债券利率对利率波动的信号效率，提高利率收益曲线的准确性和及时性。

后 记

我们很庆幸，生活在这个伟大的国家，生活在这个伟大的时代。

改革开放四十年，我们这个伟大的国家，我们伟大的人民，在一个伟大的政党的带领下，创造了人类历史上伟大的空前的经济发展奇迹。作为经济学人的我们，能在亲历这个伟大的经济实践的同时，将其作为经济学研究的样本，是何等的幸事！

秦国的"商鞅变法"、汉初的"休养生息"、明中的张居正变法、清末的洋务运动，即使冒着"车裂"的危险，我们的祖先也不屈不挠地传承着改革的"基因"。只是，这些改革的探索，缺乏科学系统的理论指导，在改革初期见效以后，很快陷入"改朝换代"的历史周期律。

然而，改革开放四十年的辉煌成就证明，我们这个古老的国度，找到了指导我们持续发展的科学理论。在中国共产党的领导下，中国人民总结出了改革开放成功的关键，那就是坚持完善和发展中国特色社会主义制度。在中国特色社会主义理论体系的指导下，我们正一步一步脚踏实地走在中华民族伟大复兴的道路上，正一步一个脚印地实现"中国梦"。改革开放的成功实践证明了马克思主义理论的科学性和中国道路的正确性。我国的改革开放是坚持社会主义道路前提下的改革开放，是马克思主义思想指导下的体制转型，是基于中国国情的体制变革。

写作这本小书的目的，是对四十年来我国货币政策宏观调控体制改革进行全面的回顾，总结成功的经验，以期对未来货币政策进一步的转型提供些许理论依据，为货币政策宏观调控改革深化的成功尽绵薄之力。

在本书即将付梓之际，笔者要感谢各方面的支持和帮助。

首先，感谢四川大学出版社的领导和老师们，在今年安排庆祝改革开放四十周年系列丛书出版，给了我们这样一个宝贵的机会研究我国四十年来的货币宏观调控改革。特别感谢编审老师们认真负责的改稿工作。

接下来，特别感谢四川大学社科处对本书的出版进行的资金支持。

此外，感谢四川大学经济学院的蒋永穆院长、熊兰书记、涂刚副书记、邓翔副院长、龚勤林副院长、梁剑副院长及其他老师的鼓励和帮助。同时，感谢四川大学经济学院实验室。实验室提供的数据库，为课题的实证研究提供了宝贵的数据来源。

另外，诚挚感谢文中所有参考文献的作者、研究机构，这些文献为笔者提供了研究的基础。当然，文责自负。

同时，感谢我们的家人。凌晨三点书房的灯光虽然悄无声息，却在这个多雨的夏季经常扰得他们难以安眠。感谢他们对我们的包容、支持和理解！

最后，笔者囿于资料、数据和认识水平的限制，书中错漏在所难免，望各位读者不吝批评指正，并希望学者能进一步对"改革开放与货币政策体制变革"进行深入研究！

向宇、杨松
于四川大学望江校区
2018 年 7 月 31 日